FREIHEIT

UNIVERSITÄT BERN

KULTURHISTORISCHE VORLESUNGEN
1971/72

Freiheit

Begriff und Bedeutung in Geschichte und Gegenwart

Herausgegeben von

ANDRÉ MERCIER

Verlag Herbert Lang
Bern und Frankfurt/M.
1973

ISBN 3 261 00862 8
©
Herbert Lang & Cie AG, Bern (Schweiz)
Peter Lang GmbH, Frankfurt/M. (BRD)
1973. Alle Rechte vorbehalten.

Nachdruck oder Vervielfältigung, auch auszugsweise, in allen Formen wie Mikrofilm, Xerographie, Mikrofiche, Mikrocard, Offset verboten.

Druck: Lang Druck AG, Liebefeld/Bern (Schweiz)

INHALTSVERZEICHNIS

Vorwort   7

Was bedeutet Freiheit?
von Prof.Dr. André Mercier, Bern   9

Die Verteidigung der Freiheit der Griechen
gegen die Perser bei Aischylos und Herodot
von Prof.Dr. Th. Gelzer, Bern   27

Tatsache und Idee der Freiheit im
deutschen Idealismus
von Dr. M. Züfle, Zürich   55

Le surréalisme et l'expérience de la liberté
par le professeur M. Eigeldinger, Neuchâtel et Berne   79

Gott als Grund und Grenze menschlicher Freiheit
von Prof.Dr. Ulrich Neuenschwander   97

Gebundenheit und Freiheit des kranken Menschen
von Prof.Dr. K. Bash   113

Das Problem der Freiheit aus der Sicht
der Biologie und Umwelt
von Prof.Dr. P.A. Tschumi, Bern   133

Die Freiheit des Menschen in der modernen
Massengesellschaft
von Prof.Dr. Andreas Miller, St. Gallen   151

Freiheit und Verpflichtung in Lehre und Forschung
von Prof.Dr. Hugo Aebi, Bern   165

Die Freiheit des Menschen und ihre Bedeutung
im technischen Zeitalter
von Prof.Dr. Hans König, Bern   183

VORWORT

Einer langen Tradition folgend bot die Universität Bern im Laufe des Winters 1971/72 einem breiten und treuen Publikum erneut die Gelegenheit, sich eine Reihe kultur-historische Vorlesungen über ein Thema anzuhören, das - besonders in unserer Zeit - jeden angeht: FREIHEIT.
Gewiss hat die Freiheit dem Menschen zu jeder Zeit ein Problem gestellt, und je nach der Art und Weise, wie er es angepackt hat, hat er zugleich seine Existenz so oder anders gestaltet. Aber gerade dies zeigt, dass die menschliche Existenz "mehr, oder weniger" frei ist, je nach der Beziehung, die er zum Ganzen unterhält. Dem einen erscheint die Freiheit unbegreiflich, wenn nicht Gott ihren Grund schüfe und ihre Grenze legte, dem andern scheint sie höchstens der Spielraum zu sein, den der Mensch zwischen den ihm in seiner Umwelt auferlegten Schranken noch findet. Gewisse Philosophen machen aus ihr eine blosse Idee, andere hingegen ein Erlebnis.
Wohl sind uns Schranken gesetzt, namentlich durch die abnormen Lasten, die die zeitgenössische Zivilisation mit sich gebracht hat, aber auch die natürlichen Erscheinungen erzeugen solche Grenzen, die nicht bloss unseren Körper, sondern auch und ganz erdrückend unsere Seele und Gesellschaftlichkeit in Bedrängnis versetzen, und damit unsere Gesundheit ständig gefährden sowie unser Verhältnis zu den Mitmenschen erschweren.
Dies alles soll aber nicht ein Grund zum Pessimismus sein, denn schon die Geschichte, die ältere wie die neuere, hat gezeigt, dass sich die Freiheit je nach der Bedrohung in geeigneter Weise verteidigen lässt, nicht nur früher sondern namentlich auch heute, wo scheinbar - aber nur scheinbar - die Technik so freiheitsraubend anmutet.
Freiheit ist die Kunst, zu erkennen, wie wenig frei, aber doch wie frei wir sind.

André Mercier

WAS BEDEUTET FREIHEIT?

André Mercier

"Si homines liberi nasceretur, nullum bona et mali formarent conceptum, quamdiu liberi essent" *

Freiheit ist ein Wort, welches eine Mannigfaltigkeit von Assoziationen im menschlichen Gemüt erweckt. Wir wollen hier untersuchen, ob es einen Begriff der Freiheit gibt, der alle Spezifikationen derselben überdeckt, derart, dass man nachträglich einsieht, wieso solche Freiheiten trotz den Differenzen ihrer Determinationen doch ein und derselben Wurzel entspringen und ob somit in dieser Mannigfaltigkeit Einheit bestehe.
Um uns in die Stimmung zu versetzen, die um diese ursächliche Freiheit herrscht, sei eingangs eine Anekdote erzählt:

> Vor einem Dutzend Jahre war ich in Warschau und hatte dort die Gelegenheit, im Palast der Kultur einer Pantomime auf der kleinen Bühne beizuwohnen, - einer Vorstellung also, bei welcher gespielt, aber kein einziges Wort gesprochen wird. Die Darstellung des Spieles war so gut, dass kein Zweifel über den Sinn möglich war:
> Da war in einem armen abgelegenen Zimmer ein Mann, der schrieb. Sehr bald wusste man, dass er ein Poet oder ein Philosoph war, - was ungefähr aufs gleiche herauskommt. Na, worüber schrieb er denn?
> Ja, - auch das war dem Zuschauer bald einleuchtend: er schrieb über die Freiheit, denn sieh: da war sie, die Freiheit und erschien als ein vollständig nacktes Mädchen: die nackte Freiheit also! ...
> Und die Bevölkerung der Stadt erfuhr, dass da irgendwo einer sei, der über die Freiheit schreibe. Was? über die Freiheit? - D a s muss man sich aber verschaffen; das

---

* Falls die Menschen frei geboren würden, würden sie keinen Begriff des Guten oder Bösen haben, solange sie frei bleiben (SPINOZA, Ethica, Lib. IV, Theorem LXVIII).

FREIHEIT

ist ja fast das wichtigste, was es gibt - so wichtig wie das Brot und das Fleisch zum Essen!
Und da fangen die Leute an zu suchen, und sie finden den dunklen Keller, wo Kopien des Buches der Freiheit für wenig Geld zu haben sind, und sie lesen darin ...
Aber in einer Stadt gibt es wie immer eine Polizei, und die Polizei vernimmt die Nachricht, dass es offenbar einen gäbe, der über die Freiheit geschrieben und Kopien seines Buches verkauft habe: Das könne man nicht dulden; d e m müsse man ein Ende machen.
Und so gehen die Polizisten auf die Jagd und suchen, wo diese Freiheit versteckt ist: das nackte Mädchen, dem sie den Hals umdrehen werden. - Da nun Polizisten meistens gut geschult sind, weil es ein guter Beruf ist, gelingt ihnen schliesslich alles, was sie unternehmen. In der Tat findet die aufmerksam gewordene Polizei unserer Stadt endlich die Freiheit, ich meine das Mädchen, verfolgt es und holt es ein, fängt es ... und erwürgt es: So, jetzt ist die Freiheit nicht mehr!

Und der arme Dichter fällt in Ohnmacht und Elend ...

Das, meine Damen und Herren, wurde in Warschau gezeigt. Können Sie mir denn vielleicht schon jetzt sagen, was Freiheit bedeutet?
Der Dichter hat es uns sagen wollen, ich meine den Dichter, der diesen anderen Poeten und Philosophen auf der Bühne und die nackte Freiheit gedichtet, oder sagen wir besser, der diese Pantomime "erfunden" hat.
Erfunden? War die Mime im Grunde eine Erfindung? Nein, wenn mit Erfindung etwas gemeint ist, das es noch nicht gibt. Ja, wenn sie dagegen auf etwas weist, das es in der Wirklichkeit geben kann. Dann ist es ein authentisches Kunstwerk.
Authentische Kunstwerke weisen immer mit aller Deutlichkeit auf die Wirklichkeit hin: Sie sind Paradigma, Urbeispiele für das, was in der Wirklichkeit geschah, geschieht, oder wird geschehen können. Sie sind im Grunde gleich wirklichkeitstreu wie die von der Wissenschaft entdeckten, sog. Naturgesetze, ja vielleicht sogar in tieferem Sinne wirklich, weil

WAS BEDEUTET FREIHEIT?

sie anhand verborgener, aber vom Künstler verstandener ästhetischer Gesetzmässigkeiten Werke herstellen, die wie Stücke der Wirklichkeit dastehen, wohl in historischer Einmaligkeit, aber die auch wirken, indem sie das ewige Leben verkörpern und es somit zur Schau stellen, wogegen die Wissenschaft umgekehrt aus den historischen Tatsachen abstrahiert, um in die Lehrbücher nur noch die Formeln der Naturgesetze zu schreiben, welche einzig die Form der Naturphänomene liefern, dieselben aber nicht mehr in Einzelfällen behandeln. Deshalb ist es oft leichter, sich über die Wirklichkeit durch die Kunst belehren zu lassen als durch die Wissenschaft, und wenn Freiheit eine Eigenart des Menschenlebens ist, welche ganz besonders und immer wieder an der einmaligen, historischen Situation einzelner Menschen oder Gemeinschaften haftet, so wird es oft besser gelingen, sie durch Kunstwerke als mit Hilfe wissenschaftlicher Erörterungen zu verdeutlichen. Es braucht keine lange Ueberlegung, bis einem klar wird, dass dabei die Tragödie wohl am besten geeignet ist, über die Freiheit Auskunft zu geben.
Immerhin schliesst diese Bemerkung keineswegs aus, dass der Wissenschaftler und namentlich der Soziologe über die Freiheit nachdenkt und forscht und berichtet. Schliesslich ist alles, was man sagt und tut aus einer begrenzten Sicht gesagt oder getan. Nur der Philosoph bildet sich ein, alles zu wissen, alles zu erfassen und damit auch alles zu sagen.
Indessen fragen wir uns: Zeigt uns das Kunstwerk, das im Warschauer Theater gespielt wurde, die Freiheit in ihrer umfassenden Ursprünglichkeit? Auf den ersten Blick vielleicht nicht, weil die besonderen Geschehnisse, die mit der Aktion der Polizei und dem Zugrundegehen des armen Dichters enden, auf einen Spezialfall hinzudeuten scheinen. Aber doch: Es geht ja von Anfang an um die nackte Freiheit und erst später um den Mord der Freiheit, in besonders krasser Weise verdeutlicht durch das Erwürgen des Mädchens. Diese Kombination ist gerade deshalb so scharfsinnig, weil sie in ihrer ungemeinen Einfachheit die Tragik ohne jeglichen Umweg aufzeigt. Deshalb auch können wir an ihr ziemlich leicht ablesen, worin eigentlich die Freiheit besteht und was sie bedeutet. Sehen Sie: Der Dichter-Philosoph muss sich in einem geheim gehaltenen

FREIHEIT

Zimmer verstecken, um "frei" über die Freiheit schreiben zu können, d.h. er muss sein Handeln durch die Wahl besonderer Grenzbedingungen einschränken. Er weiss, in welchen Schranken er arbeiten muss, wenn ihm sein Vorhaben gelingen soll; er hat sie wohl durch bittere Erfahrung gelernt, anerkannt und schliesslich hingenommen, sonst wäre er gar nicht frei, um über die Freiheit zu schreiben.
Die Ausgangssituation des Dramas ist also die: Um frei über die Freiheit nachdenken und schreiben zu können, muss der Dichter-Philosoph sich entscheiden, seine Bewegungsfreiheit einzuschränken.
Man glaube indessen nicht, dass er dadurch die volle, definitive Freiheit errungen hat. Denn, als ihm schliesslich gelingt, das Buch der Freiheit fertigzustellen, muss er erkennen, dass ihm neue Schranken auferlegt werden - durch die Diener der Obrigkeit, denen befohlen ist, dafür zu sorgen, dass keine Freiheit besteht.
In der alltäglichen Wirklichkeit unserer Welt gibt es das tatsächlich. Vielleicht ist es sogar überhaupt die Aufgabe der Polizei, die Freiheit wenn nicht aufzuheben, so doch einzudämmen. Schon die Weisung, auf der rechten Seite der Strasse und nicht auf der linken zu fahren, ist eine Freiheitseinschränkung, allerdings - dies sei zugegeben - um eine weitere Freiheit, nämlich die der übrigen Fahrer, zu bewahren. Wenn es keine Beschränkung der Freiheit gäbe, - wenn zum Beispiel unser Dichter-Philosoph an seinem Vorhaben nicht gehindert worden wäre, warum hätte er alle die Vorsichtsmassnahmen treffen müssen, ... ja sogar: warum hätte er es überhaupt nötig gehabt, über die Freiheit zu schreiben? Es hätte sie ja von vorneherein gegeben, und somit hätte sie auch niemand gesucht und er hätte sie auch nicht suchen müssen. Mit andern Worten, die Freiheit wäre gar nicht nötig gewesen, man hätte sie ganz und gar vergessen können.
Das Erlangen der Freiheit geht den wunderlichen Weg der sich wiederholenden Erkenntnis, dass man immer wieder in die Situation des Nicht-frei-seins versetzt wird. Jedes Mal, wo es einem gelingt, die Freiheit - nicht in Besitz zu nehmen, es wäre völlig falsch zu glauben, man könne sich ihr be-

WAS BEDEUTET FREIHEIT?

mächtigen, - sondern (ich möchte lieber sagen:) sie zu erarbeiten, - denn es gibt keine freie Situation, der nicht eine längere Anstrengung zu ihrer Erreichung vorangegangen wäre, - jedes Mal also geht man ihr auch wieder verlustig.
Es sei nämlich betont, dass dem Menschen, der frei werden will, eine grosse Selbstdisziplin auferlegt ist. Diese setzt den Willen voraus, sich von den Möglichkeiten seines Handelns ein genügend klares Bild zu verschaffen. Denn handeln ist immer eine Wahl unter mehreren Möglichkeiten, und zwar nicht nur in der Moral und nicht nur in den Fällen wie zum Beispiel bei der Strassenüberquerung, der Wahl eines Berufes u. dgl., sondern auch in der wissenschaftlichen Forschung, bei der Ausübung einer künstlerischen Tätigkeit, oder bei der Anbetung der Gottheit. Man verfügt nämlich nicht ohne weiteres über beliebige Mittel, beispielsweise um den Mond zu erreichen, um die innerlich gehörten Stimmen zu vertonen oder um das ersehnte Gebet auszudrücken. Freiheit ist - im Gegensatz zu einer verbreiteten aber falschen Vorstellung - nicht eine Kategorie der Ethik, wie Kant irrtümlicherweise geglaubt hat. Freiheit ist vielmehr in allen Formen der Anwendung der Vernunft vorhanden und beschränkt sich keineswegs auf die von ihm genannte praktische Vernunft. Diese Ansicht beruht auf der abwegigen Vorstellung, Wissenschaft sei nicht praktische Vernunft sondern nur theoretische Vernunft und müsse apodiktisch aus den Prinzipien der transcendentalen Aperzeption und den von Kant aufgestellten Katogorien ableitbar sein, - ein System, das im Licht der modernen Wissenschaft völlig zusammenstürzen musste.
Man muss immer staunen, wenn man feststellt, dass gewisse Philosophen nicht einsehen wollen, wie ungeschickt und unbeholfen die Menschen - einschliesslich der Philosophen - sind, und dass sie - die Philosophen - dann ungeheure Systeme aufbauen, die alles erklären wollen. In Wirklichkeit stolpern die Menschen über die Hindernisse. Es ist dies das erste Indiz dafür, dass der Mensch grundsätzlich ein endliches Wesen ist, wogegen das gesamte Sein, das er zu erfassen versucht, ein unendliches Sein ist; deswegen ist das Verhältnis des Menschen zum Sein disproportioniert. Dieses Erfassen wäre sogar auf ein sozusagen unmögliches Unter-

FREIHEIT

nehmen reduziert, wenn nicht der Mensch unter allen endlichen Wesen doch das sonderbare Vermögen besässe, die Distanzen ermessen zu können, die ihn vom unendlichen Sein trennen, - ein Vermögen, das ihn dazu befähigt, sein Verhältnis zu diesem Sein doch irgendwie zu gestalten. Es ist seine Intelligenz, die ihn eben dieses Verhältnis intelligibel macht und aus ihm - dem Menschen - zugleich ein Wesen macht, welches weiss, dass es wissen kann, wogegen alle anderen Wesen mindestens so arm an solchem Vermögen sind, dass sie offenbar nicht einmal wissen, dass sie nichts wissen können. Gerade deshalb sind die nicht menschlichen Wesen nicht frei, weil das Verhältnis ihrer Endlichkeit zur Unendlichkeit allen Seins für sie unüberbrückbar ist. Sie können schon wählen und sie tun es auch, aber sie tun es nicht freiwillig. Der Mensch hingegen ist deshalb frei, weil er seine Begrenzung unter den möglichen Begrenzungen wählen kann und insbesondere weil er sich nicht nur dieser Wahlmöglichkeit, sondern auch des Sinnes seiner Begrenztheit bewusst ist. Dies ist der Grund, der es ihm erlaubt, die unendliche Distanz zwischen der Endlichkeit seiner Natur und der Unendlichkeit allen Seins erträglich zu gestalten. Denn wenn er auf der einen Seite wüsste, dass diese Distanz unendlich ist, aber auf der andern Seite die Möglichkeit der überlegenen Wahl nicht hätte, d.h. wenn er andrerseits total determiniert wäre, wäre seine Situation völlig unerträglich.

Die Freiheit macht dem Menschen sein Leben erträglich.

Indessen gibt es doch - geben wir es zu - Situationen, die für die betroffenen Menschen beinahe unerträglich sind: Menschen in Konzentrationslagern, in Katastrophengebieten, in Hungersnöten ..., und: vor dem Tod.
D.h., seien wir vorsichtig: Ist der Tod unerträglich? Darüber Antwort geben zu wollen, wäre ein Wagnis. Solange in einer noch so schrecklichen Situation Hoffnung auf Ueberleben besteht, muss die Not der Situation irgendwie unerträglich wirken, weil man zwischen Drohung und Hoffnung steht. Beim eintretenden Tod aber gibt es die Möglichkeit des Ueberlebens eben nicht, er tritt ein und alles ist aus. Man hört manchmal sagen, der Tod bewirke in Anbetracht irgendeiner bestimmten

WAS BEDEUTET FREIHEIT?

Situation eine Befreiung. Wir wissen darüber im Grund nie Bescheid: Die Toten kommen aus dem Reiche des Todes nicht mehr zurück und keiner erzählt je etwas davon. Wenn die Geschichte von Orpheus, der lebendig in die Unterwelt ging und daraus zurückkehrte, wahr wäre, hätten wir einen Bericht haben können. Oder wenn die Seelenwanderung eine Tatsache wäre, gäbe es vielleicht eine Reminiszenz und damit die Möglichkeit des Erfühlens der angeblichen Befreiung, die durch den Tod erlangt wird und somit ein Erfassen der Freiheit selber und die Möglichkeit der klaren Bestimmung der Freiheit in vollem Umfang. Von Pythagoras wird berichtet, er habe sich selbst für die Reinkarnation von Orpheus gehalten.

Das ist aber alles alte Geschichte im Reiche der Mythen.

Man hat auch von andern möglichen Beziehungen zum Jenseits gehört, die dem Menschen erlauben sollen, sein Verhältnis zur Unendlichkeit und damit seine Freiheit zu erfassen. Die christliche Auffassung ist uns meistens am geläufigsten. Damit stellen sich Fragen, die wohl einer philosophischen Erörterung zugänglich sind, durch die Philosophie aber nicht beantwortet werden können, nicht nur weil die Philosophie zwar angeblich Fragen und Probleme stellt, sie aber nie löst, sondern auch weil die Philosophie verpflichtet ist, die Bedingungen des Universell-gültigen zu erforschen, nicht aber die Bedingungen zu umschreiben, worin sich die einzelnen endlichen Wesen und Systeme befinden. Letzteres tun die einzelnen Disziplinen; und eine der Disziplinen, die sich am intensivsten mit der Möglichkeit der Befreiung durch den Tod befassen, ist die Theologie, viel mehr als etwa die Biologie, sogar mehr als die Medizin, da letztere eigentlich nichts weiteres tun können, als den Zustand des Todes festzustellen; gerade dieser Zustand geht dann die Biologie und sogar die Medizin nichts mehr an, sondern die Physik, handelt diese doch von der toten Materie.

Wenn also in unserer Vorlesungsreihe Professor Neuenschwander über Gott als Grund und Grenze menschlicher Freiheit spricht, so dürfen wir erwarten, dass er dieses Problem beleuchten wird. Allerdings wäre es verfehlt, zu

FREIHEIT

glauben, nur dieses Problem rechtfertige, bzw. erfülle einen
theologischen Vortrag. In Wirklichkeit geht es um viel mehr;
es geht um das Verhältnis der Endlichkeit zur Unendlichkeit
überhaupt. Und da Gott, besonders der philosophisch konzipierte Gott, Inbegriff aller Möglichkeiten der Unendlichkeit
ist, so hat der Theologe unvermeidlich die Freiheit im Zusammenhang mit der Erfahrung des Göttlichen zu suchen.
Müssen wir dann Gott für unser unfreies Dasein verantwortlich machen? Ich will darauf nicht antworten, sondern nur
bemerken, dass, wenn wir schlechthin frei wären, wir gar
nicht bemerken würden, dass wir frei sind. Wir könnten dann
diese Freiheit gegenüber keinem von ihr verschiedenen Hintergrund sehen, wir wären schon unendliche Wesen. Aber wir
bemerken nur die Unfreiheit.
Der Gedanke, Gott mindestens in der Abstraktion zu töten,
um den Menschen an seine Stelle als unbegrenzte Potenz zu
setzen ist möglich und wurde auch ausgesprochen. Dieser
Gedanke ist sogar ein Aspekt unserer Freiheit, die Freiheit
nämlich, dass wir ihn aussprechen können. Aber wenn dieser
Gedanke in die Tat umgesetzt wird, widersprechen dieser die
Bedingungen der wirklichen Existenz. Ein Unendliches ist
dann ganz einfach nirgends vorhanden, als im mathematischen
Denken, d.h. es ist nirgends de facto anzutreffen. Der freie
Akt also, der dem Menschen erlaubt hat, das unendliche Sein
wegzudenken, ist somit wieder eingeschränkt, was übrigens
sein muss, wenn die Freiheit nicht selber als ein gänzlich
unnötig gewordener Begriff in völlige Ohnmacht zusammen-
fallen soll.
Wiederum gelangen wir zur Einsicht, dass die Vorbedingung
der Freiheit eine Art des Nicht-frei-seins ist. Dieses Nicht-
frei-sein ist das Unerträgliche. Es gilt, das Unerträgliche
ins Erträgliche umzuwandeln.
Das Unerträgliche ist immer ein spezifisches Unerträgliches:
aus dem Gefängnis nicht ausbrechen zu können, Wasser in
der Wüste nicht zu finden, das geliebte Mädchen nicht zu bekommen, einem feindlichem Regime nicht entrinnen zu können,
usw. ... immer Situationen des Nicht-könnens ... es sei
denn, man gelange zu der Einsicht, dass unter Umständen
die Befreiung doch gelingt.

WAS BEDEUTET FREIHEIT?

Zumal gibt es in der Tat Umstände, bei denen man mit Recht erklären kann, man sei frei: von der elementaren Situation, dass der Direktor eines Betriebes oder der Zahnarzt frei sind, jemanden zu empfangen, bis zu derjenigen eines Volkes, welches von der Bedrohung eines fremden Herrschers frei ist. Solche Freiheitssituationen sind statisch, aber sie können auch aus eigener Schwäche oder sonst labil werden und in Gefahr geraten, umgestürzt zu werden. Die Besuche können so zahlreich werden, dass eine Manager-Krankheit das Ergebnis ist; ein potentieller Feind kann auftauchen. Diese Situationen sind historischer Natur, weil sie in der Geschichte einzelner Menschen oder gewisser Gemeinschaften vorkommen. Statische Freiheiten müssen also - damit man ihrer nicht verlustig geht - durch Massnahmen erhalten werden, welche immer aus einer aktiven Verteidigung bestehen, weil sonst die Stützen, die einmal zur Erhaltung der Freiheit errichtet wurden, wie alles andere verfaulen und zusammenstürzen. Ob die Verteidigung immer und nur aus einer bewaffneten Bereitschaft gegen einen potentiellen Angreifer bestehen muss, bleibe hier unbeantwortet; es gibt zahlreiche Methoden und Möglichkeiten der Verteidigung einer erreichten Freiheitssituation, insbesondere auch weil solche Situationen nicht nur und nicht immer politischer Natur sind. Viele Leute, die sich als Führer der Völker hervortun, haben das Bedürfnis, zu glauben, dass es immer die politische Freiheit der Gemeinschaft ist, die vor allem gehütet werden muss, damit alle weiteren spezifischen Freiheiten bewahrt werden. Die Geschichte zeigt aber, dass es auch anders, insbesondere umgekehrt gehen kann, dass z.B. zuerst die geistige Freiheit verteidigt werden kann oder muss.
Diese Bemerkungen haben uns allmählich auf die Betrachtung der Geschichte geführt. Nicht etwa die Schweiz und ihre Landesverteidigung sollen uns in der Vortragsreihe exemplifiziert werden. Sie ist uns vielleicht auch zu geläufig. Vielmehr wird der Gegenstand des Vortrags von Prof. Gelzer der Kampf der Griechen in jenem Augenblick ihrer Geschichte sein, als ihnen ihre Freiheit durch die Perser geraubt zu werden drohte, ein Kampf für die politische wie auch für die geistige Freiheit. Es ist erstaunlich, wie leicht man der Ver-

FREIHEIT

suchung verfällt, aus historischen Geschehnissen Ruhm für die einen oder für die andern zu schöpfen. Zerstörer und Räuber werden sozusagen zu Helden gemacht. Lange hat man z.B. die Römer gerühmt für ihre Eroberungen bis an den Rhein. Haben aber nicht dabei die Kelten praktisch alle ihre Freiheiten eingebüsst? Die ganze keltische Kultur wurde so gründlich zerstört, dass man heute nichts mehr von ihr weiss. Vielleicht gingen dabei unschätzbare Werte verloren, die infolge einer hundert- oder tausendjährigen Vorgeschichte durch einen Prozess der Befreiung aus den ursprünglichen Schranken gewonnen worden waren. Man sagt, die Zivilisation sei dabei verbreitet worden. Welche Zivilisation? Wäre vielleicht die Zivilisation der Perser besser als die der Griechen gewesen? Besteht ein prinzipieller Unterschied zwischen der Verbreitung einer angeblichen Zivilisation zur Zeit etwa der Früh- oder der Spätantike und der Verbreitung einer modernen Zivilisation in die sog. unterentwickelten Länder? In jedem Fall kommt eine derartige Verbreitung einer Eroberung gleich, gleichgültig, ob sie durch die Macht der Waffen, oder durch eine andere gelingt. Auch die Macht des Wortes bewirkt eine solche, z.B. im Falle gewisser religiöser Eroberungen wie die des Kaisers Açoka in der buddhistischen Expansion des 3. vorchristlichen Jahrhunderts oder die christliche Mission in der Zeit des Kolonialismus. Eroberungen dieser Art werden übrigens immer mit der Behauptung des Eroberers verknüpft, er bringe dem Eroberten Erlösung aus irgendwelchen Banden, d.h. der Eroberte wird zum Unterentwickelten deklariert und degradiert. Könnte man nicht einsehen, dass die Einbildung, die andern seien unterentwickelt, dagegen sei man selber hochentwickelt, eine sehr anfechtbare Ansicht ist; das Verhältnis von unten und oben ist davon abhängig, welches Schema von Kriterien man anwendet. Seit einiger Zeit fängt man allerdings an, sich einzugestehen, dass unsere eigene technische Zivilisation weiter unten steht als ursprünglich vermeint, wenn andere Kriterien zu ihrer Einordnung angewandt werden als früher. Und so entsteht für uns die Frage, ob diese Zivilisation die Freiheit des Menschen bedroht.
Dass Professor König dieses Problem erst am Ende der Vortragsreihe und nicht am Anfang besprechen wird, hängt mit

WAS BEDEUTET FREIHEIT?

der ganzen Situation unserer Zeit zusammen. Erst nachdem untersucht worden ist, in welchen spezifischen Situationen unser Dasein ein Dasein der Unfreiheit ist, kann man richtig verstehen, wieso durch sein eigenes Tun der Mensch diese seine Freiheit entweder vermindern oder vermehren kann.
Zu diesem eigenen Tun gehört in erster Linie die Technik.
Was wir also vorher lernen müssen sind etwa die biologischen und ökologischen Grenzen unseres Daseins, die Professor Tschumi darstellen soll, sowie die gesellschaftlichen, z.B. den Druck der Masse, die uns umgibt, wie Professor Miller auseinandersetzen wird.
Wie gesagt, meinen Menschen fast immer, den andern etwas beibringen zu müssen. Aber wer andern etwas beibringen will, beraubt diesen fast unvermeidlich irgendeiner seiner bis dahin erlangten Freiheiten, selbst wenn diese als Aberglaube oder dgl. abgetan werden. Die Frage ist, ob man ihm eine grössere Freiheit schenkt als er bisher hatte. Eroberer haben allerdings ab und zu auch Freiheitsbriefe vergeben, so z.B. Wilhelm der Eroberer im 11. Jahrhundert, der der Stadt London einen solchen Brief aushändigte, den ich einmal beim Lord Mayor sehen durfte: es ist der kürzeste Text, den man sich denken kann: Es steht da einfach, die Stadt sei frei. Dazu ist nicht mehr als ein Stück Pergament ungefähr so gross wie eine Hand nötig.
Es gibt also politische Fälle, wo den Menschen zugestanden wurde, ihr Leben in Freiheit zu gestalten. Nicht so war es z.B. mit den in Nord-Amerika angesessenen Kolonisten, die erst dank der Bemühungen von Leuten wie John Adams und Jefferson infolge einer ungewöhnlichen Anstrengung um die geistige Beherrschung dessen, was Freiheit im Grunde bedeutet, ihre tatsächliche politische Freiheit erlangten. Allerdings mussten sie auch zu den Waffen greifen und es half ihnen La Fayette und die traditionelle Feindschaft zwischen Frankreich und England.
Das war zu einer Zeit, als überall in der westlichen Hemisphäre auf Rousseau, Burke und der französischen Aufklärung folgend über die Freiheit nachgedacht wurde. Die Denker verstanden dabei, dass die Freiheit sich nicht nur verteidigen, sondern auch erarbeiten und ergreifen lässt. Diese Erkenntnis

FREIHEIT

war neu, und sie legte viel klarer dar, was Freiheit eigentlich bedeutet, weil nämlich ihre Dynamik, anstelle ihrer Statik, dadurch zutage gebracht wurde. Wohl hatten die Menschen und Völker früher Freiheiten erarbeitet, doch ohne es sozusagen philosophisch erfasst zu haben, es sei denn in einer primitiven Weise wie dies bei Erasmus von Rotterdam immer noch der Fall war, der die Freiheit darin sah, sich - wie er sagt - keiner Partei anzuschliessen, also keine Verpflichtung einzugehen.
Freiheit ist so mannigfaltig, dass man mehr als zehn Vorträge dem heutigen Exposé hätte folgen lassen können. Man muss aber eben - das ist ein Stück Freiheit - sich zu beschränken wissen. Zur Zeit der Aufklärung und nachher kämpfte man nicht nur in Amerika um die Freiheit. Auch die französische Revolution bietet sich als Beispiel an; nicht von ungefähr steht Freiheit als erstes Wort im Motto der französischen Republik. Ein anderer Gesichtspunkt wurde indessen gewählt: Durch Dr. Züfle werden wir den deutschen Idealismus zur Sprache kommen lassen. Dies ist vielleicht in unserer Zeit noch wichtiger. Der deutsche Idealismus hat es gerade durch seine Neigung zu rein theoretischen Ueberlegungen an Wirklichkeits- und Erfahrungsnähe bedauerlich fehlen lassen; mit verheerenden Folgen. Hat er doch in Hegel und seiner Dialektik einen geistigen Zustand gezeugt, der die totale Verpflichtung des Bürgers gegenüber dem Staat bzw. der herrschenden staatlichen Doktrin bejaht. Daraus sind später sowohl der Nationalsozialismus wie der historisch-dialektische Materialismus als Staatsideen entstanden, beides Systeme, die in der Praxis die Freiheit nicht mehr kennen. Dazu kam es einerseits wegen ungeheuerlicher Begriffsunterschiebungen, die ganz in der Hegelschen Tradition lagen, andrerseits vielleicht, weil dieser Idealismus den Fehler begangen hat, die Freiheit mit der blossen Idee der Freiheit zu verwechseln: Mit diesem Fehler, werden sich die notleidenden Menschen schwerlich abfinden können, in andern Worten mit dem Fehler, die Freiheit als Kategorie dem transzendentalen Ich apodiktisch anzuhängen, was sogar die deutsche Theologie in eine Verlegenheit gebracht hat, aus der nicht einmal ein Kierkegaard sie ganz herauszuholen vermochte.

WAS BEDEUTET FREIHEIT?

Vielmehr sollte man sich im klaren sein, dass unsere Freiheit durch die Tatsache bedingt ist, dass wir gar nicht so frei sind wie wir glauben. Nicht nur biologisch und sozial, sondern auch psychisch, wie insbesondere anhand des Krank-Seins Professor Bash erörtern wird, der uns, so viel ich weiss, eine so elementare aber paradoxe Frage stellen wird: Sind wir in Anbetracht der drohenden Einbussen, die das Krank-Sein nach sich zieht, "frei", von einer Krankheit befassen zu werden?
So wird in unserer Zeit nicht bloss in erhöhtem Mass, sondern imperativ das Bedürfnis laut, für die Freiheit zu planen. Deshalb hat Professor Bäumlin die Aufgabe übernommen, uns zu zeigen, dass die liberale Vorstellung der letzten zweihundert Jahre überholt ist und eine diesbezügliche Aenderung in der Staatsführung fällig wird, politisch, technokratisch oder sonstwie.
Wir können aber von einem weiteren Moment nicht absehen, das insbesondere beim deutschen Idealismus keine Rolle gespielt hat, weil es dort systematisch ignoriert wurde: das ist die Erfahrung der erlebten Freiheit, welche im französischen Ausdruck "L'expérience de la liberté" so ausgezeichnet zu Bewusstsein kommt. Dieses Erlebnis der Freiheit fand im Surrealismus einen Höhepunkt, der ans pathologische grenzt. So verstehen wir, dass dieser Aspekt der Freiheit Professor Eigeldinger behandeln wird.

Wenn man nun im zeitgenössischen Denken Umschau hält, um zu sehen, wo eine Untersuchung über die Freiheit und ihre Bedeutung ihren besten Platz finden könnte, so sind die Aussichten nicht gerade gross. Als Hauptströmungen der Weltphilosophie sind die folgenden zu nennen, und die entsprechenden Versuche zu machen:
Auf Grund ihres Verfahrens des In-Klammer-Setzens genannt die Epoché und ihrer Methode der Reduktion auf den tiefsten Urgrund lässt die Phänomenologie wenig Raum, etwas so Menschennahes und Daseinswichtiges wie die Freiheit zu erfassen. Die Existenz-Philosophie, speziell der Existenzialismus wäre eher der Boden, auf dem man stehen könnte; sie

FREIHEIT

handeln vom Dasein und vom Tod, vom schicksalshaften In-die-Welt-geworfen-sein, aber sie wirken infolge ihrer Dialektik von Sein und Nicht-Sein negativ und hoffnungslos (selbst wenn ihre Begründer dies bestreiten) und tendieren gelegentlich auf den dialektischen Materialismus hin, so dass wenig übrig bleibt für eine - sagen wir: optimistische Erfassung der Freiheit. Die aus Hegelscher Dialektik stammenden Ideologien wurden schon kurz besprochen. Es ist indessen interessant, zu bemerken, dass ein so wichtiger Exponent des dialektischen Materialismus im Osten wie St. Anguelov mit uns einig geht, dass eine Definition der Freiheit nur von der Erkenntnis her möglich ist, dass der Mensch immer in Grenzen eingefangen ist, die er zu überwinden hat. Extreme Formen des nämlichen Materialismus enden in Anarchie, Destruktionalismus u.a.m., wo ein Begriff Freiheit nicht einmal mehr Platz hat, weil er durch Willkür, Gewalt und dgl. verdrängt, sogar verstossen wird. Die indische Philosophie der Advaita (Un-zweideutigkeit) operiert eine Resorption des Begriffes ... Die Sprachanalyse kommt einer Wegerklärung aller solchen Abstraktionen gleich, sie berücksichtigt nur Tatbestände und ihre blosse Beschreibung.

Nein: heute ist auf dem Markt nicht viel Platz für die Erforschung der Freiheit. Um so wichtiger ist es, umgekehrt für die Freiheit der Forschung zu sorgen, damit - in einem Kreis, der aber kein circulus vitiosus ist - frei sogar über die Freiheit geforscht werden kann, worüber Professor Aebi sprechen wird, was uns ein gutes Lehrstück zu werden verspricht.

Noch einmal, um die geistige Situation unserer Zeit durchzusehen und auf zwei Nenner zu bringen:
Auf der sprachlichen Ebene einerseits besteht heute die Tendenz, allgemeine Begriffe, die keine bestimmten Gegenstände oder deren Eigenschaften oder deren wohldefinierte Gesamtheiten und erklärbare gegenseitige Beziehungen bezeichnen oder kennzeichnen, aus dem Vokabular zu verbannen, weil sie auf nichts Nachweisbares bezugnehmen und somit angeblich in der Luft hängen, ohne etwas für alle Greifbares dar-

WAS BEDEUTET FREIHEIT?

zustellen. So die englischen Moralisten, die dabei behaupten, die Futilität jeglicher sogenannter metaphysischer Betrachtungen erwiesen zu haben: Gerade die "Freiheit" wäre ein solches nichtssagendes Wort und gehörte einer gestorbenen Metaphysik an. - So auch solche, meistens logische Positivisten, die alles formalistisch zu begründen trachten und folglich keinen Weg finden, um aus den Elementen ihrer künstlichen Sprache so etwas wie einen Begriff Freiheit zu definieren oder zu konstruieren.
Auf dem Feld der Taten andererseits besteht auch heute die Tendenz, nichts zu anerkennen, das es dem handelnden individuellen Ich nicht unmittelbar ermöglicht, ein gewolltes Ziel zu erreichen, in der Meinung, dies sei sein gutes Recht, ohne dass Rücksicht zu nehmen sei auf unmittelbare oder spätere Konsequenzen, die sowohl dieses Ich selbst wie auch andere Individuen berühren könnten. Danach gibt es so etwas wie die Freiheit eigentlich gar nicht, sondern nur die Willkür: jene als indiskutable erklärte Forderung des "Ich", ihm sei alles billig, was im Grunde eine klare Form der Anarchie und nicht eine der Freiheit ist.
Entgegen jener sprachlichen, wie auch dieser handlungsmässigen Ohnmacht gegenüber der Erfassung der Freiheit, möchte ich also eine Auffassung von der Freiheit vertreten, die ich für einwandfrei halte, weil sie erstens sprachlich auf einer sauberen Definition beruht, welche nur die Existenz der einzelnen Menschen und der Dinge um sie voraussetzt, aber trotzdem und zugleich jede künstlerisch gesinnte, jede moralisch gemeinte, jede wissenschaftlich fundierte und jede religiös konzipierte Erfassung der Freiheit zulässt, und weil sie zweitens den freien Akt als Veräusserung der eigensten Merkmale menschlicher Natur darlegt, nämlich der Erkenntnis schlechthin. Sie hat auch den Vorteil, dass sie weder die Religion, noch die Wissenschaft, noch irgendeine der Unternehmungen des menschlichen Gemütes über die andere setzt bei der Abklärung darüber, was Freiheit bedeutet und somit auf keiner künstlichen oder herkömmlichen, jedenfalls anfechtbaren Hierarchie der Werte beruht. Aber zugleich wird aus dieser Auffassung eine Konsequenz folgen, welche verblüffend wirkt, weil sich dabei die Freiheit als das erweisen wird, was

FREIHEIT

sich von selbst mit seinem eigenen Gegensatz identifiziert, - eine Identifikation, welche weder auf der Ebene der Sprache geschieht und somit keinen logischen Widerspruch beinhaltet noch auf derjenigen der Hegelschen Dialektik und damit keine "Synthèse illusoire" zulässt, wie sie Gabriel Marcel bezeichnet, keinen Trug beinhaltet, sondern aus der Entsprechung zwischen Akt und Begriffsbildung hervorgeht, was etwas ganz anderes ist.
Definition: Freiheit ist das Vermögen jedes Menschen, die Schranken, innerhalb deren er in jedem Augenblick seines Lebens steht, nicht nur zu erkennen, sondern auch anzuerkennen, - und damit zu überwinden und zu transzendieren. Dass der Mensch sich immer in Schranken oder Grenzen befindet, erscheint so klar, dass dazu kein Kommentar nötig sein sollte. Sie machen ihn zunächst unfrei. Zu glauben aber, dass er sich von ihnen frei machen kann dadurch, dass er ihr Bestehen ablehnt oder ignoriert, ist Unsinn. Sie bleiben dabei bestehen. Solche Schranken mögen rein physischer Natur sein, wie der Mangel an Geld bei der Bezahlung des Mietzinses oder die Wände eines Gefängnisses, worin ein Mensch eingesperrt ist, oder geistiger Natur, wie ein Gedächtnisschwund oder die Eifersucht gegen einen Rivalen, usw. ...
Die Begrenzung seiner Aktionsfähigkeit zu erkennen, gibt ihm zugleich den Zugang zu dem, was jenseits von ihr vorhanden ist, und ihre Anerkennung ist zugleich ihre Ueberwindung, da sie nicht mehr als ein Gegner wirkt. Im theologischen Sprachgebrauch wird sie zu einer Verklärung oder Transfiguration, im moralischen zu einer Befriedigung (ethymologisch aus Friede abzuleiten), im musischen zu der Verwirklichung einer Idee im Kunstwerk, im wissenschaftlichen zu der theoretischen Einsicht in einen Tatbestand.
Die Ueberwindung der Schranken oder Grenzen ist eine Wahl im doppelten Sinn: einmal ist sie die Wahl der scheinbaren Unfreiheit (eben durch die Erkennung der Grenzen) und zugleich die Wahl der errungenen Freiheit (durch deren Anerkennung). Deshalb ist die Unfreiheit zugleich die Freiheit, wenn sie als Unfreiheit erkannt und anerkannt wird, d.h. Freiheit identifiziert sich mit ihrem Gegenteil, und der (immer) unfreie (Mensch) ist frei, wenn er weiss, wieso und warum er unfrei ist.

WAS BEDEUTET FREIHEIT?

Natürlich versetzt jeder Schritt dieser Art den Menschen in neue Schranken, die seine erlangte Freiheit in eine neue Unfreiheit umwandeln. Aber das ist ganz einfach das Los des freien Menschen, dass er durch sein (Erkenntnis-)vermögen dank einer erneuten Wahl der Unfreiheit immer wieder die Freiheit erlangt.
Der Weg zur Freiheit heisst also die Erkenntnis, - was diejenigen, die gegen den Analphabetismus kämpfen, schon längst gemerkt haben.
Indessen schliesst dies keineswegs eine Form der Erkenntnis zugunsten einer anderen aus, da eine vollkommene Erkenntnis, wie sich zeigen lässt, das Schöne sowohl wie das Gute, das Wahre sogut wie das Sublime erstrebt.
Man soll also nicht - wie gewisse Leute - sagen: Wissen ist Macht, Macht ist böse, also ist Wissen böse, sondern: Wissen durch jegliche Erkenntnis ist die Quelle der Freiheit, Frei-Sein ist die Fähigkeit, zwischen echtem und unechtem Wert zu unterscheiden und über ihre Wahl zu entscheiden, also ist Erkenntnis wert und ihr Ergebnis Inbegriff aller Werte.

DIE VERTEIDIGUNG DER FREIHEIT DER GRIECHEN GEGEN DIE PERSER BEI AISCHYLOS UND HERODOT

Thomas Gelzer

Zur Einleitung dieser Vortragsreihe hat, wie es sich gehört, der Philosoph, Herr Mercier, eine Grundlegung mit einer Definition des Begriffs der 'Freiheit' gegeben, den wir Folgenden nun von verschiedenen Seiten beleuchten werden. Heute schlage ich Ihnen vor, einen Rückgriff in die Geschichte zu tun, und zwar in die Geschichte der Ideen. In der Ankündigung dieses Vortrags sind die Perserkriege genannt und die Namen zweier griechischer Autoren, denen wir zwar ganz verschieden geartete Darstellungen der mit ihnen zusammenhängenden Ereignisse verdanken, die aber beide das gemeinsam haben, dass sie im Zentrum der geistigen Auseinandersetzung zwischen den Griechen und den Persern gerade jenen Begriff sehen, um den es uns heute geht, eben denjenigen der Freiheit. Wenn wir jetzt von den Perserkriegen zu sprechen haben, so wollen wir aber nicht die geschichtlichen Ereignisse jener Kämpfe verfolgen, in denen sich die kleinen griechischen Staaten gegen die Armeen der persischen Grosskönige siegreich verteidigt haben, sondern wir wollen dem Erscheinen der **Idee der Freiheit** als einer der zentralen geistigen Entdeckungen nachgehen, die von den Griechen bei der Bewältigung dieses geschichtlichen Erlebnisses gemacht worden sind.

In die Zeit nach den Perserkriegen fällt in Wirklichkeit der Anfang der Geschichte der Idee der Freiheit überhaupt. Wir wollen zu jenen Begriffen, die sich bei den Griechen anlässlich der Erörterung dieser Ereignisse herausbildeten, sozusagen in konzentrischen Kreisen vorstossen. Zuerst werden wir den Anfang feststellen mit dem - für uns - ersten Erscheinen des Wortes Freiheit. Darauf wollen wir kurz die Vorgeschichte des Begriffes Freiheit bei den Griechen selber überblicken, dann das Erlebnis der Perserkriege als Voraussetzung für das Gewahrwerden der Bedeutung der Freiheit, schliesslich die Entwicklung des Begriffes und seines geistigen Zusammenhanges anhand einiger Aspekte ihrer Darstellung bei **Aischylos** und **Herodot** untersuchen, und zuletzt einen kurzen Ausblick auf die Vertiefung und die

FREIHEIT

Wirkungen dieses Begriffs bis zum Ende der Unabhängigkeit jener griechischen Staaten eröffnen. Unsere Betrachtung wird sich also nicht ausschliesslich auf jene beiden Autoren, Aischylos und Herodot, beschränken können; aber es wird sich zeigen, welche Bedeutung ihnen in der Geschichte der Idee der Freiheit zukommt. Ihnen verdanken wir nämlich, dank der Erhaltung ihrer Werke, einen wesentlichen Teil der Kenntnis davon, was wir über die Entdeckung des Wertes der Freiheit bei den Griechen wissen.

Das Wort, das für das Abendland, und wir dürfen wohl sagen, für die ganze Welt, die Freiheit bezeichnet, um das sich alle späteren Auseinandersetzungen, politischen, rechtlichen, philosophischen, soziologischen Erfahrungen und Spekulationen kristallisiert haben, das griechische Wort $\genfrac{}{}{0pt}{}{}{}\ \ \ \ \ \ \ \ \ \ \ \ $ ἐλευθερία, 'Freiheit', erscheint in eben jener Zeit zum allerersten Mal, deren Vorstellung und geistiger Durchdringung des Begriffes Freiheit wir uns heute zuwenden wollen. Das ist kein Zufall. Wir erfahren aus den frühesten Belegen, dass dieses Wort von Anfang an in Zusammenhängen erscheint, die auch schon jene Probleme wiederspiegeln, an denen sich die Reflexion auf das Wesen und die Bedeutung der Freiheit entzündet hat.

Nach einem delphischen Wagensieg im Jahre 470 hat Pindar für den mächtigen Stadtfürsten Hieron von Syrakus das Siegeslied gedichtet, das vom Chor an einem Fest des Zeus in der von Hieron neu gegründeten Stadt Aitna, am Aetna in Sizilien, vorgetragen werden sollte. Mit dem Ruhm des Siegers Hieron verknüpft Pindar Ratschläge an seinen Sohn Deinomenes, den jungen Herrscher der neuen Stadt Aitna. Er weist auf Hierons Grosstaten für die Freiheit aller Griechen hin, nämlich seinen und seiner Brüder Sieg über die Karthager zu Land bei Himera (480), und seinen alleinigen über die Etrusker zur See vor Kyme (474), mit dem er Hellas von der drohenden schweren Knechtschaft befreit hat, und er setzt diese Leistungen gleich mit jenen Siegen der Athener bei Salamis (480) und der Spartaner bei Plataeae (479) über Flotte und Heer der Perser. Seine Auffassung von der Bedeutung dieser Siege Hierons entspricht der allgemein griechischen jener Zeit, die sich auch in der von Herodot (7,166,1) mitgeteilten Legende niederschlug, die Schlacht bei Himera und diejenige bei

DIE VERTEIDIGUNG DER FREIHEIT DER GRIECHEN

Salamis hätten am selben Tage stattgefunden. Im Lichte dieser ruhmvollen Taten erteilt Pindar seinen Rat an Deinomenes (P.1,61): Ihm - sagt er - hat Hieron die Stadt Aitna gegründet "mit gottgeordneter Freiheit" und nach den Gesetzen der dorischen Herakliden. Bürger und Könige soll dieses Recht leiten, sodass Deinomenes das Volk zum ihm entsprechenden inneren Frieden führen könne. Hier ist also einmal die Freiheit, ἐλευθερία, gesehen im Gegensatz zu jener Knechtschaft, δουλία, mit der jene barbarischen Heere der Karthager, der Etrusker und der Perser die Griechen bedrohten. Sie ist aber auch als die Voraussetzung begriffen dafür, dass diese Stadt in einem, Bürger und König verbindenden Recht, unter ihren eigenen dorischen Gesetzen leben kann, nicht unter fremder Unterdrückung zur Rechtlosigkeit oder zur Unterwerfung unter barbarisches Unrecht verurteilt.
Die Verdienste der Athener um die Freiheit der Griechen in den Perserkriegen, die sie schon mit ihrem ganz allein erfochtenen Sieg bei Marathon (490) begründeten, hat Pindar auch in einem eigenen Dithyrambus gepriesen, dessen Anlass und Datum wir aber nicht kennen, sodass wir nicht wissen, ob er früher oder später gedichtet ist als diese Ode für Hieron, und ob sich also nicht in ihm ein noch älterer Beleg für das Wort Freiheit findet. Da uns nur zwei ganz kurze Fragmente davon erhalten sind, kennen wir aber - was wesentlicher ist - auch den geistigen Zusammenhang nicht, in den es Pindar gestellt hat, als er den Chor von der Seeschlacht bei Artemision (480) singen liess, "wo die Söhne der Athener das strahlende Fundament der Freiheit legten" (fr. 77 Snell). Sicher ist nur, dass auch hier den Anlass zu seiner rühmenden Hervorhebung eine Tat bei der Abwehr der Perser bildet.
Der zweite, bei dem uns das Wort Freiheit begegnet, ist Aischylos. In den Choephoren, dem zweiten Stück seiner 458 aufgeführten Trilogie, braucht es der Chor zweimal (809. 863). Er besteht aus kriegsgefangenen, troianischen Frauen. Sie reden aber nicht von ihrer eigenen Freiheit, sondern von derjenigen des Hauses des Orest und seiner Stadt Argos. Sie flehen Zeus an, dass es "das strahlende Licht der Freiheit" (809) wieder erblicken möge, das jetzt durch die Nacht

FREIHEIT

der Tyrannis verhüllt ist, in der es Aigisthos hält, der unrechtmässige Herrscher, der jetzt anstelle des rechtmässigen, Agamemnon, und seines Sohnes Orest herrscht. Hier ist also die Vorstellung von der Freiheit mit derjenigen der inneren Ordnung des Staates, der Rechtmässigkeit seiner Herrschaft verbunden. Im Gegensatz dazu stehen Tyrannis, Unrecht und Willkür.
Wir fassen an diesen drei Stellen schon, in welchen Bereichen sich in jener Zeit das Denken bewegt, das um den Begriff Freiheit kreist. Es beschäftigt sich mit der Unabhängigkeit des Staates, der πόλις als ganzer, und dann mit der rechtlichen Ordnung in ihrem Innern, der Rechtmässigkeit der Herrschaft und dem Verhältnis der Bürger untereinander. Besonders dieser zweite Problemkreis, der die Freiheit in ihrem spezifischen Sinne als Ordnungsprinzip der politischen Gemeinschaft begreift, umfasst das Neue, ganz und gar Griechische, das uns erst von dieser Zeit an so formuliert entgegentritt.
Denn nicht erst damals haben natürlich die Griechen den **Gegensatz von Freiheit und Unfreiheit** zum erstenmal gefühlt und ausgedrückt. Aber, was wir aus der früheren Zeit darüber erfahren, beschäftigt sich kaum mit dem Wert, oder den Werten, der Freiheit, sondern überwiegend mit den Schrecken ihres Gegenteils, der Knechtschaft, das heisst der Sklaverei. Das Adjektiv ἐλεύθερος 'frei', kommt schon bei H o m e r , aber bei ihm nur in einer einzigen Formel vor, nämlich ἐλεύθερον ἦμαρ ἀπούρας 'den Tag der Freiheit raubend' (Z 455 M 831 Y 193), und diese Formel wird zwar im ganzen dreimal, aber immer im gleichen gedanklichen Zusammenhang verwendet. Das ἐλεύθερον ἦμαρ, 'Tag der Freiheit', tritt darin nur als Gegensatz zum δούλιον ἦμαρ, zum 'Tag der Knechtschaft' auf. So ist es in jener Szene von tragischer Grösse in der Ilias, in der Hektor auf dem Skaeischen Tor in Troia Abschied nimmt von seiner Frau Andromache und seinem Söhnchen Astyanax, die er nie mehr lebend wiedersehen wird. Da enthüllt er ihr auch sein schmerzliches Vorauswissen darum, welches das schreckliche Schicksal der Stadt und ihr eigenes sein wird. An die Eröffnung in jenen berühmtesten Versen (448f.) "Einst wird kommen der Tag, wo die heilige Ilios hinsinkt, Priamos selbst und das Volk des lanzenkundigen Königs"

30

DIE VERTEIDIGUNG DER FREIHEIT DER GRIECHEN

knüpft er den düsteren Ausblick: weder aller Troer Schmerz, noch der seiner Mutter, seines Vaters und seiner Brüder kümmere ihn so sehr wie ihr eigener, "wenn einer der erzgepanzerten Achaeer Dich unter Tränen wegführt, D i r d e n T a g d e r F r e i h e i t r a u b e n d" (454f.). Er vergegenwärtigt damit ihr Los, wie sie als Sklavin, irgendwo in Griechenland für eine andere am Webstuhl wirken, Wasser tragen muss, verunglimpft unter dem schweren Zwang, der auf ihr lastet, und wie man sie daran erinnern wird: "Dies ist Hektors Frau, der im Kampf der beste war", was für sie einen besonderen Schmerz bedeuten wird, der Verlust gerade eines solchen Mannes, der imstande war, "den T a g d e r K n e c h t s c h a f t a b z u w e h r e n".
Der V e r l u s t d e r F r e i h e i t nach dem Fall der eigenen Stadt, die Leiden der Sklaverei in fremdem Lande, die die Frauen erwarten, das ist der Zusammenhang, in dem dreimal in der Ilias das Wort frei, in jener Verbindung "den Tag der Freiheit raubend" erscheint. Für diese Sklaverei, der als Kriegsgefangene verschleppten Frauen, gibt es bei H o m e r auch ein eigenes Wort: δουλοσύνη, das Eurykleia, die treue Schaffnerin in der Odyssee braucht, wie sie ihrem heimlich zurückgekehrten Herrn Odysseus über die 50 Mägde, offenbar auch solche Kriegsgefangene, in seinem Hause berichtet. "Diese" - sagt sie - (χ422f.) "haben wir gelehrt Arbeiten zu verrichten, Wolle zu krempeln und die Knechtschaft zu ertragen", δουλοσύνην ἀνέχεσθαι, eben mit jenen Arbeiten, die Andromache bevorstehen.
Diese Sklaverei, den Tag der Knechtschaft, den H o m e r anderswo (O 375 etc.) auch "den erbarmungslosen Tag" nennt, abzuwehren, das ist die Pflicht, der Hektor gehorcht, und zu der die frühesten Dichter der Elegie die jungen Männer in der Gefahr des Vaterlandes aufrufen: K a l l i n o s von Ephesos, der um 650 den Sturm der Kimmerier auf seine Stadt erlebt hat, und T y r t a i o s, der ihnen um dieselbe Zeit im zweiten messenischen Krieg in Sparta das Elend derer schildert, die ihr Vaterland in der Not im Stich lassen und deshalb in der Fremde als Bettler in Armut und Schande umherirren müssen.
Das Elend der Unfreiheit, die Sklaverei in fremder Gefangenschaft nach dem Fall der Vaterstadt, ist als schwerer Schlag

FREIHEIT

des Schicksals der Unterlegenen so alt wie die uns bekannte Geschichte der Menschheit. Viel früher als das Wort Freiheit, ἐλευθερία, begegnet uns deshalb auch in diesem Zusammenhang das gleich gebildete Wort für Knechtschaft einer ganzen Stadt im umfassenden Sinn, nicht nur der Frauen: δουλία, so schon beim Dichter Anakreon, in der zweiten Hälfte des sechsten Jahrhunderts, der den Tod des Aristokleides betrauert (fr. 419 PMG Page), des tapfersten unter seinen Freunden - wie er sagt -, der in seiner Jugendblüte im Kampf gefallen ist, "die Knechtschaft des Vaterlandes abwehrend" in Erfüllung eben der Pflicht, die auch Hektor auf sich genommen hatte. Dieses Erlebnis der Knechtschaft, als Gegensatz zur Freiheit ist darum auch noch nicht etwas, das auf die Griechen beschränkt, ihnen spezifisch eigentümlich wäre. Denken wir nur etwa an den Jammer der Klagelieder des Jeremia in der babylonischen Gefangenschaft des Volkes Israel, und an die Folgen der Eroberung Jerusalems nach 598, die der Prophet Jeremia als Strafe des Herrn schildert, der spricht (Jer. 25, 9ff.): "so will ich ausschicken ... alle Völker gegen Mitternacht ... auch meinen Knecht Nebukadnezar, den König von Babel, und will sie bringen über dies Land und über die, so darin wohnen ... und will sie verbannen und verstören und zum Spott und zur ewigen Wüste machen und will herausnehmen allen fröhlichen Gesang, die Stimme des Bräutigams und der Braut, die Stimme der Mühle und das Licht der Lampe, und sollen diese Völker dem König zu Babel dienen, siebzig Jahre."
Das positive Erlebnis der Freiheit hingegen hat nur bei den Griechen zu jener eigenen schöpferischen Gestaltung geführt, die - so darf man wohl sagen - zu den folgenreichsten Leistungen ihres Geistes gehörte. Auch ihre neue Beschäftigung mit der Sache und mit dem Begriff der Freiheit hat aber den wesentlichen Anstoss erhalten durch einen Kampf, in dem es darum ging, "vom Vaterland die Knechtschaft abzuwehren", oder besser gesagt durch eine ganze Reihe solcher Kämpfe, eben die Perserkriege.
Wenn wir von den Perserkriegen reden, so denken wir in erster Linie an jene entscheidenden Kämpfe gegen den übermächtigen Feind in Griechenland selber, in den Feldzügen

DIE VERTEIDIGUNG DER FREIHEIT DER GRIECHEN

von 490 bei Marathon und zehn Jahre später bei den Thermophylen, am Artemision, bei Salamis und bei Plataeae, deren siegreiches Bestehen, als eines der Grunderlebnisse für den Bestand ihrer eigenen Freiheit das Bewusstsein der Griechen geprägt haben. Diese Schlachten sind für die Griechen selber zu Symbolen der Bewährung ihrer Existenz und des Ausgangspunktes ihrer staatlichen und geistigen Entfaltung geworden, und sie selber haben sie so verarbeitet und dargestellt, dass sie für alle spätere Zeit ihre faszinierende Leuchtkraft bewahrt haben. Wir denken also nicht in erster Linie an die geschichtlichen Ereignisse in ihrem geschichtlichen Zusammenhang, sondern wir gehen aus von dem symbolischen Wert, den diese Ereignisse dank ihrer Deutung und Gestaltung durch die Griechen selber erlangt haben.
Denn im geschichtlichen Ueberblick über das Ganze gesehen bilden diese Schlachten nur einen Ausschnitt aus einem viel weiteren Zusammenhang. Die Auseinandersetzung mit den Persern begann lange vor jenen grossen Schlachten auf griechischem Boden und kam im ganzen erst zum Abschluss, als Alexander der Grosse, nachdem er den Hellespont mit seinen Makedonen in umgekehrter Richtung überschritten hatte, seit 334 nicht nur die Griechenstädte Kleinasiens wieder befreite, sondern das alte persische Achaemenidenreich selber vernichtete. Allerdings hatte sein Vater Philipp, in der Schlacht bei Chaeronea 338, kurz vorher auch das Fundament der eigenstaatlichen Unabhängigkeit der alten griechischen Staaten endgültig zerstört.
Vor den beiden grossen persischen Feldzügen von 490 und 480 waren Griechen bereits in unmittelbare kriegerische Berührung mit den Persern gekommen, als der Lyderkönig Kroisos 547 von Kyros besiegt und ganz Kleinasien in den beiden persischen Satrapien Sardes und Daskyleion neu organisiert wurde. Damals wurden auch die ionischen Städte durch die beiden persischen Feldherrn Mazares und Harpagos gewaltsam unterworfen und in diese Satrapien eingegliedert, mit Ausnahme des mächtigen Milet, das einen alten Bündnisvertrag, den es einst mit den Lydern geschlossen hatte, erneuern konnte. Von Milet ging im Jahre 500 auch der ionische Aufstand aus, in dem sich die kleinasiatischen Griechen

FREIHEIT

gegen den Grosskönig erhoben, und den die Perser erst mit der Eroberung von Milet 494 niederschlagen konnten. Erst mit ihren beiden Expeditionen von 490 und 480 setzten aber die Perser auch zur Eroberung der griechischen Staaten auf dem europäischen Festland an, und zu diesem Erfolg wäre es beim zweiten Zug, 480, auch zweifelsohne gekommen, wenn nicht die Athener und Sparta mit seinen Verbündeten des peloponnesischen Bundes mit einer äussersten Anstrengung den Feind, der schon ganz Nord- und Mittelgriechenland erobert hatte und bis an die Zugänge zur Peloponnes vorgedrungen war, bei Salamis und Plataeae vernichtend hätten schlagen können. Wenn auch danach die Auseinandersetzung mit dem persischen Reich noch nicht gänzlich erledigt war, so hatten doch die Griechen in Europa damit - fast gegen alle menschliche Berechnung - ihre staatliche Existenz überhaupt gerettet, und der Erfolg war, dass zwischen den Schlachten bei Plataeae, 479, und bei Chaeronea, 338, keine fremde Armee sie mehr in ihrem eigenen Lande heimsuchte.
Der tiefe Schock, den die apokalyptische Angst vor der überwältigenden sich zu Lande und zu Wasser heranwälzenden feindlichen Heeresmasse, der Abfall der eigenen Stammesgenossen und Verbündeten in der Gefahr, die Zerstörungen und Plünderungen in den Gebieten derer die Widerstand leisteten, und schliesslich die gewaltigen Verluste an Menschenleben auslösten, und dann die Gefühle der Erlösung und der Siegesjubel nach der vermiedenen Katastrophe, drückt sich in allen Aeusserungen jener Zeit aus.
Von den Denkmälern für die Gefallenen sprechen zu uns die I n s c h r i f t e n , unter ihnen jenes Epigramm der Epigramme am Grabmal in den Thermopylen. Fragmente von Gedichten des S i m o n i d e s und anderer aus dieser Zeit sind uns erhalten. Aus allen geht das eine hervor, dass eben dieser Kampf auf Leben und Tod für die Griechen zur Abwehr der Knechtschaft vom Vaterland schlechthin geworden war. In die Reihe der Zeugnisse für die Wirkung dieses Freiheitskampfes gehören auch die beiden Werke, denen wir uns jetzt zuwenden wollen, die "Perser" des A i s c h y l o s und die Geschichtsbücher des H e r o d o t . Dem Erlebnis dieser Kämpfe verdankt das historische Drama bei den Griechen seine Entstehung. A i s c h y l o s , der nach

DIE VERTEIDIGUNG DER FREIHEIT DER GRIECHEN

glaubhafter Ueberlieferung selber an der Schlacht bei Salamis teilgenommen hat, gehört also zu jenen Dichtern, die diesen Kampf aus eigenem Erleben für ihre Mitbürger gestaltet haben. Aber er war nicht der erste, der ihn in einer Tragödie dargestellt hat. Vor ihm hatte schon Phrynichos den "Fall von Milet", mit dem 494 der ionische Aufstand zusammengebrochen war, zum Gegenstand einer Tragödie gemacht, und, im Jahre 476, die Niederlage der Perser in einem Stück, das nach seinem Chor phoenizischer Frauen "Phoenissen" hiess. Chorege dieser Aufführung scheint kein anderer als Themistokles gewesen zu sein. Von diesem Stück, das den Ereignissen noch um vier Jahre näher stand, wissen wir leider nicht viel mehr, als dass es wie die "Perser" des Aischylos in der persischen Reichshauptstadt Susa spielte, dass ebenfalls gleich zu Anfang alte Berater des Grosskönigs auftraten, dass man von dem verlorenen Feldzug des Xerxes Kenntnis hatte, und dass vielleicht darin auch die Seeschlacht von Mykale vor der kleinasiatischen Küste (479) geschildert wurde. Jedenfalls soll es nach antiker Ueberlieferung das unmittelbare Vorbild des Aischylos gewesen sein.

An der Gestaltung und Deutung der Perserkriege wurde auch Herodot erst zum Historiker, und damit zum ersten Historiker der Griechen überhaupt. Ihm verdanken wir das meiste, was wir wissen über den sachlichen Verlauf dieser Kämpfe, über die Vorstellungen, die sich die Griechen von ihren Ursachen und Wirkungen machten, und über die geistigen Bewegungen, die sich an sie angeschlossen haben. Er hat mindestens bis 430 gelebt, ist also eine Generation jünger als Aischylos. Erstaunlich ist immerhin, wie eng sich manche der Erklärungen, die er zur Deutung des Zusammenhangs und der Natur dieser Kämpfe gibt, mit denen des Aischylos decken. Daraus geht offenbar hervor, dass er Meinungen wiedergibt, die schon lange vor ihm formuliert worden waren.

Der ältere unserer beiden Zeugen ist also Aischylos. Seine historische Tragödie "Die Perser" ist das einzige erhaltene aus einer Reihe von vier Stücken, mit denen er im Jahre 472 als Sieger hervorging aus dem Wettkampf der tragischen Dichter in Athen. Auch sein Chorege war ein

FREIHEIT

später führender Politiker, der damals noch nicht zwanzigjährige Perikles. Seit den "Phoenissen" des Phrynichos (476) hatte die Befreiung von der Bedrohung durch die Perser weitere Fortschritte gemacht. Kimon hatte 475 die letzten Plätze in Thrakien, wo sie sich noch auf dem griechischen Festland gehalten hatten, den Persern entreissen können, und sie damit ganz aus Europa vertrieben.
In seiner Tragödie stellt Aischylos das Verhängnis der Niederlage, von der Seite des besiegten Gegners aus, in fünf einander folgenden monumentalen Szenen dar. Als Chor hat er die Berater des Grosskönigs selber gewählt, alte, weise Männer, die immer wieder als "die Treuesten der Treuen" bezeichnet werden und die die ganze Tragweite des Geschehens ermessen können. Die Ratsversammlung, zu der sie gleich am Anfang zusammentreten, verspricht also eine Deutung der Vorgänge zu geben, ähnlich wie sie Herodot in den Versammlungen der Berater des Xerxes in seiner Darstellung der Geschichte bietet. Mit der Aufzählung der Kommandanten des gewaltigen Heeres und seiner Kontingente (12ff.) ist die Ausgangslage des Krieges umrissen. Sie stellen aber auch die bange Frage nach dem ungewissen Schicksal der fernen Armee, von der man keine Nachricht hat. Zu ihnen kommt die alte Königin, die Mutter des Xerxes und Gattin des Dareios in orientalischer Pracht und Majestät (150ff.). Sie hat Träume und Zeichen erlebt, die die weisen Berater ihr deuten sollen, und die in nuce den Sinn des ganzen Stückes, eine bildgewordene Erklärung für die tieferen Gründe der in ihrem Wesen begründeten, unüberbrückbaren Feindschaft der Perser und der Griechen enthalten: Zwei streitende Frauen sind ihr erschienen, die eine in persischer Tracht, die andere in griechischer. Xerxes hat sie zusammen vor seinen Wagen gespannt. Die persische trägt stolz das Joch, erfüllt von der Ehre ihren Grosskönig zu ziehen, die andere bäumt sich auf, zertrümmert Wagen und Deichsel und schleppt ihn mit sich fort, Xerxes stürzt, sein Vater Dareios erscheint neben ihm, und er zerreisst seine Gewänder. Durch diesen Traum erschreckt, bringt die Königin ein Opfer dar. Da sieht sie ein Zeichen: Auf dem Altar lässt sich ein Adler nieder, fliehend vor einem Falken, der seinen Kopf zerhackt, was der Adler

DIE VERTEIDIGUNG DER FREIHEIT DER GRIECHEN

wehrlos geduckt mit sich geschehen lassen muss. Der Chor versucht sie mit einer besänftigenden, den Sinn der Zeichen verfehlenden Deutung zu beruhigen, und rät ihr dem toten König Dareios zu opfern und seinen Rat zu hören.
Aber da erscheint ein Bote (246ff.) der die niederschmetternde Meldung bringt, dass das ganze stolze Heer zerschlagen, die Blüte Persiens umgekommen ist. Der detaillierte, grausame Bericht, den er von der Schlacht bei Salamis gibt, steht im Mittelpunkt des Stücks. Vollendet ist die Niederlage damit, dass auch das Landheer bei Plataeae in Böotien unterlegen, und seine kläglichen Reste, auf der Flucht durch Thrakien ausgehungert und verstreut, nach Asien getrieben worden sind. Nach einem Klagelied des Chors tritt die Königin, jetzt ohne ihren fürstlichen Schmuck aus dem Palast zum Opfer am Grab des Dareios (598ff.). Berufen in düsteren Beschwörungshymnen steigt sein Geist empor, die Königin berichtet ihm Verlauf und Umfang der Katastrophe. Er deutet dieses Verhängnis als Erfüllung einer alten Verheissung: Zeus hat es beschleunigt, nachdem Xerxes selber das Unheil herausgefordert hat. Die Tiefe dieses Falles lässt sein Rückblick auf die Geschichte der Herrscher des achaemenidischen Hauses noch gewaltiger erscheinen, als Gegenbewegung zu seinem Aufstieg vom Begründer Kyros zur Weltmacht, die jetzt der junge, schlecht beratene Letzte, entgegen seiner väterlichen Ermahnung in ihren Grundfesten erschüttert hat. Die Götter rächen die Frevel an den zerstörten Heiligtümern Griechenlands an ihm. Die Königin soll dem Sohn entgegeneilen, ihn zu trösten. Aus einer abgeklärten, jenseitigen Resignation ermisst Dareios wohl das Mass der Katastrophe, ohne aber die Lebenden zu verurteilen: Vor Grab und Tod tritt die Bedeutung des diesseitigen Geschehens zurück. Aber der Chor der Alten klagt über das verlorene Glück, das er unter diesem weisen Herrscher genossen hatte. Da erscheint der geschlagene Xerxes, so wie es der Traum der Königin am Anfang verhiess, in zerrissenem Gewand, sein Heer zerschmettert durch die sich aufbäumende Hellas, und in einem rituellen Trauergesang mit seinen Getreuen finden der Sturz und die Gefühle der Vernichtung nach der Niederlage pathetischen Ausdruck (908ff.).

FREIHEIT

Den Höhepunkt bildete für das athenische Publikum offenbar die ausführliche Darstellung der Zerstörung der persischen Flotte in der Seeschlacht von Salamis. Auf die Zuschauer, die selber an den Ereignissen beteiligt gewesen waren, musste die Schilderung dieses totalen Zusammenbruchs stellenweise die Wirkung eines kaum verhüllten Triumphgesangs ausüben. A i s c h y l o s gibt ihm die Deutung eines Triumphs der griechischen Freiheit über die barbarische Despotie. Den Boten lässt er den Schlachtruf der Griechen am Morgen von Salamis wiederholen (402ff.): "Ihr Söhne der Griechen, wohlan b e f r e i t das Vaterland, b e f r e i t Eure Kinder, Eure Frauen, die Sitze der väterlichen Götter, die Gräber Eurer Ahnen. Jetzt geht der Kampf um alles!" Die Entscheidung für den Sieg der Freiheit im Kampf ums Ganze, für all das, was jedem Griechen das Vaterland bedeutet, hat diese Schlacht gebracht.

Und diese Freiheit bedeutet mehr als nur die Unabhängigkeit von der Unterdrückung durch einen fremden Herrscher. Sie steht im Gegensatz zu einer Staatsform, in der ein Despot herrscht, und alle andern ihn wie einen Gott verehren und seiner Person bedingungslos untertan sind (150ff.). Sogar wenn er die Katastrophe und den Tod so vieler verschuldet hat, - so sagt die Königin ausdrücklich - so wird er doch, wenn sein Feldzug ihm gelingt, ein bewundernswerter Mann, wenn es aber schlecht herauskommt, so schuldet er der Polis k e i n e R e c h e n s c h a f t. Wenn er nur gerettet wird, so herrscht er doch über dieses Land (211ff.). Das Bild der beiden Frauen, von denen die eine stolz ist, dass sie dem Fürsten dienen darf, während die andere sich aufbäumt und das Joch zerbricht (181ff.), zeigt einen von den Griechen fundamental verschiedenen Menschentyp, der einen solchen Staat bildet. Die Königin kann nicht fassen, wie in einem freien Staat überhaupt ein Heer in den Kampf geführt werden kann, wenn nicht ein einziger absoluter Herr ist: "Sie sind aber," sagt der Chor im Wechselgespräch (211ff.), "keines einzigen Mannes Sklaven und Untertanen" - "Wie können sie aber dann vor dem Feind standhalten?" - "Wir haben es schon gesehen: sie haben das riesige und prächtige Heer des Dareios schon einmal zerstört" - nämlich bei Marathon. Diese Erfahrung des Dareios hat

DIE VERTEIDIGUNG DER FREIHEIT DER GRIECHEN

Xerxes, schlechten Beratern folgend, nicht verstanden und ist gegen Griechenland gezogen (753ff.). Was die Griechen zum Widerstand treibt, ist nicht der Befehl eines Despoten, sondern jedes einzelnen Willen zur Freiheit.
Auch die Katastrophe, die der Zusammenbruch der Macht des Königs bedeutet, erfährt ihre Deutung im Lichte der Freiheit. Jetzt funktioniert das System der Unterdrückung nicht mehr. Die königliche Gewalt dieses einen Mannes, der wie ein Gott (150ff.) über ganz Asien herrscht (762ff.), bestand im Zwang des Despoten, dem die Untertanen ihren Tribut zahlten und vor dem sie sich in den Staub warfen (588ff.). Jetzt aber ist das Volk vom Joch erlöst, soweit dass es frei reden kann (593ff.). Die freie Rede des freien Bürgers, die παρρησία, eben das, vor dem jeder gewählte Archon der Athener Rechenschaft ablegen muss (241ff.), ist die innere Gefahr, die die Macht in diesem Reich des Zwangs nach der Niederlage erschüttert (211ff.). Diese gefährliche Freiheit muss der Grosskönig zerstören. Deshalb strebt er danach, Griechenland das Joch aufzuerlegen. Das Schicksal treibt diesen Staat der Perser immer, alles um sich her zu unterdrücken, was eine Gefahr für sein inneres Funktionieren bilden müsste, wenn es ihm nicht untertan ist. Seine unersättliche Expansion nach allen Seiten folgt aus diesem Zwang (103ff.).
Dieses System kennt einen einzigen Herrscher und sonst nur Untertanen, die sich, stolz über ihren Dienst, dem Joch beugen (192ff.). Aber ist wenigstens dieser einzige, der Despot selber, frei? - Nein: Er ist ein Getriebener, der das Recht der anderen und der Götter mit Füssen tritt, und so das Mass des Menschen überschreiten muss. Sein Drang, die ganze Welt zu beherrschen (73ff.), selber wie ein Gott, der Welt gegenüber dazustehen (744ff.), ist ὕβρις - ihr muss die Strafe folgen. Sie ist ἄτη (99), das Verhängnis, die völlige Zerschlagung des Wahns, die in der fassungslosen Trauer des gefallenen Xerxes am Schluss gezeigt wird (1004ff.). Was ihn treibt, ist der δαίμων (472ff., 515, 724ff., 904ff. etc.), der "Neid der Götter" (362), die ihn verführen das Mass zu überschreiten (93ff., 472ff.). In mythisch-theologischer Interpretation wird damit von A i s c h y l o s ausgedrückt,

FREIHEIT

dass auch der Despot selber, als einziger, der in seinem Reiche scheinbar nach freiem Willen entscheidet, nicht frei ist.
Herr Mercier hat letztesmal eine Definition der Freiheit gegeben, an der wir seine Stellung messen können: "Freiheit ist das Vermögen jedes Menschen, die Schranken, innerhalb derer er in jedem Augenblick seines Lebens steht, nicht nur zu erkennen, sondern auch anzuerkennen - und damit zu überwinden und zu transzendieren." Diese Freiheit hat der Despot nicht. Er erkennt seine Schranken nicht und muss sie überschreiten. Für die andern, die die Folgen dieser ὕβρις des Tyrannen zu tragen haben der keine Rechenschaft ablegen muss, bleibt nur das Leiden unter den Folgen seiner Verblendung.
H e r o d o t von Halikarnass ist über der Darstellung der Perserkriege zum Historiker geworden. Er hat wohl bis etwa um das Jahr 430 an seinem Werk gearbeitet. Anlage und Ausführung lassen erkennen, dass er seine Darstellung nicht ganz vollenden konnte, und dass während der langen Zeit, in der er seinen Stoff sammelte, sichtete und gruppierte, seine Interessen und Fragestellungen sich verändert haben. Er scheint zuerst vorwiegend geographische und ethnographische Untersuchungen angestellt zu haben, die sich etwa in seinem Aegyptenbuch und in der Beschreibung der Skythen niedergeschlagen haben. Offenbar erst nach und nach, wohl wesentlich seit seinem Aufenthalt in Athen um 445 und später, hat er seinen grossen Gegenstand: die Geschichte der Auseinandersetzungen der Griechen mit den Persern, und die Methoden zu ihrer geistigen Erfassung und Darstellung schrittweise gefunden, sozusagen entdeckt. Seine geographisch-ethnographischen Materialien sind namentlich in denjenigen Teilen eingelegt, in denen die frühere Geschichte erzählt wird, vor dem Zug des Xerxes von 480, den er in den drei letzten Büchern behandelt. Zum wirklichen Geschichtsschreiber ist aber H e r o d o t nicht nur dadurch geworden, dass er eine Folge geschichtlicher Ereignisse - eben die Perserkriege - von ihrem Anfang bis zu ihrem Höhe- und Wendepunkt darzustellen unternahm, sondern namentlich dadurch, dass er im Zusammenhang dieser Ereignisse einen Sinn erkennen

DIE VERTEIDIGUNG DER FREIHEIT DER GRIECHEN

konnte, ihnen eine Deutung gab, die sie eben erst zur Geschichte machte. Und dieser Sinn besteht für ihn darin, dass er die Auseinandersetzung der Griechen mit den Persern als einen Kampf um die Freiheit verstanden und erklärt hat. Schon gleich am Anfang seines Werks tritt dieser Gesichtspunkt in Erscheinung. Er untersucht zuerst, auf welcher Seite das Recht war beim Ausbruch der Feindschaft zwischen Griechen und Barbaren, und, nachdem er diese Frage in der kurz behandelten mythischen Vorzeit als unlösbar erklärt hat (1,1-5), geht er zum Beginn in der wirklichen Geschichte über (1,5,3): "Ich will aber den Mann nennen, von dem ich sicher weiss, dass er mit ungerechten Taten gegen die Griechen begann. Wenn ich den bezeichnet habe, will ich vorwärtsschreiten in meiner Darstellung." - Wer war dieser erste, und worin bestand das Unrecht, das er begangen hat? - Es war nach ihm Kroisos aus Lydien (1,6,2): "Dieser Kroisos hat als erster Barbar, von dem wir wissen, die einen von den Griechen zur Ablieferung von Tribut unterworfen, andere aber sich zu Freunden gemacht. Er unterwarf die Ionier, Aeoler und Dorier in Asien ...", und nun das wichtigste: "Vor der Herrschaft des Kroisos waren alle Griechen frei." Wenn es sich auch nachher herausstellt, dass schon frühere Lyderkönige einzelne Griechenstädte Kleinasiens unterworfen haben - schon Gyges, der Begründer der Mermnadendynastie, eroberte um 650 Kolophon (1,14,4) -, so ist doch dieser Anfang, den Herodot seiner Geschichte setzt, höchst bedeutungsvoll. Er gibt damit das Thema der Erklärung: es geht um die Freiheit der Griechen. Ihr Bestehen ist Recht, ihre Unterdrückung Unrecht. So sieht es auch Aischylos.

Alles andere, was Herodot in seinen ersten sechs Büchern daraufhin erzählt - von den Lydern und ihrem Ueberwinder Kyros, der deshalb als erster Perserkönig mit den Griechen in Berührung kam, und dann von den persischen Grosskönigen bis auf Dareios, der den ionischen Aufstand von 500-494 niederschlug, und dessen Strafexpedition gegen Athen bei Marathon 490 unterlag - behandelt er aber unter diesem Gesichtspunkt nur als Vorgeschichte zu jenen entscheidenden Ereignissen, die der Zug des Xerxes, 480, bringt. Den

FREIHEIT

heroischen Abwehrkampf der kleinen Schar der freien Griechen gegenüber dem orientalischen Despoten Xerxes mit seinem überwältigenden, vielstämmigen Barbarenheer deutet er weitgehend nach denselben Leitideen wie Aischylos. Besonders interessiert uns eben hier, wie er - als unmittelbare Sinndeutung des geschichtlichen Handelns - Begriff und Wesen der griechischen Freiheit ausführlich erklärt und in ihrer Wirkung beschreibt.
In mehreren Ansätzen lässt er Umfang und Zusammensetzung der gewaltigen Heeresmasse des Xerxes auf seinem Zug aus dem Inneren Kleinasiens über die Meerenge am Hellespont bis an die Grenze des griechischen Gebiets immer bedrohlicher vor dem Auge des Lesers erstehen (7,19-21.26.40-41.44-45. 55-56). Nachdem er schliesslich anhand einer Heerschau bei Doriskos in Thrakien alle beteiligten Völker und ihre Kommandanten in einer breiten Uebersicht vorgeführt hat (7,60-100), lässt er Xerxes einen Griechen, den Spartaner Demarat, fragen (7,101,2): "Sage mir, werden die Griechen standhaft genug sein, ihre Hände gegen mich zu erheben? Denn ich glaube, wenn sich auch alle Griechen und die übrigen Menschen, die im Abendlande wohnen, zusammentäten, so sind sie doch nicht stark genug, um mir, wenn ich gegen sie marschiere, in der Schlacht standzuhalten, wenn sie nicht geeint sind." Die Frage zielt auf das Grössenverhältnis der Machtmittel und die Einheit des Kommandos. Im Gespräch ergibt es sich dann, dass ihre Widerstandskraft eine andere Begründung hat, als diejenige der überlegenen Zahl und der despotischen Kommandostruktur. Die Antwort führt zu einer Definition des verschiedenen Wesens der Gegner. Warum sind die wenigen und zersplitterten Griechen doch ernst zu nehmen? "Mit Griechenland", antwortet Demarat (6,102,1), "hat die Armut seit jeher zusammengelebt, die tapfere Haltung aber ist hinzuerworben, durch Weisheit und strenges Gesetz bewirkt. Durch sie schützt sich Griechenland vor Armut und Despotie." Er nennt die dorischen Griechen, die kämpfen werden, und unter ihnen vor allem die Spartaner: "Erstens werden sie niemals Deine Angebote annehmen, die Knechtschaft über Griechenland bringen, und dann werden sie Dir im Kampf entgegentreten, auch wenn alle anderen Griechen

DIE VERTEIDIGUNG DER FREIHEIT DER GRIECHEN

Deines Sinnes wären ... Ob tausend ausgezogen sind, oder weniger oder mehr, sie werden kämpfen." Zum Abschluss sagt Demarat, was ihnen die Kraft gibt zu diesem unbeirrten Mut: Es ist das Gesetz, das ihre Freiheit regiert (6,104,4): "Frei sind sie nämlich, aber nicht in allem frei. Ueber ihnen steht nämlich das Gesetz als Herr, das sie noch viel mehr fürchten als Deine Leute Dich. Sie führen also aus, was immer jenes ihnen befiehlt. Es befiehlt aber immer dasselbe: vor keiner Menge von Menschen aus der Schlacht zu fliehen, sondern standzuhalten in der Schlachtreihe und zu siegen oder zu sterben." Die ausdrückliche Bestätigung dafür, dass Demarat recht hat, geben dem Grosskönig dann Leonidas und seine Spartiaten, die bei den Thermopylen fallen (7,234,1).
Freiheit, sagt also Demarat, ist nicht Anarchie, sondern Unterwerfung unter das Gesetz. Das Gesetz ist der Herr der Freien. Die Leistungen, die sie unter ihm nach freiem Willen erbringen, sind grösser als diejenigen der Untertanen unter dem Befehl des gefürchteten Despoten. Das Gesetz ist die Schranke der Ordnung, die die Freien anerkennen. Diese Freiheit unter dem Gesetz ist also das Ordnungsprinzip des Staates im Recht.
Die Freiheit befähigt die Gemeinschaft zu grossen Taten. Aber was bedeutet sie für den einzelnen? Das demonstriert Herodot am Beispiel des Sperthias und Bulis (7,134-136). Die Spartaner hatten Unrecht getan. Sie hatten die Herolde des Dareios umgebracht. Zur Sühne dieser Tat erboten diese beiden sich freiwillig, sich dem Grosskönig zu stellen. Ihren Mut und ihre Worte hebt Herodot als besonders bewundernswert hervor (7,135,1). Auf ihrer Reise nach Susa kommen sie zuerst zu Hydarnes, dem persischen Feldherrn an der Küste Kleinasiens, der sie freundlich empfängt, und ihnen anbietet in den Dienst des Grosskönigs zu treten. Es würde ihnen dann nicht nur nichts geschehen, sondern sie würden zu Ehren und Reichtum gelangen und könnten als Vasallen sogar griechisches Land beherrschen, das der Grosskönig ihnen gäbe. Sie antworten ihm, sein Rat gehe von der gegenteiligen Erfahrung aus als ihrer eigenen (7,135,3): "Du verstehst zwar das eine, ein Sklave zu sein, die ἐλευθερία aber hast Du noch nie ge-

FREIHEIT

kostet, ob sie süss ist oder nicht. Hättest Du sie gekostet, so würdest Du uns raten, nicht mit Lanzen um sie zu kämpfen, sondern auch mit Beilen." Beim Grosskönig selber weigern sie sich dann, die Proskynese vor ihm zu vollführen. Bei ihnen sei es nicht Brauch, sich vor Menschen fussfällig niederzuwerfen, dafür seien sie auch nicht gekommen. Hingegen sagen sie ihm: "König der Meder, die Spartaner haben uns geschickt anstelle der Herolde, die in Sparta umgekommen sind, um für diese Busse zu tun." Der Grosskönig begnadigt sie dann allerdings, nicht zuletzt auch deshalb, um die Spartaner nicht von ihrer Schuld zu lösen.
Auch diese beiden beweisen ihre $\mathrm{\mathring{α}ρετή}$, ihren Mut im Dienste für das Vaterland; aber die $\mathrm{\mathring{ε}λευθερία}$ bedeutet auch hier mehr als das. Nicht nur beugt sich der Mann, der ihre Süsse kennt, unter keinen Umständen unter die Despotie, er gibt auch keinen Verlockungen nach, selbst derjenigen nicht, auf ihre Kosten zu herrschen, und hält am Recht unter allen Umständen fest. Sie ist das Mass des Verhaltens des $\mathrm{\mathring{α}νήρ\ \mathring{ε}λεύθερος}$, des **freien Mannes**, der Richtpunkt seiner inneren Disziplin, den er aus Ueberzeugung für seinen höchsten Wert hält.
Diese Beispiele kollektiver und individueller Bewährung im Kampf gegen den mächtigen persischen Despoten, zu denen Herodot seine Erläuterungen griechischer Freiheit gibt, könnten - isoliert betrachtet - leicht als Zeugnisse einer allzu schönen, naiv moralisierenden Heldenverehrung missverstanden werden. Natürlich zeigt sich in der Darstellung Herodots stellenweise der Niederschlag von Traditionen mündlicher und vielleicht sogar dichterisch überhöhter Ueberlieferung, die unter dem Eindruck der überwältigenden Erlebnisse jener Zeit schon bald nach den Ereignissen einzelne Vorkommnisse mit legendenhaften Zügen ausschmückte und den Ruhm der Taten der an diesem Abwehrkampf Beteiligten zu beinahe mythischer Monumentalität steigerte. Aber Herodot hat kein Erbauungsbuch geschrieben. Diese Beispiele sollen zwar belegen, was die Freiheit als Idee für den Staat und für den einzelnen Bürger bedeutet. Er will damit aber auch erklären, wie es zu dem sonst beinahe unverständlichen aber tatsächlich eingetretenen Ergebnis kam, dass nämlich in diesem ungleichen und, auch nach sehr viel vorsichtigerer

DIE VERTEIDIGUNG DER FREIHEIT DER GRIECHEN

Einschätzung der Möglichkeiten des Angreifers, für den Verteidiger nicht sehr aussichtsreich erscheinenden Kampfe die Griechen trotz allem Sieger geblieben sind.
In Freiheit und Despotie erkennt auch Herodot den tiefsten Gegensatz, der die beiden kämpfenden Parteien trennt. Ihr verschiedenes Verhalten, und letztlich der entgegengesetzte Erfolg ihrer Unternehmungen sind bedingt durch die Verschiedenheit der Wertvorstellungen, auf denen die gesamte Ordnung ihrer Gesellschaft beruht. Er ist aber bestrebt, nicht alles Gute auf einer Seite und alles Schlechte dafür auf der anderen zu suchen, und sich dadurch den Weg zum Verständnis des wirklich Geschehenen zu verbauen. Denn dieses will er erklären. Unbestreitbar war ja auch, besonders in den früheren Perioden ihrer Geschichte, der Erfolg der Perser, die sich unter Kyros von den Medern befreit hatten, und seither ein Weltreich erwarben, das unter Dareios den Höhepunkt seiner Macht erreichte - und das alles also unter der Herrschaft despotischer Grosskönige. Dass also auch ein Staat mit dieser Verfassung zu grossen Leistungen fähig sein kann, versucht Herodot zu verstehen und zu erklären, und er kommt damit auf die hochinteressante Frage nach den verschiedenen möglichen Formen der Herrschaft und deren Funktionieren überhaupt. Wenn er auch kaum der erste gewesen ist, der dieses Problem erörtert hat, so ist doch seine vergleichende Behandlung der Verfassungen die älteste uns erhaltene, und er steht also damit auch am Anfang der antiken, und modernen, Staatstheorie.
Zum Anlass dieser Untersuchung nimmt er den auch sonst mit verschiedenen anekdotischen Zügen ausgeschmückten Thronantritt des Dareios, nach der Niederwerfung einer Verschwörung der Magier gegen seinen Vater Kambyses durch sieben persische Fürsten. Diese Sieben lässt er also darüber diskutieren, welche Regierungsform sie, als die beste, dem nun wieder befreiten Staate geben sollen (3, 80-82). Er unterscheidet drei mögliche Verfassungen: Demokratie, Oligarchie und Monarchie. Wir wollen aus dieser Diskussion hier allerdings nur herausgreifen, was auf das Problem der Freiheit Bezug hat. Und das ist berechtigt, denn Herodot misst die Vor- und Nachteile dieser drei Staatsformen eben

FREIHEIT

an jenen Werten, die ihm die Freiheit unter der Herrschaft
des Gesetzes bedeutet. Am leichtesten ist es da die Demokratie zu preisen (3,80). Sie wird als Gegensatz betrachtet
zur Alleinherrschaft, die dabei alle negativen Züge der
orientalischen Despotie erhält. Die Versuchung für einen
Einzelnen, ohne Verantwortlichkeit in ὕβρις und Missgunst
gegenüber alle andern zu verfallen, Torheiten zu begehen
und sich anstatt mit den Besten mit den schlechtesten Bürgern zu umgeben, die überlieferten Gesetze zu verletzen und
ein Willkürregiment zu errichten, wird der Gleichheit vor
dem Gesetz, der Verantwortlichkeit der Beamten und der
Beschlussfassung durch die Gesamtheit in der Demokratie
gegenübergestellt. Zur Empfehlung der Oligarchie (3,81)
werden die **Gefahren der unkontrollierten** Ausübung der **Freiheit** durch eine unvernünftige und zügellose
Masse genannt. Diese kennt das Gute nicht, darum sollten
nur die besten Männer regieren, die auch die besten Entschlüsse fassen werden. Am schwierigsten ist es, unter
diesem Gesichtspunkt der Monarchie das Wort zu reden (3,82).
Sie wirkt nur dann am besten, wenn sie wirklich die Herrschaft des besten Mannes ist, der ohne Tadel für sein Volk
sorgen wird. Unter ihm können wenigstens die Gefahren der
beiden anderen vermieden werden, die in Rivalitäten und
Parteikämpfen auszuarten drohen. Durch einen Kunstgriff
lässt H e r o d o t aber gerade sie als Garantin der Freiheit
erscheinen: "Woher ist unsere - der Perser - F r e i h e i t
gekommen, wer hat sie uns gegeben: das Volk, die Oligarchie
oder die Monarchie? ... Wir sind durch einen Mann b e -
f r e i t worden." Dieser eine war Kyros, der die Perser von
den Medern befreite. Und gerade das soll also die Staatsform
Monarchie empfehlen. Aber ist diese paradox anmutende
Begründung wirklich nur ein Kunstgriff? Oder kann H e r o d o t
sich einfach gar nichts anderes vorstellen, als dass eine er-
folgreiche Verfassung überhaupt nur deshalb Erfolg haben kann,
weil sie - wie auch immer - das Streben der Bürger nach
Freiheit befriedigt? Jedenfalls ist 'Freiheit' hier in jenem
älteren Sinne, nur als Gegensatz zur kollektiven Sklaverei
der im Kriege Besiegten gebraucht. Die Erklärung, dass die
Perser erfolgreich sind, solange sie vom besten Mann geführt

DIE VERTEIDIGUNG DER FREIHEIT DER GRIECHEN

werden, bewährt sich aber auch im negativen Sinn bei der Begründung ihres Misserfolges, den sie dem Versagen und der ὕβρις des Tyrannen Xerxes verdanken. An der Fähigkeit des einen hängen die Vorteile und die Gefahren der Despotie.
Aber H e r o d o t kennt, wie gerade diese Verfassungsdiskussion zeigt, auch auf der Seite der Freiheit nicht nur das Ideal, sondern auch die konkreten Gefahren, denen in dieser schwierigsten aller Lebensformen gerade unter griechischen Verhältnissen ein erfolgreiches gemeinsames Handeln ausgesetzt ist. Wird die Seite der Despotie durch das Versagen eines Mannes gefährdet, so besteht auf der Seite der Freiheit die Schwierigkeit in der Gefährdung des Zusammenwirkens der vielen. Die Griechen sind in ihrem Widerstand gegen die Perser nicht einig. Bevor er die Organisation des Abwehrkampfes darstellt, gibt H e r o d o t als erste Reaktion der Griechen auf den Einmarsch des Xerxes eine Liste der μηδίζοντες , das heisst aller, die sich von vornherein dem Feind unterwarfen (7,132). Dann stellt er die langwierigen Verhandlungen mit Argos, Syrakus, Kerkyra und Kreta dar, die alle nur Ausflüchte aber keine Hilfe bieten (7,148-171), und den Abfall Thessaliens (7,172-174), bevor überhaupt der Beschluss gefasst wird, an den Thermopylen und am Artemision zu halten. Im Verlauf der Aktionen wirken sich dann die Mängel der Zusammenarbeit unter den beinahe ohne funktionsfähige gesamtstaatliche Einrichtungen nebeneinander herlebenden griechischen Kleinstaaten, ihr kurzsichtiger Egoismus, der sich auch in kleinlichen Rivalitäten um den Oberbefehl niederschlägt, ihre gegenseitigen Verfeindungen und schliesslich die durch greifbare materielle Vorteile gesteuerte Parteinahme für den Mächtigen immer wieder gerade in Krisenlagen höchst bedenklich aus.
Was die wenigen Staaten einigt, die trotzdem am Schluss den Sieg gewonnen haben, ist nach H e r o d o t s Darstellung ihr gemeinsames Streben nach Freiheit. Die beiden hervorragendsten unter ihnen sind Sparta und Athen. Auch hier stellt aber H e r o d o t das Funktionieren der Freiheit nicht unter idealen, sondern unter menschlichen Verhältnissen dar. Das führt ihn zu weiteren Differenzierungen, die ihn

FREIHEIT

Unterschiede in der Begründung und im Sinngehalt dessen erkennen lassen, was 'Freiheit' bedeuten kann. Demarat schränkt seine Begründung dafür, dass die Griechen trotz seiner überwältigenden Uebermacht gegen den Grosskönig kämpfen werden, auf die Dorer ein, und unter diesen noch speziell auf die Spartaner (7,102). Für sie trifft es in besonderem Masse zu, dass der $νόμος$, 'Gesetz' oder 'Brauch', ihr ganzes Leben, nicht nur ihren Kampf für die Freiheit, regelt. Kurz nach jenem Dialog, der das Verhalten in der Schlacht bei den Thermopylen deuten soll, sieht Herodot sich aber veranlasst, ausdrücklich zu betonen, dass nach seiner Meinung trotzdem den Athenern das ausschlaggebende Verdienst für die Rettung der Freiheit der Griechen zukommt, wenn auch ihre Leistung ganz anders begründet wird als diejenige der Spartaner (7,139). Ohne dass das von Herodot schon mit letzter Deutlichkeit ausgesprochen wird, zeigt sich darin der Kern zu Unterscheidungen, die etwas später dann mit polemischer Schärfe formuliert werden.
Der Nomos, der die Spartaner absolut regiert, gibt sowohl ihrer kriegerischen Leistungsfähigkeit wie ihrer Freiheit nicht nur die entscheidenden Antriebe, sondern setzt ihnen anderseits auch Grenzen, denen die Athener nicht unterworfen sind. Die Spartaner sind unbeweglicher, starrer, abhängiger in ihrem Verhalten. Die Einhaltung des religiösen Nomos hindert sie, rechtzeitig zur Schlacht bei Marathon auszurücken (6,106,3) und Leonidas das Gros ihrer Mannschaft zu Hilfe zu schicken (7,206,2; vgl. 9,7,1). An einem einmal bezogenen Ort müssen sie siegen oder sterben (7,104,5.209,3), so handelt eben Leonidas (7,220,1.224,1), und Herodot ironisiert den Starrsinn des Spartaners Amompharetos 'Ritter ohne Furcht und Tadel', der vor der Schlacht bei Plataeae nicht einmal auf Befehl seines Feldherrn Pausanias eine taktisch bessere Stellung beziehen will, weil das ein Rückzug sei (9,53-56). Dagegen stehen die Athener den Bedürfnissen jeder Situation anpassungsfähiger und beweglicher gegenüber. Sie überlassen in der Krise einem Spartaner den Oberbefehl "weil sie das Ueberleben Griechenlands für das Wesentliche halten" (8,3,1), richten sich in ihren taktischen Anordnungen nach seinem Wunsch (9,54-56) und lassen einem Mann wie

DIE VERTEIDIGUNG DER FREIHEIT DER GRIECHEN

Themistokles die Initiative, der selbst die perserfreundlichen Sprüche der religiösen Autorität des delphischen Orakels so zu interpretieren versteht, dass die Athener unter grössten Opfern Griechenland mit ihrer Flotte zu verteidigen imstande sind, während sie ihre Stadt den Persern zur Plünderung freigeben (7, 139-147).
Diese grössere Beweglichkeit beruht auf einer grösseren Freiheit, deren Wesen Herodot erst andeutet. Die innere Verfassung der beiden Staaten ist verschieden. Billigt Herodot bei seinem Vergleich der drei Staatsformen sogar der Monarchie zu, dass sie - einen fähigen Monarchen vorausgesetzt - zur Schaffung und Erhaltung der Freiheit eines Volkes tauglich sein kann, so ist doch diejenige Verfassung, die ihren Bürgern am meisten Recht und Entfaltungsmöglichkeiten gewährt, diejenige, "die den schönsten Namen von allen hat, Gleichheit vor dem Gesetz" (3, 80, 6), die Demokratie. Das ist nicht die Verfassung der Spartaner, die in einer durch althergebrachten Nomos geregelten Oligarchie leben, sondern der Athener.
Dieser Gegensatz zwischen Sparta und Athen muss auch Herodot, der noch den Anfang des peloponnesischen Krieges erlebt hat, deutlicher vor Augen gestanden haben, als er ihn in seiner Geschichte ausdrückt. Er spielte aber keine entscheidende Rolle im Abwehrkampf gegen die Perser, in dem er weniger das Trennende als das Gemeinsame hervorheben will, das die Griechen in ihrem Kampf um die Freiheit von der persischen Despotie unterscheidet. Was der Gegensatz zwischen der athenischen Demokratie und der spartanischen Starrheit unter dem Nomos für den ganzen Staat und für jeden einzelnen seiner Bürger bedeutet, das hat dann an einer der berühmtesten Stellen seiner Geschichte des peloponnesischen Krieges, am Ende des fünften Jahrhunderts, Thykydides herausgearbeitet. In der Rede auf die Gefallenen des ersten Kriegsjahres (2, 35-46) lässt er Perikles die innere Verfassung des athenischen Staates in einer antithetischen Gegenüberstellung zum spartanischen beschreiben, die zu einem wesentlich vertieften Verständnis des Begriffs der Freiheit und seiner Bedeutung für jeden einzelnen Menschen führt. Er schildert nicht die Institutionen, sondern

FREIHEIT

die Wirkung der Demokratie in Athen als Folge der alle Bereiche durchdringenden und gestaltenden Freiheit (2, 37-41): Der ganze Staat ist darauf ausgerichtet, seine Bürger so viel wie möglich zu fördern, so wenig wie möglich zu hindern, ihnen die grössten Möglichkeiten zur freien individuellen Entfaltung zur autarken Persönlichkeit (2, 41, 1) zu bieten. Würde und Stellung jedes Einzelnen beruhen in der Demokratie nicht auf seiner Geburt und nicht auf seinem Reichtum, sondern auf seiner ἀρετή, auf seiner Leistung als Bürger, und vor dem Gesetz sind alle gleich. Die formulierten Gesetze schützen den Einzelnen vor Unrecht, während ἄγραφοι νόμοι, 'ungeschriebene Gesetze', die Scheu vor dem Unrecht und die Unterordnung unter die gewählten Beamten nach allgemeiner Uebereinkunft regeln. Die Offenheit des Staates gegenüber der Welt lässt den Bürger das Beste von der ganzen Erde geniessen. Kenntnisse und schöne Werke stehen auch den Fremden offen, und der Austausch der Meinungen und das Wissen kommen der Erziehung der Jungen zugute. Nicht durch Zwang und spartanische Askese, sondern durch Bildung wird der Charakter der Bürger geformt. Gefahren nehmen sie nicht auf sich, weil der Nomos, der überlieferte Brauch, sie zu dauernder Härte zwingt, sondern aus freiem Entschluss im Vertrauen auf die Kraft ihrer Seele. Ihre Bildung ist auf Schönheit ohne Protzerei und auf Philosophie ohne Verweichlichung ausgerichtet.
Diese Bürger dienen dem Staat am besten, indem jeder die besonderen Fähigkeiten, die er bei der Verfolgung seiner eigenen Interessen und Geschäfte entwickelt hat, zum Nutzen der ganzen Gemeinschaft zur Verfügung stellt. Ihre Sachkunde trägt dazu bei, in der gemeinsamen Beratung das Richtige zu erkennen und dann nach dieser Kenntnis zu beschliessen und zu handeln. Während bei den andern Unwissen Tollkühnheit und Nachdenken Zaudern bewirkt, ist es bei ihnen die besonders klare Einsicht in das Bedrohliche und das Erfreuliche ihrer Lage, die sie Gefahren bewusst auf sich nehmen lässt. Deshalb zeichnen sie sich gegenüber Feinden durch eine besondere Seelenstärke aus. Mit ihren Freunden gehen sie grossmütig und freigebig um, nicht aus Berechnung des Nutzens, sondern aus freiheitlicher Ueberzeugung. Auf

DIE VERTEIDIGUNG DER FREIHEIT DER GRIECHEN

dieser Freiheit beruhen Grösse und Macht des ganzen Staates sowie Charakter und Fähigkeiten seiner Bürger.
Auch Thukydides gestaltet dieses Idealbild eines Staates in Freiheit und des freien Mannes als seines Bürgers unter dem Eindruck eines historischen Erlebnisses. Er schildert ein verlorenes Paradies, das Athen der grossen Zeit des Perikles, das nach anarchischen inneren Auseinandersetzungen mit Demagogen und Tyrannen 404 dem starrsinnigeren aber ausdauernderen Sparta unterlegen war. Aber seine eindringende Analyse des inneren Zusammenhangs zwischen der freiheitlichen Ordnung des Staates und dem durch ihn geprägten freien Menschen nimmt doch in ihrer abstrakten Klarheit weitgehend die Züge einer allgemeingültigen, vom konkreten historischen Beispiel abgelösten Wesensbestimmung der Freiheit als solcher an. Besonders interessant ist, wie nahe in seiner Kennzeichnung des freien Mannes, der die Gefahr bewusst auf sich nimmt, nachdem er Einsicht in das Bedrohliche und das Erfreuliche seiner Lage gewonnen hat, der Begriff der "Freiheit" jenem von Herrn Mercier definierten "Vermögen jedes Menschen" kommt, "die Schranken, innerhalb derer er in jedem Augenblick seines Lebens steht, nicht nur zu erkennen, sondern auch anzuerkennen - und damit zu überwinden und zu transzendieren".
Diese Freiheit des freien Mannes im freien Staat ist also das absolute Gegenteil der von Aischylos in der Gestalt des Perserkönigs Xerxes geschilderten Despotie mit ihrer Unfreiheit des Tyrannen. Die Vorstellung vom Tyrannen als Unterdrücker der Freiheit ist offensichtlich früher ausgebildet, und auch als reale historische Erscheinung älter, als diejenige des freien Bürgers in der Demokratie.
Wir dürfen also festhalten, dass Wort und Begriff 'Freiheit' eine Entdeckung der Griechen sind. Sie tritt uns erstmals in einem genau definierten historischen Moment entgegen, und ihr Erscheinen hängt mit einem historischen Ereignis, den Perserkriegen, und noch genauer dem Zug des Xerxes von 480 zusammen. Das Erlebnis der fast hoffnungslosen Bedrohung der eigenen Unabhängigkeit und der physischen Existenz derer, die Widerstand leisteten, und dann der Erlösung von der Angst durch die Siege bei Salamis und Pla-

FREIHEIT

taeae, hat Kräfte befreit, die bei der geistigen Bewältigung dieser Vorgänge unter anderem zur Entstehung der Geschichtsschreibung und der theoretischen Untersuchung von Staat und Recht führten. Zu den Begriffen, mit denen Klarheit über die in diesen Ereignissen wirksamen Kräfte geschaffen wurde, gehört derjenige der Freiheit.
Dieser historische Abwehrkampf der griechischen Freiheit gegen die persische Despotie wurde zum Symbol der Verteidigung der Freiheit überhaupt. Acht Jahre nachdem Philipp von Makedonien bei Chaeronea im Jahre 338 den entscheidenden Sieg über die letzte noch einigermassen aussichtsreiche Allianz griechischer Städte errungen und damit der Unabhängigkeit der alten πόλις praktisch das Ende bereitet hatte, verteidigte im Jahre 330 Demosthenes in seiner Kranzrede noch einmal seine Politik des Widerstandes gegen die makedonische Fremdherrschaft. Den Demos von Athen, das auch dem aufgezwungenen Bündnissystem Philipps hatte beitreten müssen, bittet er, nicht der Klage seines Gegners Aischines gegen ihn zuzustimmen, und damit dessen Politik der Unterwerfung unter die makedonische Herrschaft. Wenn sie das täten, würden sie damit alles, was sie vorher für die Freiheit getan hatten, zu einem Irrtum erklären. In seinem flehentlichen Appell an seine Mitbürger, sich nicht so zu erniedrigen, beschwört er noch einmal die Taten jener Vorfahren, die mit Themistokles aus Athen auszogen und kämpften, "und nicht einmal zu leben für wert hielten, wenn es ihnen nicht erlaubt war, das in Freiheit zu tun" (cor.205). "Aber", ruft er, "es ist nicht möglich, es ist nicht möglich, dass ihr Euch geirrt haben solltet, Ihr Männer von Athen, als Ihr die Gefahr für die Freiheit und die Rettung von ganz Griechenland auf Euch genommen habt, bei unseren Vorfahren, die bei Marathon in der Gefahr vorausgegangen sind, und die sich bei Plataeae eingestellt haben, und die bei Salamis zur See gekämpft haben und beim Artemision!" (208).
Auch die Kranzrede des Demosthenes spiegelt ein geschichtliches Ereignis wider, das zur Freiheit in unmittelbarer Beziehung steht - aber es ist das umgekehrte als dasjenige der Kämpfer in den Perserkriegen. Was damals erworben wurde, ist jetzt verloren gegangen. Sie ist ein pathe-

DIE VERTEIDIGUNG DER FREIHEIT DER GRIECHEN

tischer Nachruf auf die Freiheit der griechischen Staaten. Ihre Unabhängigkeit war für immer dahingegangen. Aber mit dem Ideal des freien Mannes hatten die Griechen ein Vorbild der Lebensgestaltung geschaffen, das unabhängig von den alten, kleinen Gemeindestaaten weiter wirkte, in deren Demokratie es im fünften Jahrhundert entdeckt worden war. Ja, mit dem Verlust der politischen Freiheit im vierten Jahrhundert setzte die philosophische Erforschung der Freiheit erst richtig ein. Denn auch die Philosophie gehört ja eben seit jeher, wie Thukydides schon zeigte, zu den Beschäftigungen, die den freien Mann zu dem machen, was er ist. Ihre Entwicklung des Begriffs der Freiheit brauchen wir hier nicht mehr weiter zu verfolgen, ihre Wirkung werden wir in der fortdauernden Beschäftigung mit dem Problem der Freiheit erkennen, deren vielfältigen Aspekten in unserer heutigen Welt die folgenden Vorträge gelten.

TATSACHE UND IDEE DER FREIHEIT IM DEUTSCHEN IDEALISMUS

Manfred Züfle

Es besteht der begründete Verdacht, dass die Freiheit im Deutschen Idealismus eine schwierige Sache ist und den besinnlichen Rahmen einer Vorlesungsstunde in beinahe jeder Hinsicht sprengt. Doch schon Fichte sagt, es komme im Denken auf den Versuch an. Wir wollen es darauf ankommen lassen.
Freiheit ist in dieser Zeit alles andere als ein reiner Begriff, den man aus den Systemen sauber destillieren könnte. An keinem geschichtlichen Ort vielleicht so sehr wie hier zeigen sich die Polaritäten in dem, was mit der Chiffre Freiheit gemeint ist. Freiheit ist immer nur denkbar in letztlich dialektischen Bezügen. In ihr tut sich immer mehrfach und vieldeutig Konflikt auf: meine Freiheit und die Freiheit der Andern, meine Freiheit und meine eigene Unfreiheit, meine Freiheit und die Notwendigkeiten der Natur, meine eigene freiheitliche Natur. In concreto heisst das, dass der Gedanke der Freiheit immer Vieles impliziert: den Gedanken der Moralität z.B., des Rechts und der Natur des Rechts, der Gesellschaft und ihres ursprünglichen sogenannten Vertrags, und schliesslich den Gedanken des Staats. Es heisst aber andrerseits auch, dass Freiheit in vielem impliziert ist, im Ganzen der Systeme einmal, aber auch im Ganzen der Zeit. "Naturrecht und menschliche Würde", in diese Formel hat Ernst Bloch den gewaltigen Komplex zusammengezogen, den die Erfahrung und der Gedanke der Freiheit überhaupt geschichtlich auftut. Mit dem Titel "Tatsache und Idee der Freiheit" versuchen wir den geschichtlichen Prozessweg abzustecken, den Erfahrung und Begriff der Freiheit in knapp einem halben Jahrhundert im d e u t s c h e n Denken nimmt. Der Weg fängt auch hier nicht bei Null an, auch wenn das die philosophische Reinheit der Kantischen Kritik glauben machen könnte. Kant, Fichte, Schelling und Hegel waren gute Kenner Rousseaus, und Rousseau hat klassisch das Naturrecht, den contrat social und die Erziehung als die konkreten Dimensionen der Freiheit gedacht. Marx sieht in Kant die Philosophie zur französischen Revolution. Schelling und Hegel

FREIHEIT

haben in Tübingen um Maibäume getanzt, was nicht ungefährlich war, wenn auch der erste schliesslich die Freiheit zu einer Idee im göttlichen Weltprozess positivierte, und wenn auch des letzten Staatsphilosophie bis heute immer wieder als Apotheose der preussischen Staatsmacht ge- oder doch vielleicht auch verzeichnet wird. Wie nimmt man überhaupt den Einstieg in solches Geschehen?
Nun ist ja die Zeit, in der sich das, was wir deutschen Idealismus heissen, abspielt, auch eine grosse dichterische Zeit. Wir nennen sie Goethezeit. Schiller gilt als der Sänger der Freiheit. Vielleicht liesse sich in den verborgeneren Träumen der Dichter ein W u n s c h nach Freiheit finden, vor dem sich uns die Konstruktionen der Philosophen gleichsam zu verantworten hätten. Vielleicht wäre mindestens die Frage, die wir an die Denker stellen, menschlich geschärfter. Schiller, der Dichter u n d Denker gibt uns das Recht zu solcher Methode. Er hat den Verdacht, "dass sich die philosophierende Vernunft weniger Entdeckungen rühmen kann, die der Sinn nicht schon dunkel g e a h n d e t und die Poesie nicht g e o f f e n b a r t hätte." Frei zu sein ist offenbar am Ende des 18. und zu Beginn des 19. Jhs. ein höchst konkret gefühlter Wunsch, auch in Deutschland, wo er nie so spektakuläre politische Tat wurde wie im Frankreich des Jahres 1789. So bleiben wir denn zuerst sehr lange bei den Dichtern.
Torquato Tasso sagt im ersten grossen Gespräch mit der Prinzessin den Satz, der ihn letztlich in unvergleichbares Unglück stürzt: "Erlaubt ist, was gefällt". Tasso sagt diesen Satz nicht von sich aus allein. Eine Natur im Zustand vor dem Fall, die er in seinem Dichten erinnert, spricht ihn:

> "Da auf der freien Erde Menschen sich
> Wie frohe Herden im Genuss verbreiteten ...
> Und jedes Tier, durch Berg und Täler schweifend,
> Zum Menschen sprach: Erlaubt ist, was gefällt."

Die Prinzessin korrigiert den Satz sofort mit der Pointe: "Erlaubt ist, was sich ziemt". Aber sie muss nicht nur, wie sie sagt, ein einzig Wort verändern. Sie muss auch zugeben, dass die goldne Zeit vorbei ist, ja dass sie wohl nur ein Märchen war. Dass allein die Guten sie zurückbringen werden,

FREIHEIT IM DEUTSCHEN IDEALISMUS

ist für den jungen Mann, welcher über die gesellschaftliche Schranke hinweg nicht nur eine schöne Seele liebt, kein grosser, mindestens kein frei machender Trost. Zudem bezweifelt Tasso, ob man denn auch jenseits blosser Konvention wissen könne, was sich ziemt. Die Antwort der Prinzessin: "Willst du erfahren, was sich ziemt, / so frage nur bei edeln Frauen an" ist zwar schön. Aber selbst Goethe scheint nicht ganz so sicher zu sein, ob die Verweigerung der Prinzessin die Abweisung eines wirklichen Crimen ist, oder bloss Unfähigkeit ihrerseits, oder gar die Macht der Konvention, die solches Ansinnen einfach verbietet. Wie Gespenster aus dem Hintergrund lässt Goethe den ganzen Hof richtend und stumm auftreten, wenn Tasso die, die ihm gefällt, in die Arme schliesst. Und Tasso behält das letzte Wort. Auch Antonio, sein Gegenspieler, kann ihn nur noch stumm bei der Hand fassen, wenn er sein Leiden, das die Dichtung ist, formuliert:

"Und wenn der Mensch in seiner Qual verstummt,
Gab mir ein Gott zu sagen, wie ich leide."

So schnell ad acta gelegt ist also der Satz des Tasso nicht und noch viel weniger der Horizont, aus dem er ihm zugesprochen wurde: eine Natur von Tasso und Goethe erinnert in ihrer goldenen Zeit. Diese Zeit ist mehr als ein zeitloses Märchen. Sie ist, wie an anderer Stelle deutlich wird, die Zeit, wo Dichter und Held, Homer und Achilles sich entsprachen, wo Kunst nicht blosse Dekoration des Staatslebens war, die klassisch-normative Zeit des Griechischen. In dieser natürlichen Zeit lag die Freiheit in der Natur selbst. Es wird von der "freien Erde" und von der "freien Luft" gesprochen. Für den Menschen ist so die Freiheit kein Problem. Freiheit ist die Begabung, sich gefallen zu lassen. Goethes Stück ist zwar keine schwache Elegie. Dass es jetzt anders ist, ist ein Schmerz, und auch ihn lässt die Natur ertragen. Aber Tassos Erinnerung an den Naturzustand der Freiheit wird voll genommen.

Ein Naturrecht der Freiheit, dieses klassische Postulat revolutionären Rechts, wie Max Weber es geschichtlich geortet hat, hätte man wohl am wenigsten bei Goethe erwartet. Denn Goethe perhorresziert ja nun sicher das Gewalttätige, das

FREIHEIT

solches Recht der Natur ein zweites Mal, durch Abschaffung
alles geschichtlich Gewordenen, durch Revolution also, er-
trotzen möchte. Was bleibt ist wohl der Schmerz und, was
sich ziemt, und dass das, was sich ziemt, bei schönen Frauen
zu suchen sei. Ich weiss nicht. Gerade in der Idylle, die eine
Art goldene Zeit durch die Guten gegen den Sturm der französischen Revolution bewahren lässt, in Hermann und Doro-
thea, wird doch am Schluss noch der erste Bräutigam Doro-
theas erinnert, der Citoyen, der selbst die Geliebte frei gab
für die revolutionäre Tat und nur so Hermann, dem Stadt-
bürger (wie Kant den Bourgeois definiert) den Horizont von
Weltbürgertum zum leuchten bringt. Denkt man erst an die
harte Faustische Utopie im 5. Akt vom freien Volk auf freiem
Grund, welcher revolutionär dem Meer, also selbst der Natur
abgerungen werden müsste, und denkt man an vieles, was noch
dazwischen liegt, an die Chemie von Freiheit und Notwendigkeit in den Wahlverwandtschaften etwa, ist man auch für Goethe
nicht mehr so sicher, dass jede Dialektik und Gewalttätigkeit
der Freiheit bei ihm wirklich letztlich geborgen ist in einem
Umfangenderen. Tassos Satz bleibt wohl stehen und das Problem, dass Freiheit auch in dieser Zeit das möchte, was
gefällt.
Doch für solches Problem wird wohl Schiller Klarheit schaffen,
das Gesetz wohl gegeben haben zwischen Pflicht und Neigung.
Bei Schiller scheint ja diesbezüglich alles klar zu werden.
Wer weiss es nicht?:

"Der Mensch ist frei geschaffen, ist frei,
   Und würd er in Ketten geboren ..."

Die Verse stehen in den "Worten des Glaubens": Freiheit,
Tugend, Gott. Dagegen die "Worte des Wahns": die goldene
Zeit, das buhlende Glück, der irdische Verstand, der nicht
um seine Kantisch bestimmten Grenzen wissen will. Klar ist
hier die innere moralische Freiheit erhoben über die Wahn-
gebilde. Weder der Traum einer Vorzeit, wo Pflicht aus Neigung geschah, noch das Glück als Ziel und Zweck für die gute
Tat, noch der an die Sinnlichkeit gebundene Verstand gewähren
die Freiheit. Der wahre Freie ist auf der Erde ein Fremdling,
wie es im selben Gedicht kategorisch heisst. In erhabener

FREIHEIT IM DEUTSCHEN IDEALISMUS

Distanz von allem Aeussern ist dieser Fremdling allein in seinem Innern frei - "und würd er in Ketten geboren."
Doch diese Erhabenheit der Freiheit ist nicht selbstverständlich. In einer Elegie aus derselben Zeit wird dem Genius auch jetzt noch, nachdem die goldene Zeit dahin ist, attestiert: "Was du tust, was dir gefällt, ist Gesetz ..." Das ist noch krasser als der Satz Tassos.
In der Zeit zwischen den Räubern und Don Carlos bieten die Gedichte eine scheinbar noch ursprünglichere Erfahrung von Freiheit. "Freigeisterei der Leidenschaft" heisst eines. "Resignation" ein anderes. Es ist zusammen mit dem berühmten Lied an die Freude erschienen, welches Hegel noch als Freiheitslosung mit Freunden gesungen hat, und welchem Beethoven das Letzte seiner symphonischen Musik vermacht hat. Schiller hat für die Sammlung von 1800 vieles gestrichen und der "Freigeisterei der Leidenschaft" einen harmloseren Titel gegeben. Aber auch der Klassiker Schiller lässt das Publikum immer noch lesen:

> "Nein - länger, länger werd ich diesen Kampf nicht
> /kämpfen,
> Den Riesenkampf der Pflicht ...
> Hier ist dein Kranz. Er sei auf ewig mir verloren,
> Nimm ihn zurück, und lass mich sündigen."

Das sei kein philosophisches System, sagt eine spätere Anmerkung, nur die Verzweiflung eines erdichteten Liebhabers. Gut, die Freigeisterei für Laura ist gedichtet, aber mit merklichem Schwung. Das Gedicht "Resignation" spricht weniger wild, aber eigentlich noch bedenklicher. Es ist die Auseinandersetzung mit einer ewigen erhabenen Gerechtigkeit, die die Tugend fordert und dafür in einem andern Reich vergelten soll. Der Dichter hat sein Leben nach ihr ausgerichtet. Das ist weder selbstverständlich noch natürlich. Er weiss:

> "Auch ich war in Arkadien geboren,
> Auch mir hat die Natur
> An meiner Wiege Freude zugeschworen ..."

Doch die Pflicht verlangt von diesem Naturzustand alles Natürliche ab, Jugend, Laura, Glück, mit dem Versprechen,

FREIHEIT

in einem andern Leben zu zahlen. Was weiss man aber von diesem? Die Zweifel treten als Spötter auf und haben verkappt freiheitliche Gründe. Wenig ehrfürchtig reden sie von dieser 'Befreiung' vom Irdischen:

> "Die Lügnerin, gedungen von Despoten,
> Hat für die Wahrheit Schatten dir geboten,
> Du bist nicht mehr, wenn dieser Schein verfällt."

Und weiter:

> "Des kranken Weltplans schlau erdachte Retter,
> Die Menschenwitz des Menschen Notdurft leiht?"

Natürlich sagt das die Welt, die Spötter, dass Tugend nur Erfindung sei im Dienste der Despoten einerseits und andrerseits im Dienste der Erklärung einer Welt, die schon lange nicht mehr als die beste aller möglichen gedacht wird. Der Dichter fordert nun von der Ewigkeit den Lohn. Die Antwort, die ihm unsichtbar ein Genius gibt, ist schlimm genug. Zwei Blumen gebe es zu pflücken, Hoffnung und Genuss:

> "Du hast **gehofft**, dein Lohn ist abgetragen,
> Dein **Glaube** war dein zugewognes Glück.
> Du konntest deine Weisen fragen,
> Was man von der Minute ausgeschlagen,
> Gibt keine Ewigkeit zurück."

Dies alles kann man auch noch 1800, neu aufgelegt, lesen. Sicher ist dieses Jenseits der achtziger Jahre noch nicht die Kantisch autonome Freiheit zur Pflicht. Aber in Schillers Himmeln ist es auch und gerade nach seinen Kantstudien ziemlich eisig und leer. Andrerseits ist die Tatsache, dass der Mensch in Arkadien geboren, auch in der Zeit der philosophischen Meisterschaft noch keineswegs vergessen. Die Pole, die, wie wir gesehen haben, auch die Goethesche Erfahrung von Freiheit ausrichteten: Genuss, Arkadien, Pflicht, Schmerz **und** Revolte sind auch von Schiller nicht einfach und mit Bravour in Erhabenheit überstiegen. Doch Schiller findet in der Auseinandersetzung mit Kant, und ihn übersteigend, die Methode, die Konflikte der Freiheit zu denken und schliesslich sogar dramatisch zu dichten. Die Methode

wird zuletzt Geschichte heissen. Lukács hat in seinem Aufsatz "Schillers Theorie der modernen Literatur" auf die methodische Verwandtschaft Schillers und Hegels hingewiesen. Wir wollen noch eine Weile bei Schiller bleiben. Dabei werden wir ein erstes Mal dem zuschauen, was der Freiheit im Uebergang vom 18. ins 19. Jh., in der Goethe-Schiller-Zeit, im deutschen Idealismus passiert. Sie gerät in ein System! Schiller hat an der Kritik Kants das Zentralste zentral verstanden, ihre unüberwindbare Antinomie. Kantisch bedeutet die Antinomie exakt die unbedingte Autonomie der Vernunft in den Grenzen, die die Bedingungen der Erfahrung stecken. Kant ist der erste, der nicht mehr bloss fragt: was ist überhaupt gewiss, und was bin ich, das hat schon Descartes gefragt. Die Frage der Kritik heisst vielmehr: Wie ist ein solcher wie Immanuel Kant überhaupt möglich? Eine solche Frage ist eine Art titanische Demut. Denn sie ist sowohl bereit, zu entdecken die Grenzen, die der Mensch e r k e n n e n d nie wird übersteigen können - es sind die Grenzen der und seiner Natur - als auch gerade in diesen Grenzen die absolute Autonomie dessen, dass ich mich d e n k e n kann. Sich selbst denken aber muss der Mensch praktisch als ein Freier. Diese Antinomie zwischen den Gesetzen der Erscheinung und dem Ichdenke, zwischen Natur und Freiheit lässt Kant stehen. Schiller rüttelt daran - und zwar mit einer A e s t h e t i k . Das ist geistesgeschichtlich entscheidend. Von Schiller an hat der Gedanke der Freiheit immer auch etwas von einer erhabenen und schönen Konstruktion an sich. Bei Schiller zuerst wird die Tatsache der Freiheit, wie er sie selbst gegen das tintenkleksende Saeculum geschleudert hat, höchst konkret revolutionär gegen alle Tyrannen, zu einer denk- und schliesslich dichtbaren Idee.
Dies geschieht zunächst, indem Schiller die Kantische Antinomie zwischen Natur und Freiheit anthropologisch typisiert. Die Schillerschen Typen sind auf den verschiedenen Denkstufen verschieden und fassen Verschiedenes: Anmut und Würde, der naive und der sentimentalische Dichter und schliesslich noch einmal, denn der zweite Aufsatz über das Erhabene ist wohl unbestreitbar spät, schön und erhaben. Etwas Eigenartiges geschieht dabei mit der Freiheit. Im

FREIHEIT

Aufsatz Anmut und Würde bittet er gleichsam Kant noch, die Freiheit auch in der Anmut, also in den natürlichen Grenzen der Erscheinung, in ihrem unwillkürlichen Ins-Spiel-Kommen in der m e n s c h l i c h e n Erscheinung sehen zu dürfen. Kant würdigt diesen Schillerschen Ansatz als meisterhaft. In den grossen folgenden Schriften befreit sich Schiller scheinbar von der Kantischen Antinomik, indem er auch die Schönheit als Imperativ denkt. Und im zweiten Aufsatz über das Erhabene scheint er wieder zurückzufallen. "Das Schöne macht sich bloss verdient um den M e n s c h e n , das Erhabene um den r e i n e n D ä m o n in ihm," heisst es dort. Das lässt sich nach dem Zwischenspiel einer klassischen Harmonik scheinbar wieder in reinen Kant rückübersetzen: Schönheit lässt zwar den Menschen als Erscheinung, aber eben immer nur als natürliche Erscheinung in ein frei-scheinendes, eben schönes Spiel kommen. Die wahre Freiheit ist aber nur im reinen Dämon zu fassen, das heisst dort wo der Mensch alles Natürliche an ihm rein z u sich selbst übersteigt. Doch so einfach ist das leider nicht. Denn ausgerechnet in dieser Schrift begründet Schiller aus dem Erhabenen programmatisch seine Kunst der Tragödie mit grossem geschichtlichen Stoff - und hört endgültig auf mit der Philosophie. Wie kommt Schiller von der Verteidigung der Schönheit gegenüber dem moralischen Rigorismus Kants über den erneuten und gegenüber Kant scheinbar noch radikaleren Begriff von der Freiheit zu seiner Kunst? Eines ist schon in Anmut und Würde klar und wird vor allem durch die grosse philosophische Lyrik immer klarer: Die Schönheit als Anmut wird geschichtsphilosophisch bei den Griechen geortet: "Er (der Grieche)", heisst es, "führte die Freiheit, die nur im Olympus zu Hause ist, auch in die Geschäfte der Sinnlichkeit ein, und dafür wird man es ihm hingehen lassen, dass er die Sinnlichkeit in den Olympus versetzte." Das ist der griechische Naturzustand der Freiheit, wie wir ihn bei Goethe kennen lernten, und heisst dasselbe wie die Eröffnungsverse der Götter Griechenlands:
"Da ihr noch die schöne Welt regieret,
An der Freude leichtem Gängelband
Glücklichere Menschenalter führtet,
Schöne Wesen aus dem Fabelland!"

FREIHEIT IM DEUTSCHEN IDEALISMUS

Der Gehalt dieser den Griechen angedichteten Schönheit und natürlichen Freiheit wird aber mit den modernen von Kant gewonnenen Methoden formuliert. Die Griechen konnten das noch gar nicht wissen, was sie waren. Schiller aber weiss es und formuliert es als das Gesetz der schönen Seele: "Nur im Dienste einer schönen Seele kann die Natur zugleich Freiheit besitzen und ihre Form bewahren, da sie erstere unter der Herrschaft eines strengen Gemüts (dies gegen Kants Rigorismus gesagt), letztere unter der Anarchie der Sinnlichkeit einbüsst (dies gegen sich selbst in seiner stürmerisch und drängerischen Freigeisterei der Leidenschaft gesagt)." Doch Schiller weiss noch etwas. Während die Griechen (für Schiller gleichsam bis zu Goethe) schön sein konnten, weil sie es nicht wussten, können wir es nicht mehr sein, weil wir es wissen. Selbst die Charakterschönheit, die die Anmut in der Würde bewahren könnte, die "reifste Frucht der Humanität", ist "bloss eine Idee". In den mittleren klassischen Aufsätzen versucht er diesen Zwiespalt zwischen Bewusstsein und Sein zu überbrücken, für Goethe gleichsam, mit einer grossartigen, die ganze Kunst und den Menschen gattungsmässig umgreifenden Typologie, indem er alle Kunst im Schönen im griechischen Sinne, wo Freiheit und Natur sich noch spielend gegenseitig zeigen können, gründen lässt. Für sich selbst weiss er es immer anders. Das Gesetz, nach dem er angetreten ist, ist und bleibt nicht das Sein, sondern der Wille, nicht die schöne Natur, sondern s e i n e Freiheit. Höchst verräterisch heisst es schon in Anmut und Würde: "daher ist es kein geringer Schritt zur moralischen Freiheit des Willens, durch Brechung der Naturnotwendigkeit in sich, auch in gleichgültigen Dingen, den b l o s s e n Willen zu üben." Da leuchtet schon unheimlich viel Späteres auf: Wille zum Willen und Wille zur Macht. Doch was Schiller eigentlich will, ist die K u n s t. Für diese Kunst gibt der zweite Aufsatz über das Erhabene das Programm. Der Ansatzpunkt liegt immer noch beim Willen. Anschliessend an das Lessingwort "Kein Mensch muss müssen", gibt Schiller im zweiten Satz die grundsätzlich anthropologische Bestimmung: "Der Wille ist der Geschlechtscharakter des Menschen, und die Vernunft ist nur die ewige Regel desselben." Schon aus dem reinen Willen heraus erhebt der Mensch den von ihm aus

FREIHEIT

absoluten Anspruch, keine Gewalt zu erleiden. Die ebenso absolute Verneinung dieses Anspruchs aber ist der Tod. Der Gegensatz kann nur überwunden werden durch die "moralische Kultur." Sie bedeutet, "eine Gewalt, die er der Tat nach erleiden muss (im letzten also immer den Tod), dem Begriff nach zu vernichten." Später nennt das Schiller noch drastischer: "sich moralisch entleiben". Freiheit ist also die Erhabenheit über den Tod.
Ist das in Konsequenz nicht die Aufhebung jeder Aesthetik?
Im Gegenteil, dieser Gedanke ist vielmehr für Schiller so ihre Begründung, dass erst von diesem Punkt aus der Grundentwurf seiner grossen Geschichtstragödie möglich wird. Schiller sagt, dass es "glücklicherweise" neben der moralischen Anlage, die gleichsam selbstmörderisch zum Letzten der Freiheit bereit ist, im Menschen eine "ästhetische Tendenz" gibt, die zum Letzten der Freiheit bereit macht. Idealistische Anlage nennt das Schiller. Diese Anlage drückt sich aus in einer Stimmung des Gemüts, die erhaben ist.
Und nun kann Schiller die Unterscheidung treffen, die eigentlich verdeckt immer schon den Nerv sowohl seiner Aesthetik als auch seiner Freiheitslehre ausmachte und vieles in der Freiheitsidee des deutschen Idealismus überhaupt erhellt.
Der so erhaben Gestimmte, fordert, dass das Vorhandene gut und schön sei. Es ist ihm aber gleichgültig, ob das Schöne, Gute und Vollkommene existiere. Im Gegensatz dazu sei es aber, sagt Schiller wörtlich, "ein Kennzeichen guter und schöner, aber jederzeit schwacher Seelen, immer ungeduldig auf Existenz ihrer moralischen Ideale zu dringen." Das ist in seinen Konsequenzen ungeheuerlich. Denn mit dieser Unterscheidung ist im Gegensatz zu früher, wo Schiller Kant die Freiheit auch in der Kunst abzutrotzen versuchte, die Freiheit selbst absolut die Kunst geworden. Denn die Unterscheidung heisst gar nichts anderes, als dass die Vorhandenheit, das Sein von Gutem, Schönem und Vollkommenem (uralten philosophischen Letztaspekten) nur ein Schein sei, ein schöner vielleicht, der als solcher z.B. vom idealischen Dichter gewollt und gemacht werden könne. Schiller ist nicht zimperlich. Er legt seine Methoden, die er von nun an theatralisch anwenden will, auf den Tisch. "Das Pathetische ist ein künstliches Un-

glück." Und weiter: "Je öfter nun der Geist diesen Akt von Selbsttätigkeit erneuert, desto mehr wird ihm derselbe zur Fertigkeit, einen desto grösseren Vorsprung gewinnt er vor dem sinnlichen Trieb, dass er endlich auch dann, wenn aus dem eingebildeten und künstlichen Unglück ein ernsthaftes wird, imstande ist, es als ein künstliches zu behandeln und, der höchste Schwung der Menschennatur! das wirkliche Leiden in eine erhabene Rührung aufzulösen. "Etwas Aehnliches hatte schon Lessing mit Bezug auf die theatralische Brauchbarkeit des Mitleids geahnt. Schiller sagt's: die Fertigkeit, die Wirklichkeit überhaupt als eine künstliche zu behandeln, - das ist die Freiheit als die Kunst. Er sieht zwei mögliche Anwendungsbereiche dieser Freiheit als Kunst: die Natur und die Geschichte. Schiller sagt, die Naturnotwendigkeit gehe - trotz allem schönen Schein - doch nie einen "Vertrag" mit dem Menschen ein, und zwar wegen der absoluten Unmöglichkeit "durch Naturgesetze die Natur selbst zu erklären." Oder anders ausgedrückt: das Sein selbst kann nie vertraglich absolut auf Vernunft verpflichtet werden, oder noch anders, wie es im grossen Wallensteinmonolog heisst: es bleibt des "Lebens Fremde". Aber, wie es in der späten zweiten Fassung des Schluss der Götter Griechenlands heisst:

"Was unsterblich im Gesang soll leben,
Muss im Leben untergehn."

Es muss tatsächlich untergehen, weil es nur durch den Willen der Kunst wahr und frei sein kann. Da zeigt sich aber, dass der zweite Bereich, die Geschichte diese Erhabenheit über Natur ist. Das Schöne macht den Menschen "zu einem geistreichen Produkt und glücklichern Bürger der Natur, die Freiheit macht ihn zum Bürger und Mitherrscher eines höhern Systems." Der Ausdruck System verrät die ganze Absicht Schillers. Es geht nicht mehr um die kritische Freimachung der Freiheit als Tatsache aus der durchgängig erkennbaren und nirgends im Erkennen übersteigbaren andern Tatsache der Kausalität der Natur. Es geht um ein System der Freiheit, und dieses System heisst schon gleich wie später bei Hegel: Weltgeschichte, wie sie sich selber be- und ergreift. Im Gegensatz zu Hegel denkt Schiller von 1798 an dieses "erha-

FREIHEIT

bene Objekt", wie er es nennt, nicht mehr, sondern d i c h t e t es, zuerst als den Wallenstein! Denn die Welt als des Lebens Fremde und Objekt der Freiheit, die Weltgeschichte, hat für den Dichter zwei Vorteile. 1. ist sie "im Grunde nichts anderes als der Konflikt der Naturkräfte untereinander selbst und mit der Freiheit des Menschen." 2. ist sie "das furchtbar herrliche Schauspiel der alles zerstörenden und wieder erschaffenden und wieder zerstörenden Veränderung." Dieses Schauspiel stellt die Geschichte selbst in reichem Masse auf - und Schiller der Historiker kennt sie -, die tragische Kunst bringt sie nachahmend vor unsere Augen. Schiller will, wie er deutlich sagt, dadurch die "ästhetische Erziehung" zu einem vollständigen Ganzen machen".

Wir blieben so lange bei den Dichtern, weil die Philosophen es im Grunde mit der Freiheit zu nichts anderem bringen als Schiller mit seinem Denken und Dichten, von der Tatsache der Freiheit zu einer Idee, in der die Weltgeschichte, der Weltgeist persönlich Objekt und Subjekt ihrer Konflikte sein muss. Schiller ist das Modell des Uebergangs. Bevor wir aber zu den philosophischen Systemen übergehen, sie bewusst verkürzend zu Stationen auf dem Weg, den die Freiheit nimmt, sei nicht vergessen, dass der Schillersche erhabene Entwurf gerade bei den Dichtern nicht unwidersprochen blieb. Wir wollen es den Prinzen Friedrich von Homburg sagen lassen. Von ihm wird nach dem Gesetz der Pflicht und für die preussische Geschichtsidee erhabene Befreiung von sich selbst à la Schiller gefordert, moralische Selbstentleibung noch vor der Exekution. Im kürzesten und abgründigsten Monolog der Dramatik der Zeit sagt er unter anderem:

"Das Leben nennt der Derwisch eine Reise,
Und eine kurze. Freilich! Von zwei Spannen
Diesseits der Erde nach zwei Spannen drunter ...
Zwar eine Sonne, sagt man, scheint dort auch,
Und über buntre Felder noch als hier:
Ich glaubs: nur schade, dass das Auge modert,
Das diese Herrlichkeit erblicken soll."

Das ist grosser Einspruch gegen Erhabenheit, für eine Freiheit vielleicht, die auch wir heute noch nicht kennen.

FREIHEIT IM DEUTSCHEN IDEALISMUS

Die P h i l o s o p h i e der Freiheit fängt bei Kant gar nicht erst an bei dem, was gefällt. Das bleibt vielmehr kritisch ausgeschlossen. Die Tatsache der Freiheit scheint im reinen Gedanken schon von Anfang höher zu liegen. Kant nennt das Grundgesetz der reinen praktischen Vernunft, den kategorischen Imperativ, der Freiheit überhaupt formuliert, mehrmals ein Faktum der Vernunft. Das Faktum der Freiheit ist für Kant die Pflicht: "Handle so, dass die Maxime deines Willens jederzeit zugleich als Prinzip einer allgemeinen Gesetzgebung gelten könne."

Das ist auf eine rigorose Art eindeutig. Aber schon Schiller hat in Anmut und Würde auf die Zeitumstände hingewiesen, die diese Art der Darstellung zustande brachten. Schaut man in zeitlich parallele und spätere Schriften, erfährt man hinter der Reinheit der Darstellung der Kritik mindestens einiges von dem, was Kant n i c h t gefallen an seiner Zeit, und wie das seine persönliche Freiheit höchst konkret in Konflikte brachte. In seiner späten Schrift "Der Streit der Fakultäten" veröffentlicht er den Briefwechsel mit der preussischen Zensurbehörde. Es ging um die "Religion innerhalb der Grenzen der blossen Vernunft." Kant wurde verfolgt wegen seiner vermeintlich staatsfeindlichen Auffassung von Religion. Im gleichen Atemzug wird er sogar wie weiland Sokrates der Verführung der Jugend bezichtigt: "... da Ihr selbst einsehen müsset, wie unverantwortlich Ihr dadurch gegen Eure Pflicht, als Lehrer der Jugend, und gegen Unsere, Euch wohl bekannte, landesväterliche Absichten handelt." Kant rächt sich für seine gedrückte Freiheit nicht durch Aufruf zur Revolte, sondern durch spätere Veröffentlichung. Oeffentlichkeit statt Revolution, oder das, was er unter Aufklärung versteht, ist die konkrete Erstreckung des Kantischen Freiheitsbegriffs. So wollen wir denn eher sehen, was Kant als Zeitgenosse seiner Zeit über Freiheit zu sagen hatte, und weniger das ewige Menschheitsgesetz der Freiheit, wie es die Kritik der praktischen Vernunft philosophisch entdeckt hat, nachbeten. Die reine Kritik und die zeitbedingte Kritik zeigen bei Kant dieselbe Freiheit. Eigentlich sagt die kurze "Beantwortung der Frage: Was ist Aufklärung?", die drei Jahre nach der Kritik der reinen Vernunft und vier Jahre vor der Kritik der praktischen Vernunft,

FREIHEIT

also zeitlich gleichsam mitten in der grossen Antinomie, die wir umrissen haben, erschienen ist, schon alles. "Aufklärung ist der Ausgang des Menschen aus seiner selbstverschuldeten Unmündigkeit." Sie heisst nichts anderes als der Mut zu wissen. "Zu dieser Aufklärung ist nichts erfordert als Freiheit; und zwar die unschädlichste unter allem, was nur Freiheit heissen mag, nämlich die: von seiner Vernunft in allen Stücken öffentlichen Gebrauch zu machen. "Das sind bis heute begeisternde und gültige Sätze. Erstens übernimmt der Mensch in seiner Freiheit zu wissen die volle Verantwortung für sich selbst. Nach einer andern kurzen Schrift ist wie später für Hegel, wenn auch nicht so krass formuliert, ein Paradies Aufenthaltsort nur für Tiere, der Stand der Vormundschaft der Natur. Diese Unmündigkeit akzeptiert Kant als Schuld, und zwar weil der Mensch, kraft seiner selbst, frei sein kann, es zu wissen. Zweitens hat diese vernünftige Freiheit die Konsequenz der Oeffentlichkeit. Solche Freiheit ist nur, wenn sie sich sagen kann. Drittens aber liegt darin ein weiteres Postulat, dass die Aufklärung weiter schreitet. Kant nennt sein Zeitalter denn kein aufgeklärtes, sondern ein Zeitalter der Aufklärung. Der Konflikt mit den beharrenden Mächten zeigte sich, weil er sich zeigen musste, und zwar an der Religion. Er meint den Staat, der an dieser Religion (mit Paradies und Sündenfall) sein Interesse hat. Kant sagt es selbst: "Ich habe den Hauptpunkt der Aufklärung, die des Ausganges der Menschen aus ihrer selbst verschuldeten Unmündigkeit, vorzüglich in Religionssachen gesetzt: weil in Ansehung der Künste und Wissenschaften unsere Beherrscher kein Interesse haben, den Vormund über ihre Untertanen zu spielen."
Wie Kant diesen Konflikt ausstand, ist für uns heute bewunderungswürdig und bedenklich zugleich. In vieler Hinsicht ist nämlich dieser radikalste Erneuerer des Denkens überhaupt nicht radikal. Das zeigt sich schon in einer eigenartigen Ausgewogenheit in der Antinomie seines kritischen Systems. Wir haben es schon einmal paradox mit der Formulierung 'titanische Demut' zu umreissen versucht. Es ist ein Grundhabitus des Kantischen Denkens, das, was für den Menschen nicht sein kann, auch sein zu lassen. Es kann z.B. für den Menschen nicht sein, dass er das Ding an sich, d.h. die

FREIHEIT IM DEUTSCHEN IDEALISMUS

Wirklichkeit, wie sie anders als für ihn ist, erkennen kann. So lässt Kant das Ding an sich kritisch sein. Fichte wird es, weil es für die Erkenntnis nichts bedeuten kann, streichen. Indem Kant aber das Nicht-Erkennbare sein lässt, entdeckt er sowohl die Freiheit als auch den nicht erkennbaren Bereich als den Bereich, den diese Freiheit, wenn nicht erkennen, so doch fordern kann: Gott, die eigne Unsterblichkeit und eine Wirklichkeit an sich. Vielleicht konnte deshalb bei Kant Freiheit nie in einem absoluten System etwas werden, was mit dem Worte Freiheit offenbar nie gemeint war. Dieselbe eigenartige Zurückhaltung wie in der Kritik ist auch in den konkreteren Schriften da; nur wird hier die historische Bedingheit auffallender. Aber seine Zeit ist auch für Kant die Bedingung des Gedankens. Man vergisst das manchmal fast bei der reinen Kritik.

Wir wollen es nicht vergessen und greifen zwei Dinge heraus: die Verneinung der Revolution und seine Art zu hoffen. Es geht dabei um Staatsrecht einerseits und um Völkerrecht andrerseits. Kant sieht wie die Klassiker des Naturrechts alles Recht im ursprünglichen Kontrakt begründet. Das so gegründete Recht ist nichts anderes als "die Einschränkung der Freiheit eines jeden auf die Bedingung ihrer Zusammenstimmung mit der Freiheit von jedermann ..." Auch dieser Inhalt des Kontrakts deckt sich noch einigermassen mit den klassischen Bestimmungen des Naturrechts, des revolutionären Rechts im Sinne Max Webers. Es ist zudem nichts anderes als die reale Konsequenz des zitierten kategorischen Imperativs. Doch nun betont Kant etwas zusätzlich. Dieser Kontrakt "ist keineswegs als Faktum vorauszusetzen nötig", "sondern es ist eine blosse Idee der Vernunft, die aber ihre unbezweifelte (praktische) Realität hat." Das ist die Verweigerung einer Geschichtsphilosophie nach rückwärts. Der Ursprung des Rechts liegt nicht an einem mythisch angenommenen Punkt der Geschichte, sondern in der selbstgetätigten Idee in der Vernunft. Ganz parallel entgeschichtlicht Kant Paradies und Sündenfall, wie wir gesehen haben. Die Konsequenz, die Kant fürs Jetzt daraus zieht, ist, dass schlechtes Recht mehr Recht sei als die Aufhebung des Rechts. Verboten ist die Absetzung des Tyrannen. Kant polemisiert ausdrücklich gegen

FREIHEIT

Danton, der den ursprünglichen Kontrakt als ein historisches Faktum genommen habe, und daraus das Recht ableite, Recht zu beseitigen, um das ursprüngliche Recht wieder herzustellen. Die Verfassungen der Schweiz, der Niederlande und Englands, die auf Umsturz gründen, bleiben bei Kant, auch wenn sie noch so lange schon funktionieren, unter negativem Urteil. Tell und ähnliche wären, wenn's nicht geklappt hätte, nichts anderes als "grosse Staatsverbrecher". Der Erfolg heiligt für Kant noch viel weniger die Mittel als der Zweck.
Was bleibt dem Kantischen, auf dem Vernunftgesetz der Freiheit basierenden Recht dann noch zu tun übrig? Die Antwort auf diese Frage zeigt schon seine Art zu hoffen. Der ursprüngliche Kontrakt fungiert "nur als Vernunftsprinzip der B e u r t e i l u n g aller öffentlichen rechtlichen Verfassung überhaupt." Das ist nun auch wieder nicht so wenig, wie es scheint. Es bleibt nämlich "die Freiheit der Feder", "das einzige Palladium der Volksrechte". Das ist aber gar nichts anderes als das Recht zur Aufklärung, die Oeffentlichkeit; und auf die nun hofft Kant. Eigenartigerweise verweigert er nach vorne die Geschichtsphilosophie nicht ganz, die er nach rückwärts in die Ewigkeit der Idee versenkt.
Nun sind ja nach seinen Vorlesungen über die Metaphysik die philosophischen Grundfragen: "Was kann ich wissen? Was soll ich tun? Was darf ich hoffen? Was ist der Mensch?" Ueberspitzt liesse sich mit Bezug auf die dritte Frage sagen, es sei die grosse Kantische Illusion, in der Reinheit des Gedankens schon die Garantie für Hoffnung auf schliessliche geschichtliche Verwirklichung zu haben. Es gibt die Grunderfahrung, "dass der Mensch sich bewusst ist, er könne dieses, weil er es soll." Diese Grunderfahrung wagt Kant am einleuchtendsten für das Völkerrecht zu denken. Die Kantische Idee des Völkerbunds, die in der Schrift vom ewigen Frieden so entwickelt ist, dass wir auch heute noch nichts anderes hoffen können, die gleich ist der Idee des ewigen Friedens, in welchem Recht zwischen den Völkern anerkannt wäre, allein weil es Recht ist, und nicht, weil eine Gewalt es noch befehlen könnte, ist eine g e h o f f t e I d e e . Doch Kants Art zu hoffen ist kräftig, sie hat geheime Garantien in der Vernunft. "So kann man es für einen den moralischen Wünschen und Hoffnungen der Menschen ... nicht

unangemessenen Ausdruck halten, die dazu erforderlichen
Umstände von der V o r s e h u n g zu erwarten." Das ist mehr
als ein f r o m m e r Wunsch. Denn Kant glaubt, dass man den
Endzweck der Welt, obwohl man ihn nicht erkennen kann, vernünftig hoffen muss, und dass das, worauf die Natur teleo-
logisch zu tendieren scheint, dasselbe ist, was der Mensch
und die Völker aus ihrer sittlich bestimmten Freiheit wollen
müssen, einen schliesslichen Zustand der Vernunft, den
ewigen Frieden, wo Freiheit sich gar nicht mehr wollen müsste, sondern wäre. Kant hat sogar höchst modern anmutende
politische Ahnungen, wenn er sagt, "dass die Rechtsverletzung
an einem Platz der Erde an allen gefühlt wird." So weit genau
und weiter nicht sind wir ja auch heute gekommen. Kant aber
hofft weiter, und diese Weitere nennt er offen Vorsehung. Der
Vorsehung sittlich zu Hilfe kommt die Aufklärung, oder wie
es in der Schrift vom ewigen Frieden heisst, die Publizität:
"Alle auf das Recht anderer Menschen bezogenen Handlungen,
deren Maxime sich nicht mit der Publizität verträgt, sind unrecht." Kant nennt das "gleichsam ein Experiment der reinen
Vernunft". Streng und genau verantwortet sich also diese
Hoffnung vor der Vernunft, deren Primat nur die praktische
haben kann, die aber praktisch nur sein kann, wenn sie vernünftig bleibt, d.h. in den Grenzen, die sie sich selber kritisch
hat geben müssen. Das meint letztlich der vielzitierte Satz
zum Beschluss der Kr.d.p.V.: "Zwei Dinge erfüllen das Gemüt mit immer neuer und zunehmender Bewunderung und Ehrfurcht, je öfter und anhaltender sich das Nachdenken damit
beschäftigt: Der bestirnte Himmel über mir, und das moralische Gesetz in mir."
Bei Kant also bleibt die Freiheit rigoros eine Tatsache der
Vernunft mit Aura von Hoffnung. Fichte macht als erster
daraus eine T a t h a n d l u n g und zwar des Ichs, das darum
und darin absolut ist, weil es zu seiner reinen Setzung, dem
Ich-bin-weil-ich-bin - die Formulierung erinnert nicht zu
Unrecht an die biblische Selbstaussage Gottes - nichts als
seine eigene Identität braucht. Diese Identität ist nicht eine
bloss logische, sondern das absolute Sein seiner selbst. Die
Wissenschaftslehre hat buchstäblich auf Leben und Tod durch
ihre eigene Vollbringung zu beweisen, dass sie im absoluten

FREIHEIT

Ich und dessen Entgegensetzung und Vermittlung das Sein denkt, wie es überhaupt nur zu denken ist, nämlich als Ich. Fichte sagt im Begriff der Wissenschaftslehre: "Es kommt auf den Versuch an". Gelingt der Versuch, und Fichte hat als erster und nicht letzter mit seinem System den absoluten Versuch gemacht, dann ist die Kantische Antinomik zwischen den Erfahrungsgrenzen der Wirklichkeit und der Freiheit des Ichs überwunden. Für den Menschen, das empirische Ich, heisst das für Fichte noch praktisch: Streben. In den Vorlesungen über die Bestimmung des Gelehrten von 1794 wird der kategorische Imperativ folgendermassen umgebaut: "Handle so, dass du die Maxime deines Willens als ewiges Gesetz für dich denken könntest. "Fichte meint damit, und er sagt es auch, dass der Mensch sein soll, was er ist, indem er alles auf sein reines Ich bezieht. Wird er darin gestört durch die Dinge ausser ihm, hat er sie zu "modifizieren", zu vermeinigen. Dies geschieht aber nicht in spekulativem Egoismus: "er soll (vielmehr) Gesellschaft sein". Die Gesellschaft denkt der frühe Fichte utopisch als vollkommene Gesellschaft, als "reine Wechselwirkung durch Freiheit". "Der Staat geht, ebenso wie alle menschlichen Institute ... auf seine eigene Vernichtung aus." Freilich weiss schon der frühe Fichte: "Der Begriff vom Menschen ist ein idealischer Begriff, weil der Zweck des Menschen, insofern er das ist, unerreichbar ist." Der Umschlag zum absoluten System geschieht bei Fichte irgendwie ergreifend rein. Bloch erinnert zu Recht an den viel Vergessenen. Freilich wird vieles gerade seiner Freiheitsutopie später fest, nicht alles. Aber seine eigentliche Tragik ist, dass sein System, bevor es zu Ende gedacht werden konnte, von viel härteren und konsequenteren, aber auch weniger offenen absoluten Schlüssen, gerade was die Freiheit angeht, überrundet wurde. Zuerst durch Schelling, der Freiheit in einem "System im göttlichen Verstande" dachte.
Der ursprüngliche Ansatz Schellings scheint dem Fichteschen aufs Haar zu gleichen. Auch für ihn bestimmt sich das absolute Ich schon in seiner ersten veröffentlichten Schrift als reine Identität und absolute Freiheit. Für eine Zeit konnten beide sich als verschiedene Sprecher derselben Philosophie verstehen. Die Differenz zeigte sich bald auch menschlich dra-

FREIHEIT IM DEUTSCHEN IDEALISMUS

matisch. Schelling schob Fichte einfach beiseite. Ihm wird dasselbe durch Hegel geschehen. Die Differenz liegt in der ursprünglichen Fassung des Absoluten. Fichte hat das absolute Ich aus der Kantischen Kritik herausreflektiert. Es bleibt rational gezeichnet. Für Schelling ist das Absolute als das Ureine, als das Hen-kai-pan der Losung der Tübinger Freundschaft mit Hölderlin und Hegel der absolute Ausgangspunkt, der durch keine Reflexion mehr gewonnen wird. Er entdeckt nur mit der Fichteschen Philosophie, dass dieses Eine nicht spinozistisch die Welt sein kann, sondern Ich ist. Die Schellingschen Denkwege aus diesem all-einigen Grund bis zur entscheidenden Schrift über die Freiheit sind vielgesichtig, fast sphinxhaft. In eine Richtung wird diese Philosophie der Identität praktisch gedacht als unendliche Strebung, scheinbar ähnlich wie bei Fichte. Diese Strebung wird dann schärfer das Sich-Wollen des ichhaften Geists. Die Geschichte dieses Sich-Wollens wird nach Fichte und Schelling erst Hegel ausschreiben. Konzipiert hatte sie schon Schelling. Die Gegenrichtung, die dieser Tendenz des Wollens die Waage hält, ist der Gedanke der Natur. Natur ist für Schelling ein Symbol des Geistes. Aber im Symbol hat der Geist seine Vergangenheit, die er anschaut. Der Geist ist dann nur die höchste Potenz der Naturentwicklung, die blind und bewusstlos das hervorbringt, was er frei und mit Bewusstsein erkennt und will. Wichtig ist nun, dass diese beiden Richtungen sich im Absoluten die Waage halten. Dieses ist unberührt die Indentität und heisst später Indifferenz.

In der "Philosophischen Untersuchung über das Wesen der menschlichen Freiheit und die damit zusammenhängenden Gegenstände" verteidigt sich Schelling auf dem Höhepunkt seiner Entwicklung gegen einen Vorwurf des inzwischen katholisch gewordenen früheren Freundes Friedrich Schlegel, der indirekt Schelling den Vorwurf macht, in einem geschlossenen System, das als solches pantheistisch sein müsse, sei der Begriff der Freiheit gar nicht denkbar. Schelling sagt dagegen, dass vielmehr "irgendein ein System, wenigstens im göttlichen Verstande, vorhanden sein muss, mit dem die Freiheit zusammenbesteht". Schellings System der Freiheit ist denn in der Tat das System des Seins als explicatio Dei.

FREIHEIT

In dieser Explikation hat dann der Wille etwa folgende in den göttlichen Prozess hineingenommene Bestimmung: "Der Wille des Menschen ist der in der ewigen Sehnsucht verborgne Keim des nur noch im Grunde vorhandenen Gotts ... Im Menschen allein hat Gott die Welt geliebt; und eben dies Ebenbild Gottes hat die Sehnsucht in Centro ergriffen." In wunderbarer Fülle wird das Tiefste was ein christlich angehauchtes gnostisches System über Gott, Trinität, Gut und Bös, die Weltalter denken kann, ausgebreitet, aber kaum ein Wort verrät den konkreten Bezug zur Zeit, den wir bis jetzt überall nicht überhören konnten. Das System der Freiheit ist ein absolutes Kunstwerk des Denkens geworden. Das ist die erste ausgesprochene Konsequenz für die Freiheit, die das Umschlagen der Kantischen Kritik in absolutes System zur Folge hatte. Die zweite und idealistisch letzte denkt Hegel.
Sie heisst im Letzten 'der Staat': "Der Staat ist die Wirklichkeit der sittlichen Idee, - der sittliche Geist als der **offenbare**, sich selbst deutliche, substantielle Wille, der sich denkt und weiss und das, was er weiss und insofern er es weiss, vollführt." Er ist als das "zur Allgemeinheit erhobene **Selbstbewusstsein**" "das an und für sich **Vernünftige**." "Der Staat ist die Wirklichkeit der konkreten Freiheit." So tönt der Anfang der Hegelschen Philosophie des Staats. Wir wollen hier nicht von diesen Sätzen aus seine Staatslehre entfalten oder gar kritisieren. Das füllt bereits Bibliotheken. Schon 1843 hat Karl Marx den Hauptteil des inneren Staatsrechts Paragraph für Paragraph kritisiert. Ein halbes Jahr später fasst sich diese Auseinandersetzung mit dem letzten Resultat des Deutschen Idealismus zusammen in die berühmt berüchtigten Sätze: "Die Deutschen haben in der Politik **gedacht**, was die anderen Völker **getan** haben. Deutschland war ihr **theoretisches Gewissen**. Die Abstraktion und Ueberhebung seines Denkens hielt immer gleichen Schritt mit der Einseitigkeit und Untersetztheit ihrer Wirklichkeit." Die ganze idealistische Philosophie ist damit gemeint. Wir sahen schon bei Kant, dass politische Hoffnung von der Revolution in die philosophische Aufklärung verlegt wurde. Es ist aber noch radikaler zu verstehen, wenn es Hegel meint. Hegels Philosophie ist der fundamentale Wille, alle Wirklichkeit unter

FREIHEIT IM DEUTSCHEN IDEALISMUS

die Arbeit des Begriffs zu bringen. Dieser Hegel hat in der Vorrede zu seiner Philosophie des Rechts erklärt: "Was vernünftig ist, das ist wirklich; und was wirklich ist, das ist vernünftig." Schelling hat ihm deshalb den Vorwurf gemacht, seine ganze Philosophie sei nichts als reine Logik mit der Prätention, darin die Wirklichkeit schon gefasst zu haben. Dies aber sei nicht möglich. Hegels denkerische Existenz ist der angetretene Beweis, dass das Vernünftige wirklich, und, was vor allem für die Freiheit unheimlicher ist, dass das Wirkliche, also z.B. der preussische Staat, den er denken kann, vernünftig ist. Dann wird der Satz, dass der Staat die Wirklichkeit der Freiheit ist, bedenklich.
Liegen solche Konsequenzen schon im Hegelschen Denkansatz, der von Anfang an bewusst alle Philosophie vollenden will? Eines ist nicht zu übersehen. Schon der junge Hauslehrer Hegel des Hauptmanns Steiger von Tschugg hat hier in Bern nicht nur theologisch radikal über Gott spekuliert, sondern sich gleichzeitig für die Bernische Staatsverfassung interessiert. Diese absolute Philosophie des Geistes ist von Anfang an total, d.h. es soll nichts begriffslos sein. Diese sogenannte Anstrengung des Begriffs zeigt zunächst vollendet die Methode der Phänomenologie des Geistes. Es ist die "Wissenschaft von der Erfahrung des Bewusstseyns". Das darf weder einfach als eine Philosophie der Geschichte missverstanden, noch mit Kants Kritik der reinen Vernunft verglichen werden, weil ja dort auch das Bewusstsein sich selber verstehe in den Grenzen seiner Erfahrung. In der Phänomenologie w i r d das Bewusstsein mit seinen Erfahrungen so konkret der Geist, dass Hegel es ihm schliesslich nur noch sagen muss, was er gewesen ist: Phänomeno l o g i e des Geistes. Dieses Buch ist gleichsam die gedachte Protogeschichte des Geists. Und in diesem Sinn fasst Hegel auch die Freiheit schon hier geschichtlich, d.h. sich zeigend an einem ganz bestimmten Punkt im Erfahrungsprozess, den der Geist mit sich selber macht. Oder: das Vernünftige ist aus seinem eigenen Prozess wirklich. Die Freiheit ist die Wirklichkeit des Selbstbewusstseins. Es ist dabei typisch, dass Freiheit, wenn sie zuerst erscheint, das Resultat der Dialektik von Herr und Knecht ist, und so den Uebergang bildet zum Sich-selbst-Ergreifen der

FREIHEIT

Vernunft. Der Herr hat sein abstraktes Selbstbewusstsein, indem er den Knecht das "Andere", die Wirklichkeit, die ihn und die er verneint, bearbeiten lässt. In dieser Arbeit, in die der Knecht sich aus Todesfurcht vor dem Herrn begeben hat, erfährt der Knecht aber schliesslich sein Selbstbewusstsein wahrer als der Herr, weil er im Andern (im Herrn) selber Selbstbewusstsein erkennen muss. Oder: er zuerst denkt sich, weil er muss, im Andern. Diese geist-prozess-immanente Notwendigkeit, ist aber die Erscheinung der Freiheit, wie sie sich als Vernunft zu zeigen beginnt. Denn: "Im Denken b i n i c h f r e i."
Freiheit ist also eine Notwendigkeit im eigenen Prozess, in der Protogeschichte des Geistes. Oder: das Vernünftige ist als die Freiheit wirklich. Alles weitere ist, verkürzend gesagt, nichts anderes als die logische Umkehr dieses Ansatzes. Zwar hat die Hegelforschung die strukturalen Zusammenhänge seiner drei Grundsysteme noch nicht einmal zu denken begonnen. Aber soviel steht doch fest, dass die Logik nach der Phänomenologie den Geist als Geist denkt und im Prozess der reinen Begriffe die Wirklichkeit total mitdenkt, und dass schliesslich die Encyclopädie und ihre Ausfaltung in den Vorlesungen nichts anderes ist als die explizite Rückentfaltung solcher Logik auf den Kosmos des überhaupt Wissbaren. Dieses Wissbare, d.h. die Wirklichkeit in ihrer Totalität, muss dann vernünftig sein. Im Epos des Weltgeists, wie Hegel die Weltgeschichte nennt, erscheint Freiheit geschichtlich konkret als Reformation, Aufklärung und Revolution. Und sie ist im modernen Staat als das zur Allgemeinheit erhobene Selbstbewusstsein das an und für sich Vernünftige, sie ist a l s der Staat die Wirklichkeit der Freiheit.
Diese Umkehr ist nun buchstäblich die Kehrseite der Hegelschen Philosophie, auch für die Freiheit. Zwar ist die sogenannte Lehre vom objektiven Geist, seine Staatsphilosophie nicht d a s letzte Wort seiner Philosophie. Hegel las in Berlin aus der Encyclopädie bis zu seinem Tode weiter über Aesthetik, Geschichtsphilosophie, Geschichte der Philosophie und Philosophie der Religion. Ueber den Staat las er - aus politischen Gründen - 1825 zum letzten Mal. Aber sie ist e i n letztes Wort. Der Geist wird objektiv als der Staat, und dieser Staat ist der

FREIHEIT IM DEUTSCHEN IDEALISMUS

Geist. Schon im Satz aus der Phänomenologie "Im Denken bin ich f r e i " hat Hegel das "bin" unterstrichen. Der Begriff hat eigengeschichtlich zu sein, und wenn er geschichtlich i s t, ist er der B e g r i f f. Oder: das Wirkliche ist vernünftig. Natürlich schildert Hegel nicht bloss einen gegebenen Staat ab, sondern er denkt den Staat. Und diese Idee ist, dass der Geist nur im Staat so wissen kann, dass er das, was er weiss und insofern er es weiss, vollführt. Das ist Wirklichkeit, konkrete, wenn man es Hegelisch denken will, sogar des Geists. Aber ist das noch die Wirklichkeit der konkreten Freiheit? Denn die Tatsache zu dieser Hegelschen Staatsidee bleibt wohl doch der preussische Staat, fest gegen auch wieder drohende Revolution.
Benedetto Croce hat das 19. Jh. unter der "Religion der Freiheit" gesehen. Die Theologie zu dieser Religion hat uns auf dem Wege ihrer Vollendung auch durchaus bedenkliche Züge gezeigt. D i e F r e i h e i t g e r i e t i n e i n S y s t e m : S i e w u r d e K u n s t u n d s i e w u r d e S t a a t, b e i d e s v o n a b s o l u t e n G e i s t e s G n a d e n. Blieb dabei wirklich die Freiheit erhalten?
Marx weiss gegenüber dem Geist Hegels, den er als caput mortum bezeichnet, schon in den Feuerbach-Thesen ein anderes, das für ihn wahre Subjekt, das praktische (gegen Feuerbachs theoretischen Materialismus), "die menschliche Gesellschaft oder die gesellschaftliche Menschheit". Nur wenig früher kam Kierkegaard nach dem Entweder-Oder zwischen Aesthetik und Ethik zu einem Gedanken der radikal jenseits jeder menschlichen Dialektik der Freiheit steht, zum "Erbaulichen, welches in dem Gedanken liegt, dass wir Gott gegenüber allzeit unrecht haben". Noch einmal anders, mit schon fast erhabenem Zynismus überspringt Nietzsche die Dialektik der Freiheit mit der Formel: Wille zur Macht. Alle drei sind auch Auseinandersetzungen mit und Negationen des Deutschen Idealismus, auch seiner Freiheitslehre. Sartre in unserem Jahrhundert kommt, explizit Kants kategorischen Imperativ noch einmal durchdenkend, zur auch nicht gerade tröstlichen Formel "condamné à être libre", worüber Sie wohl an dieser Stelle in einer Woche mehr erfahren werden.
Das alles heisst doch wohl:

FREIHEIT

Der Gedanke der Freiheit ist nicht zu Ende gedacht, sondern gerade aus der Geschichte uns erneut zum Denken aufgegeben.

LE SURREALISME ET L'EXPERIENCE DE LA LIBERTE

Marc Eigeldinger

La perspective de l'évolution historique permet d'affirmer que ce sont Jean-Jacques Rousseau et les révolutionnaires de 1789 qui ont établi en France les fondements de la conception moderne de la liberté. Plusieurs des poètes de notre siècle, André Breton, Paul Eluard, Louis Aragon, René Char, Pierre Jean Jouve et Pierre Emmanuel, sont partis implicitement de l'expérience des révolutionnaires, en particulier de ces "grands aventuriers de l'esprit" que furent Robespierre et Saint-Just. Ils ont modifié ou amendé cette doctrine issue du Contrat social et de l'Emile, ils en ont dénoncé les limites ou les errements, mais leur méditation poétique procède souvent d'une réflexion sur la destinée de la Révolution française qui a été, comme l'écrit Jouve, "la matrice sanglante de la Liberté". Rousseau et ses disciples n'ont pas seulement élaboré l'idée moderne de la liberté, ils ont suscité tout un courant, créé un souffle d'indépendance qui a inspiré l'oeuvre de Hugo et de Baudelaire, de Rimbaud et de Lautréamont, et qui n'a cessé d'animer la poésie contemporaine. "Rien ne peut faire, précise André Breton, que ce ne soit aux poètes qu'ait été dévolu depuis un siècle de faire craquer cette armature qui nous étouffe (1)". Ce sont les poètes qui, au XIXe et au XXe siècle, ont vécu le plus intensément la crise de la liberté, les contradictions et les ambiguïtés dont elle a été l'objet. Ils ont conçu que la fonction de leur art était de produire l'exemple de la liberté en l'associant à la vertu de la révolte. Ils ont perpétué à leur manière la tradition de la liberté révolutionnaire, appliquée à métamorphoser le monde sans renoncer à l'impératif des exigences éthiques; ils ont prétendu la douer, au-delà des obstacles matériels, d'un contenu concret et moral.
Pour Jean-Jacques Rousseau, la liberté est un droit naturel et un don inné, "la plus noble des facultés de l'homme", liée par un décret supérieur à la nature et à la condition de l'homme. Tout être naît et demeure libre, donc "maître de lui-même"; il s'efforce de vaincre la tentation de la servitude et de conserver intacte cette liberté qui n'est pas uniquement une disposition innée, mais le support de son existence et l'instrument de sa conservation.

FREIHEIT

> Renoncer à sa liberté, c'est renoncer à sa qualité
> d'homme, aux droits de l'humanité, même à ses devoirs.
> Il n'y a nul dédommagement possible pour quiconque re-
> nonce à tout. Une telle renonciation est incompatible avec
> la nature de l'homme; et c'est ôter toute moralité à ses
> actions que d'ôter toute liberté à sa volonté (2).

D'une part la liberté est un droit que la nature octroie à
l'homme pour préserver sa vie, d'autre part elle est à la
racine des fondements de la morale. L'homme, en tant que
maître de son destin terrestre, possède la faculté de choisir
en étant responsable de son choix et s'attache à faire pré-
valoir la souveraineté de sa volonté. "Le principe de toute
action est dans la volonté d'un être libre, proclame le Vicaire
savoyard; on ne saurait remonter au-delà. Ce n'est pas le
mot de liberté qui ne signifie rien, c'est celui de nécessité".
La liberté d'action ne revêt son sens et son efficacité que
si elle est doublée d'une liberté morale et spirituelle, que
si la volonté est animée par un principe immatériel. Chez
Rousseau, la notion de liberté morale tend à se confondre
avec le choix du Bien, alors que l'asservissement et la contrainte tendent à s'identifier avec le Mal. S'il consent à
brider ou à étouffer sa liberté, l'homme est déchu de la
dignité inhérente à sa condition; s'il renonce au don de la
liberté qu'il ne peut recouvrer une fois qu'il l'a perdue, il
se déprave et trahit sa nature. La liberté implique l'énergie
morale, établie sur la solidité de la conscience et le sens
de la responsabilité. "La liberté est un aliment de bon suc,
mais de forte digestion; il faut des estomacs bien sains pour le
supporter (3)". Tout en étant une force issue de la nature,
elle constitue un état, lorsqu'elle est acquise, et demeure
un principe passif en ce sens qu'elle ne se reconquiert pas
au prix de la lutte. "Il me semble que pour se rendre libre
on n'a rien à faire; il suffit de ne pas vouloir cesser de
l'être (4)". La liberté échoit en partage à l'homme comme
le signe de sa grandeur et sa raison fondamentale d'exister.
Bien que Rousseau ait affirmé au Livre V d' E m i l e : "La
liberté n'est dans aucune forme de gouvernement, elle est
dans le coeur de l'homme libre", il n'en a pas moins été

80

LE SURREALISME ET L'EXPERIENCE DE LA LIBERTE

amené à envisager le contenu politique de la liberté. A l'idée de la liberté naturelle et individuelle, considérée comme "un droit illimité", il a opposé dans le Contrat social la liberté civile, "limitée par la volonté générale" et soumise au respect des lois, subordonnée à l'intérêt général et aux droits de la collectivité. Mais Rousseau n'est jamais parvenu à résoudre absolument ce dualisme de la liberté naturelle et de la liberté civile. Les révolutionnaires de 1789 et de 1793, dans l'impossibilité d'assumer cette embarrassante ambiguïté, ont identifié ces deux aspects contradictoires de la liberté que Rousseau s'était appliqué à distinguer, en pressentant qu'une telle dualité était incompatible avec une expérience concrète de la liberté. Cette fusion est explicite dans la "Déclaration des droits de l'homme et du citoyen" où la liberté, définie comme un droit naturel, inaliénable et sacré, est placée sous la garantie de la nature et du corps social. Dans son projet d'une nouvelle Déclaration, présenté en avril 1793, Robespierre inscrit parmi les "droits naturels et imprescriptibles de l'homme" celui de "pourvoir à la conservation de son existence et de sa liberté", conçue sous la forme de l'exercice autonome de toutes ses facultés. En partant de la double expérience de la révolution et du pouvoir, Robespierre et Saint-Just ont édifié une doctrine de la liberté, éprouvée comme un état passionnel, un enthousiasme qu'il importe de maintenir par la volonté et qu'il s'agit d'imposer à l'humanité. Ils ont vu en la révolution l'enfantement et la conquête de la liberté, "le bien le plus sacré de l'homme" et l'exigence la plus haute dont il ne faut à aucun prix démériter. Le régime de la liberté ne peut s'établir que s'il est assuré "par l'observation rigoureuse des principes et de la morale universelle", que s'il repose sur la pureté la plus rigoureuse et l'inflexibilité de la vertu. "La défiance est la gardienne des droits du peuple; elle est au sentiment profond de la liberté ce que la jalousie est à l'amour", déclarait l'Incorruptible dans son discours du 18 décembre 1791 devant l'Assemblée nationale. La liberté est "la rigidité envers le mal", selon les termes de Saint-Just, elle ne peut triompher que par la ruine de ses adversaires et la lutte permanente contre la corruption. C'est pourquoi le gouvernement révolutionnaire est établi sur "le despotisme de la liberté" qui n'est préservée que par le combat et le sacrifice, que si elle est une émanation de la vertu et une force indissociable de l'intégrité morale. "La révolution est la guerre de la liberté contre ses ennemis: la constitution est le régime de la liberté victorieuse et paisible", déclare Robespierre le 25 décembre 1793. La fin de la révolution est de c i m e n t e r la liberté par des lois dans le dessein d'en garantir la jouissance durable. Une telle entreprise s'accompagne nécessairement d'une intransigeante pureté, comme le rappelait Robespierre deux jours avant sa mort, en s'écriant en présence de la Convention: "Les armes de la liberté ne doivent être touchées que par des mains pures". La liberté a le pouvoir de purifier l'homme et de l'affranchir; mais elle ne luira dans sa transparence qu'au moment où elle aura anéanti ses adversaires et produit l'extinction du Mal. "C'est le feu de la liberté qui nous a épurés, comme le bouillonnement des métaux chasse du creuset l'écume impure", proclame Saint-Just dans un rapport présenté à la Convention le 8 juillet 1793. Pour lui, de même que pour les poètes, la puissance carthatique du feu est l'emblème privilégié de l'ascèse de la liberté.

La volonté de résoudre le conflit de la liberté naturelle et de la liberté civile est perceptible dans ce fragment des I n s t i t u t i o n s r é p u b l i c a i n e s de Saint-Just:

> Tous les êtres sont nés pour l'indépendance; cette indépendance a ses lois [...] Ces lois dérivent des rapports naturels; ces rapports sont les besoins et les affections [...] Les hommes forment donc une société naturelle qui repose sur leur indépendance.

Les lois qui régissent l'exercice de la liberté se confondent avec les penchants naturels de l'homme. Elles ont pour fonction de lui assurer "la jouissance paisible de la liberté et de l'égalité", c'est-à-dire d'instaurer un bonheur social qui soit durable. La première de ces lois veut que la liberté et le Bien s'identifient, que l'idéal politique se confonde avec l'idéal éthique. Mais, avant que la liberté ne s'établisse, le combat pour son triomphe est acculé au sacrifice de soi et à la mort, ainsi que l'a exprimé Saint-Just:

LE SURREALISME ET L'EXPERIENCE DE LA LIBERTE

> Je méprise la poussière qui me compose et qui vous parle;
> on pourra la persécuter et faire mourir cette poussière!
> mais je défie qu'on m'arrache cette vie indépendante que
> je me suis donnée dans les siècles et dans les cieux.

C'est par cet appel à la transcendance de la liberté que s'achève en Thermidor 1794 la grande expérience de la révolution. Si la conquête de la liberté se révèle impossible au niveau des contingences de l'ici-bas, elle se réalise du moins dans l'univers de l'au-delà, où l'être, "délivré des entraves du corps", sera pleinement lui-même, "sans contradiction" et "sans partage", selon la promesse du Vicaire savoyard. Cette conception de la liberté, née de la pensée de Rousseau, est-elle encore applicable à l'univers contemporain? Bien qu'ils se soient inspirés de l'idéal révolutionnaire de la liberté, plusieurs poètes et écrivains du XXe siècle l'ont corrigée et réformée afin de l'actualiser. Les surréalistes défendaient déjà en 1924, par la voix d'Aragon, l'idée qu'il fallait "aboutir à une nouvelle déclaration des droits de l'homme". Les événements de la guerre et de l'après-guerre les avaient persuadés que la notion de liberté devait être repensée en fonction d'exigences nouvelles, sinon elle serait frappée de mort par les circonstances. Le tort de Rousseau et des révolutionnaires a été de considérer la liberté comme une valeur innée et acquise, consubstantielle à la nature humaine, comme un état et non un objet de perpétuelle conquête. Si la liberté est un don de la nature, elle est menacée de se figer, de se perdre par stagnation, elle tend vers la passivité, selon la déclaration de Saint-Just: "La nature de la liberté est qu'elle résiste à la conquête et à l'oppression; conséquemment elle doit être passive". La liberté est destinée à subir des crises et des revers, mais, puisqu'elle vit dans le coeur humain par un décret de la nature, elle finit par triompher de toute oppression. André Breton a dénoncé dans Arcane 17 les périls auxquels s'expose cette conception statique de la liberté. Celle-ci ne s'affirme, ne se maintient que si elle se recrée par une tension dynamique et interne, elle ne se prolonge dans la durée que si elle est associée au devenir et au mouvement.

FREIHEIT

> Puissent les événements récents avoir appris à la France
> et au monde que la liberté ne peut subsister qu'à l'état
> dynamique, qu'elle se dénature et se nie de l'instant où
> l'on croit pouvoir faire d'elle un objet de musée [...]
> Les aspirations de l'homme à la liberté doivent être main-
> tenues en pouvoir de se recréer sans cesse; c'est pour-
> quoi elle doit être conçue non comme un état mais comme
> force vive entraînant une progression continuelle (5).

La liberté ne saurait s'accommoder de la passivité et de l'immobilité; elle se perpétue par le mouvement et la révolte, par le combat et la volonté de renouveler son contenu. Quelles que soient les différences fondamentales entre les deux idéologies, l'existentialisme rejoint sur ce point le surréalisme. La liberté n'est en aucune manière une vertu préétablie, mais l'objet d'une recréation constante de valeurs et de significations; elle est projet tendu vers l'avenir par l'élan qui l'entraîne. "Une liberté ne peut se vouloir sans se vouloir comme mouvement indéfini", écrit Simone de Beauvoir dans Pour une morale de l'ambiguïté (6). La liberté ne constitue ni une matière ni un état, elle est la fin d'une quête qui ne cesse de se poursuivre dans le temps. "La liberté ne sera jamais donnée, mais toujours à conquérir (7)". L'existentialisme, à la suite du surréalisme, a signifié clairement que la liberté se meurt si elle est réduite à l'immobilité, qu'elle vit et se renouvelle par l'impulsion du dynamisme humain.

André Breton n'a pas attendu la catastrophe de juin 1940 et l'éclosion de la Résistance pour témoigner de son attachement à la cause de la liberté, pour établir que le surréalisme est indissociable de "l'amour sans mesure de la liberté" et de la lutte farouche contre les multiples formes d'asservissement qui peuvent entraver l'effort humain. A ses origines, après avoir dépassé le stade du dadaïsme, le surréalisme s'est défini par la volonté de conquérir une liberté intégrale non seulement dans l'ordre de l'éthique et de la politique, mais au niveau de l'univers mental, de la création littéraire et artistique. Il s'agissait de s'opposer à tout obstacle et à toute contrainte

LE SURREALISME ET L'EXPERIENCE DE LA LIBERTE

afin de promouvoir une liberté imprescriptible de la pensée et du désir, de l'imagination et du langage. Le surréalisme a toujours exalté la triade thématique de la liberté, de l'amour et de la poésie, en insistant sur l'exigence fondamentale de la liberté, parce qu'elle commande aux impulsions du désir et à l'épanouissement de l'écriture poétique. Son évolution historique est placée sous le signe de la beauté solaire de la liberté et de la volonté irréductible d'affranchissement. "La liberté est belle comme le soleil (8)", de telle sorte que l'existence est vouée à la quête de son rayonnement, comme André Breton en a donné l'exemple tant dans sa vie que dans son oeuvre poétique et critique.

La pensée de Breton apparaît au départ comme une éthique de la différenciation, fondée sur le refus de l'existence telle qu'elle est imposée à l'homme dans l'univers moral et social. Il importe de se libérer des entraves de la morale traditionnelle et des cadres de la société, d'émanciper l'esprit humain en rompant les barrières de la logique. Dans La Confession dédaigneuse, Breton insiste sur le dessein de se soustraire à la condition commune de l'humanité afin de se créer un destin individuel, selon le modèle de l'anarchisme. "Echapper, dans la mesure du possible, à ce type humain dont nous relevons tous, voilà tout ce qui me semble mériter quelque peine (9)". Une telle entreprise s'accompagne de l'exercice constant de la révolte, associée au souci de la rigueur morale; elle suppose le dynamisme de la liberté, appliquée à franchir les limites qui s'opposent à son déploiement, la liberté étant la dimension existentielle de l'être. "Où la liberté m'est mesurée je ne suis guère et ma tentation est de passer très vite", avoue Breton dans ses Entretiens (10). C'est pourquoi l'aventure mentale du surréalisme se situe dès 1924 dans l'optique de la revendication d'une liberté totale de l'esprit.

> Le seul mot de liberté est tout ce qui m'exalte encore. Je le crois propre à entretenir, indéfiniment, le vieux fanatisme humain. Il répond sans doute à ma seule aspiration légitime. Parmi tant de disgrâces dont nous héritons, il faut bien reconnaître que la plus grande

FREIHEIT

liberté d'esprit nous est laissée. A nous de ne pas
en mésuser gravement (11).

Au fanatisme intolérant Breton oppose le fanatisme de la
liberté, seul capable d'accroître les pouvoirs de l'homme et
de favoriser l'affranchissement de l'esprit, à condition qu'il
demeure attaché au sens de la responsabilité et de l'exigence
morale. L'action d'André Breton et du surréalisme est com-
mandée par une quête ardente de la liberté et une lutte permanente contre la nécessité. Elle ne se contente pas d'une
liberté relative ou conditionnelle, mais tend vers la possession
d'une liberté absolue qui n'hésite pas, s'il le faut, à recourir
à l'insubordination systématique, à la violence et à la sub-
version. "On conçoit que le surréalisme n'ait pas craint de
se faire un dogme de la révolte absolue, de l'insoumission
totale, du sabotage en règle (12)". Le combat mené par le
surréalisme prétend libérer l'homme de toutes les forces
qui paralysent l'épanouissement de son esprit et de sa chair.
Il s'agit d'affranchir, non pas telle faculté particulière de
l'homme, mais l'ensemble de ses facultés physiques et mentales, la totalité de l'être, sa pensée, son imagination et son
inconscient autant que les puissances du désir et du langage;
il s'agit de désenchaîner les énergies créatrices contenues
dans l'univers spirituel et sensible." Nous avons besoin de
la Liberté, mais d'une Liberté calquée sur nos nécessités
spirituelles les plus profondes, sur les exigences les plus
strictes et les plus humaines de nos chairs", proclame un
manifeste rédigé par le groupe surréaliste en 1925, La
Révolution d'abord et toujours. Toutefois la révolution que le surréalisme appelle demeure de nature anarchiste
en ce sens qu'elle souhaite préserver la liberté individuelle,
l'indépendance du jugement et de la conscience. La passion
exclusive de la liberté, considérée comme une fin, a été de
tout temps le mobile et la justification de l'action surréaliste,
la ligne directrice que lui a imposée l'autorité personnelle
d'André Breton et qui a constitué l'unité du mouvement, fût-ce
au prix de sacrifices ardus et d'exclusions dictées par l'esprit
d'inflexibilité. La liberté
    Pour laquelle le feu même s'est fait homme

LE SURREALISME ET L'EXPERIENCE DE LA LIBERTE

par l'intermédiaire de Prométhée, est la force qui détermine les pouvoirs de l'être, qui légitime et soutient l'éclatement de la révolte.

> Liberté couleur d'homme
> Quelles bouches voleront en éclats
> Tuiles
> Sous la pousée de cette végétation monstrueuse (13).

La liberté n'est pas, pour André Breton, un état, un don naturel ou une notion purement abstraite, mais une idée et une passion auxquelles il importe de donner un contenu concret. Elle peut se perdre et se reconquérir, aussi faut-il la considérer comme "un désenchaînement perpétuel" ou, plus précisément, comme "la merveilleuse suite de pas qu'il est permis à l'homme de faire désenchaîné (14)". L'homme se consacre à forger de toutes pièces la liberté et s'efforce d'en tirer parti pour émanciper d'un seul mouvement son être et l'humanité. Cet effort d'affranchissement constitue la tâche la plus urgente par laquelle chacun participe à l'instauration de la liberté des autres et de tous.

> La liberté, acquise ici-bas au prix de mille et des plus difficiles renoncements, demande à ce qu'on jouisse d'elle sans restriction dans le temps où elle est donnée, sans considération pragmatique d'aucune sorte et cela parce que l'émancipation humaine, conçue en définitive sous sa forme révolutionnaire la plus simple, qui n'en est pas moins l'émancipation humaine à tous égards, entendons-nous bien, selon les moyens dont chacun dispose, demeure la seule cause qu'il soit digne de servir (15).

La liberté est constamment menacée par l'ordre de la nécessité et elle assure son existence par un combat sans relâche contre les rigueurs de la fatalité, elle est alimentée par cette menace et ce combat qui la contraignent à se tenir sur ses gardes, à veiller à son intégrité. Elle est renouvelée et maintenue en éveil par le sentiment du danger. La défense de la liberté est la fin même à laquelle le poète se consacre,

la seule cause qui ne soit pas exposée à dégénérer en une servitude pour autant que l'on s'applique à la préserver de toute déchéance. La liberté est un absolu avec lequel on n'a le droit ni de jouer ni de ruser. "Il n'est rien avec quoi il soit dangereux de prendre des libertés comme avec la liberté (16)". Elle est le risque qu'il faut assumer envers et contre tout.
Au moment de la guerre du Maroc (1925), les surréalistes ont opéré leurs premières tentatives de rapprochement du communisme, puis donné leur adhésion au matérialisme dialectique en espérant concilier la liberté et la révolution sociale, sans que la première soit sacrifiée à la seconde. "Les surréalistes ont vécu alors, écrira rétrospectivement Breton, sur la conviction que la révolution sociale étendue à tous les pays ne pouvait manquer de promouvoir un monde l i b e r t a i r e (17)". Ils étaient entraînés dans cette voie par la pensée de Lénine selon laquelle "le socialisme signifiera un saut du règne de la nécessité dans le règne de la liberté" et plus encore par l'attachement à la personne de Léon Trotsky qui a toujours représenté pour Breton la figure la plus authentique et la plus intègre de la révolution. Pourtant le surréalisme n'a pas tardé à éprouver qu'il était malaisé d'accorder l'action révolutionnaire et la revendication de la liberté individuelle; il s'est trouvé partagé entre l'adhésion à la doctrine marxiste et la fidélité à l'idéologie libertaire, incarnée par l'individualisme anarchiste. Le S e c o n d M a n i f e s t e établit, au moment où la plupart des surréalistes se sont ralliés au communisme, que l'homme se définit par la liberté, par le droit de disposer de lui et de s'opposer à toutes les manifestations de la contrainte.

> L'homme, qui s'intimiderait à tort de quelques monstrueux échecs historiques, est encore libre de c r o i r e à sa liberté. Il est son maître, en dépit des vieux nuages qui passent et de ses forces aveugles qui butent (18).

La révolution ne saurait, au regard de Breton, se contenter de produire une transformation du monde et de la société, elle doit associer cette transformation à la volonté d'interprêter le monde et de libérer l'esprit humain. Elle n'a pas seulement pour objet de réformer les structures sociales, mais de procéder à une refonte totale des structures mentales. La préoccupation du surréalisme de préserver les droits de la conscience subjective au sein de la collectivité, de prôner "la résistance individuelle" et de maintenir à tout prix l'indépendance du mouvement ne pouvait aboutir qu'à la rupture avec le communisme. L'activité surréaliste, centrée sur l'exploration de la "nature individuelle" et "l'essence générale de la subjectivité" à travers les phénomènes oniriques, était absolument étrangère au marxisme. Le divorce entre surréalisme et communisme était inévitable dans la mesure où chaque idéologie reposait sur une conception radicalement distincte du socialisme: d'une part un socialisme libertaire, fondé sur l'attachement aux principes et la primauté de l'exigence éthique, d'autre part un socialisme autoritaire, établi sur la loi du déterminisme historique et soucieux de garantir l'efficacité politique. La fin du socialisme ne consiste pas dans l'esprit de Breton à affirmer l'empire de la nécessité, mais à répondre à ce besoin d'émancipation que l'on éprouve dans sa chair et son esprit. Le socialisme révolutionnaire lui apparaît "comme une école d'indépendance où chacun doit être libre d'exprimer en toutes circonstances sa manière de voir, doit être en mesure de justifier sans cesse de la non-domestication de son esprit (19)". Il consiste en un apprentissage de la liberté, impliquant "l'affirmation libre de tous les points de vue" et "la confrontation permanente de toutes les tendances (20)", une idéologie inspirée par la volonté de promouvoir la liberté comme une puissance à la fois personnelle et universelle. C'est pourquoi, après avoir rompu avec le communisme et s'être distancé du matérialisme dialectique, André Breton en revient à l'anarchisme qui seul garantit le régime de la liberté individuelle, indispensable à l'homme, à l'artiste et au poète. Il salue dans L'Amour fou "l'anarchie militante, en ce qu'elle a malgré tout d'irréductible du fait qu'elle exprime un des côtés les plus pathétiques de la nature humaine (21)", précisément le combat de la liberté aux prises avec les nécessités de l'existence et les contraintes de la politique. En opérant un retour à l'anarchie, le surréalisme rejoint

FREIHEIT

l'esprit de ses origines, fait d'une indépendance souveraine et du refus de toute servitude née de l'intérieur ou de l'extérieur.

Où le surréalisme s'est pour la première fois reconnu, bien avant de se définir à lui-même et quand il n'était encore qu'association libre entre individus rejetant spontanément et en bloc les contraintes sociales et morales de leur temps, c'est dans le miroir noir de l'anarchisme (22).

Seule l'anarchie garantit au poète la liberté en tant que condition nécessaire de la création et instrument capable de vaincre les multiples aspects de l'oppression. L'activité poétique se légitime par l'effort de conquête et de libération qu'elle tente; elle écarte toute consigne, toute formule qui limite son indépendance, elle suscite la liberté dans le dessein d'améliorer la destinée de l'homme, d'accroître ses pouvoirs et d'élargir le champ de son action. En pénétrant dans les couches souterraines de l'inconscient et en forçant les digues de la morale traditionnelle, la poésie libère les "arborescences soudaines" du désir et favorise l'épanouissement des facultés irrationnelles, celles du rêve, de l'imagination, de la pensée intuitive et analogique. C'est dans cette perspective que Breton rédige au Mexique, en 1938, avec la collaboration de Trotzky, le manifeste Pour un art révolutionnaire indépendant, motivé par la lutte contre le stalinisme et le dirigisme auquel la littérature prolétarienne est soumise. Il revendique la liberté de l'art et de l'imagination, en se refusant à dissocier l'émancipation de l'esprit de celle de l'homme. Dans l'ordre de la création artistique, la révolution "doit dès le début même établir et assurer un régime anarchiste de liberté individuelle (23)". L'engagement de l'artiste ne consiste pas à se mettre au service d'une quelconque idéologie, mais à combattre pour l'avènement de la liberté en s'imposant la discipline de la responsabilité. Toute autre espèce d'engagement est farouchement écartée, comme un leurre et une trahison au nom même de la liberté de l'écriture poétique.

LE SURREALISME ET L'EXPERIENCE DE LA LIBERTE

Les événements de la guerre et de la Résistance ont amené André Breton à approfondir sa doctrine de la liberté, mais ils n'en ont ni modifié le contenu ni altéré l'intransigeance. Dans Arcane 17, il célèbre l'émouvant "envol de drapeaux noirs" parmi la "mer flamboyante" des drapeaux rouges et "la lutte à outrance pour la liberté" à laquelle se sont voués les "grands aventuriers de la pensée": Rousseau, le marquis de Sade, Robespierre, Saint-Just, Charles Fourier, Victor Hugo, Rimbaud, Lautréamont ... Ce sont ceux qui, au-delà des misères de la vie, ont aimé la liberté à la folie, ceux qui ont lutté pour l'affranchissement en croyant à la vertu de l'utopie, ceux qui ont adopté le parti de l'hérésie ou de la dissidence, de la minorité combattante pour laquelle la révolte se justifie par son mouvement d'ouverture. Que l'on ait commis en notre siècle de honteux abus au nom de la liberté, Breton ne songe nullement à le nier, mais ces impostures n'ont pas réussi à avilir ou à dénaturer l'essence de la liberté. "Liberté: quelque usage grossièrement abusif qu'on ait essayé de faire de lui, ce mot n'est en rien corrompu (24)". La liberté n'est pas un concept philosophique ou l'objet de quelque méditation métaphysique, elle est certes une idée, mais davantage une force et une passion animées par le combat, la révolte, la vertu du sacrifice. Elle n'est pas signifiée en termes d'abstraction, mais par sa puissance d'action. Les événements ont convaincu Breton que "la liberté est à la fois follement désirable et toute fragile (25)", parce qu'elle subit de la part de ceux qui la redoutent ou la trahissent de subtiles et multiples persécutions. Mais les contraintes ne sauraient lui nuire absolument, puisque la liberté est associée au mouvement et au devenir, qu'elle se recrée par sa tension interne et se manifeste "comme éréthisme continuel". Elle se renouvelle par un élargissement de la conscience et se fortifie au contact de ce courant énergétique qu'elle porte en elle.

> La vie, comme la liberté, ce n'est que frappé, que partiellement ravie qu'elle s'instruit d'elle-même, qu'elle s'élève à la conscience totale de ses moyens et de ses ressources, qu'elle rayonne aussi de tout son éclat à d'autres yeux (26).

FREIHEIT

La liberté contient le principe de sa justification, elle se nourrit de sa substance et de son mouvement, au-delà du présent elle vise le futur de l'homme, l'émancipation progressive de l'esprit et de la société. Elle est "vouée à ne se bien connaître et à ne s'exalter qu'au prix de sa privation même (27)"; en dépit des revers, elle "échappe à toute contingence", comme force autonome qui satisfait à une exigence d'absolu en conciliant l'être et le devenir, l'essence et l'existence. C'est en cela que la liberté se distingue de la libération et la dépasse singulièrement.

> L'idée de liberté [...] est une idée pleinement maîtresse d'elle-même, qui reflète une vue inconditionnelle de ce qui q u a l i f i e l'homme et prête seul un sens appréciable au d e v e n i r humain. La liberté n'est pas, comme la libération, la lutte contre la maladie, elle est la s a n t é (28).

Le monde contemporain se contente trop aisément de l'idée de libération qui correspond à une situation temporaire et circonstancielle; il est marqué par une peur obscure de la liberté. Cette peur entrave l'affranchissement de l'esprit, paralyse les efforts tentés pour interpréter les énigmes de l'homme et de l'univers. L'acheminement vers un avenir délivré des obstacles de la nécessité n'est possible qu'avec le concours de cette énergie comprise dans la passion de la liberté. C'est dans la propagation de ses feux que réside "le sens absolu de la g r a n d e u r". Seules les trois voies convergentes de la poésie, de l'amour et de la liberté garantissent aujourd'hui l'intégrité de la pensée, elles sont les ressorts dont l'homme dispose pour se régénérer et s'émanciper. A r c a n e 17 est un vaste hymne à la louange de cette triade que forment la poésie, l'amour et la liberté, unis indissolublement, ressuscités par la révolte "créatrice de lumière".

Quelle doit être l'attitude du poète qui veut sauvegarder la liberté de la pensée et de l'expression? Il importe de la préserver de tout alliage suspect et de toute altération, de ne point la lier à une cause étrangère. C'est par son exigeante pureté, la transparence persistante de sa flamme que la

LE SURREALISME ET L'EXPERIENCE DE LA LIBERTE

liberté s'impose et chemine vers le futur; dépouillée de son intégrité et de l'exigence morale qui lui est consubstantielle, elle ne saurait subsister.

Seule une pureté absolue de moyens, au service d'une inaltérable fraîcheur d'impressions et d'un don d'effusion sans limites, peut permettre un bond hors de l'ornière du connu et, d'une flèche impeccable de lumière, indiquer le sens actuel de la liberté (29).

La poésie a pour tâche d'exalter l'esprit de révolte et de liberté; elle se dérobe aux déterminations et aux mots d'ordre de la politique, elle refuse de se soumettre aux consignes et aux disciplines de quelque provenance qu'elles soient. "Le seul devoir du poète, de l'artiste, est d'opposer un NON irréductible à toutes les formules disciplinaires (30)". L'activité poétique affermit les fondements de la liberté et favorise l'émancipation de la pensée; elle se préoccupe de rompre les digues qui contraignent l'élan du désir ou de la volonté, d'abolir les cloisons de la logique et de la morale qui entravent le mouvement créateur de l'esprit. Un tel dessein se suffit à lui-même, il ne peut que s'adultérer en se pliant à une discipline politique ou en se soumettant aux impératifs de l'engagement. Le surréalisme a r é v é r é la liberté à l ' é t a t p u r , de manière exclusive et constante, à tel point qu'il a trouvé en elle son centre de gravité et le principe dynamique de son unité. Ce phénomène explique d'une part que le socialisme utopique et libertaire de Charles Fourier ait été pour Breton une révélation et d'autre part que le surréalisme, après les avatars d'un rapprochement avec le communisme, se soit découvert des affinités durables avec la Fédération anarchiste. Le système de Fourier et l'anarchisme ont proposé à Breton l'image privilégiée de cet idéal libertaire qui a été l'une de ses passions dominantes.

D'une guerre à l'autre, on peut dire que c'est la quête passionnée de la liberté qui a été constamment le mobile de l'action surréaliste [...] . C'est aussi montrer qu'on a démérité une fois pour toutes de la liberté que d'avoir

> renoncé à s'exprimer personnellement et par là même toujours dangereusement hors des cadres stricts auxquels peut vous astreindre un "parti", ce parti fût-il à vos yeux celui de la liberté (31).

L'engagement n'est, au regard de Breton, qu'un nouveau moyen d'asservir la poésie et l'art; il signifie une entrave à la liberté du langage que le poète revendique comme un droit primordial. Seule la défense de la liberté ne se transforme pas en une servitude, car la poésie est associée par nature à l'indépendance et intéressée au rayonnement de la liberté. Non seulement la poésie combat la tyrannie, mais il émane d'elle un souffle de liberté qui contribue à acheminer l'homme "vers l'étape ultérieure de sa destination finale". A l'occasion des obsèques de Natalia Trotsky, Breton affirme: "La liberté est ce dont nous demeurons le plus avides, le plus anxieux" et il définit le mouvement de l'histoire comme "la relation des efforts de la liberté pour venir au jour et y progresser lucidement (32)". C'est en dernier ressort dans le creuset de la conscience individuelle que se forge et se recrée le sentiment de la liberté. La conscience, cette force libertaire, par laquelle nous pénétrons au plus secret de l'être, est la source et le ferment de notre dignité, dans la mesure où elle se consacre à ranimer les clartés de l'amour et de la liberté.

> La conscience, c'est ce qui nous unit à cette vocation de l'homme, la seule en dernière analyse qu'on puisse tenir pour sacrée: celle de nous opposer, advienne que pourra en ce qui nous concerne, à tout ce qui attente à la plus profonde dignité de la vie. Le sens de cette dignité est en nous inné, nous ne pouvons le perdre qu'en nous dépravant. A condition de n'avoir pas mésusé de ses composantes, qui sont la liberté et l'amour, c'est là tout le diamant que nous portons en nous (33).

La poésie et l'amour sont une ascèse soumise à l'éthique de la liberté qui leur imprime leur mouvement et les maintient dans la voie exigeante de la pureté. La vocation du poète con-

LE SURREALISME ET L'EXPERIENCE DE LA LIBERTE

siste à éprouver que la liberté s e r a v i v e "dans l'identification parfaite de l'homme et de son langage (34)", qu'elle a le pouvoir de faire coïncider dans la durée les mouvements de la vie et les signes lumineux de l'écriture.

Notes

1) Martinique charmeuse de serpents, Paris, Le Sagittaire, 1948, p. 94.
2) Du contrat social, Livre I, chapitre IV.
3) Considérations sur le gouvernement de Pologne, chapitre VI.
4) Emile, Livre V.
5) Arcane 17, Paris, Le Sagittaire, 1947, p. 164-5.
6) Pour une morale de l'ambiguïté, Paris, Gallimard, 1947, p. 44.
7) Ibid., p. 166.
8) S'il vous plaît dans Les Champs magnétiques, Paris, Gallimard, 1967, p. 171.
9) Les Pas perdus, Paris, Gallimard, 1969, p. 13.
10) Paris, Gallimard, 1952, p. 196.
11) Les Manifestes du surréalisme, Paris, Le Sagittaire, 1955, p. 8.
12) Ibid., p. 52.
13) Clair de terre, Paris, Gallimard, 1966, p. 63.
14) Nadja, Paris, Gallimard, 1963, p. 66.
15) Ibid., p. 134-5.
16) Le Surréalisme et la peinture, Paris, Gallimard, 1965, p. 3.
17) La Clé des champs, Paris, Le Sagittaire, 1953, p. 273.
18) Les Manifestes du surréalisme, p. 94.
19) Position politique du surréalisme, Paris, Le Sagittaire, 1935, p. 10.
20) Ibid., p. 100.

FREIHEIT

21) Paris, Gallimard, 1966, p. 107.
22) La Clé des champs, p. 272.
23) Ibid., p. 39.
24) Ibid., p. 67.
25) Ibid., p. 68.
26) Arcane 17, p. 42-3.
27) Ibid., p. 170.
28) Ibid., p. 167.
29) Le Surréalisme et la peinture, p. 201.
30) La Clé des champs, p. 109.
31) Ibid., p. 68.
32) Perspective cavalière, Paris, Gallimard, 1970, p. 175.
33) Ibid., p. 165-6.
34) Entretiens, p. 237.

GOTT ALS GRUND UND GRENZE MENSCHLICHER FREIHEIT

Ulrich Neuenschwander

1. Das Thema der heutigen Vorlesung, "Gott als Grund und Grenze menschlicher Freiheit", weist auf eine Dimension des Problems der Freiheit hin, die zur Sprache zu bringen ebenso unerlässlich wie schwierig ist. Es ist die religiöse Dimension der Freiheit oder die Beziehung der Freiheit zum Ueberweltlichen, Transzendenten, Unbedingten und wie auch immer man diesen letzten Bezugspunkt benennen mag, den die religiöse Sprache schlicht Gott nennt. Unerlässlich ist es, diese Seite der Freiheit zu bedenken, weil des Menschen Fragen nicht beim Vorletzten festgehalten werden kann, ohne die Tiefe zu verlieren. Schwierig ist es, weil das Ueberweltliche nicht direkt und anschaulich in der Erfahrungswelt auftritt und deshalb nicht mit wissenschaftlichen Formeln erfasst und mit wissenschaftlichen Methoden verifiziert werden kann. Nun ist schon Freiheit an und für sich ein Phänomen, das nicht direkt festgestellt werden kann. Es ist jederzeit möglich, angebliche Freiheit zu bestreiten und als nur noch nicht durchschaute Unfreiheit zu deklarieren.
Mit der Frage nach der Beziehung von Freiheit zum Ueberweltlichen stossen wir noch weiter hinaus vor. Damit wir uns nicht schon zu Beginn in leere Metaphysik verlieren, ist der Warnung Kants zu gedenken, der vor dem transzendentalen Schein in der Kritik der reinen Vernunft mit den Worten gewarnt hat: "Es ist das Land der Wahrheit (ein reizender Name), umgeben von einem weiten und stürmischen Ozeane, dem eigentlichen Sitze des Scheins, wo manche Nebelbank, und manches bald wegschmelzende Eis neue Länder lügt, und indem es den auf Entdeckungen herumschwärmenden Seefahrer unaufhörlich mit leeren Hoffnungen täuscht, ihn in Abenteuer verflechtet, von denen er niemals ablassen, und sie auch niemals zu Ende bringen kann." (1)
Wir schlagen deshalb einen entgegengesetzten Weg ein. Neben der begrifflichen Abstraktion hat Freiheit auch noch eine ganz andere, konkrete Seite. Es gibt erlebbare Freiheit, oder doch Phänomene, die gegenüber von erfahrenem Zwang als befreiend empfunden werden.

FREIHEIT

Ganz abgesehen davon, welche Arten von Kausalitäten, Spontaneitäten, Determinationen oder Indeterminationen noch hinter solchen Befreiungserfahrungen stehen mögen, es ist doch eben solche elementare Unmittelbarkeit von Befreiung aus als hindernd, lästig oder bedrückend empfundenen Zwangszuständen der Anlass, den Gedanken von Freiheit überhaupt zu ergreifen.
In solchem Freiheitserlebnis schwingt immer die Komponente mit, dass ich als der Betroffene mich nicht mehr als von etwas Fremdem gezwungen erfahre, sondern als zur Verwirklichung des Eigenen ermächtigt erlebe, also das meinem eigentlichen Wesen Gemässe realisieren darf. Ich erfahre also nicht Unbestimmtheit oder anarchische Beliebigkeit, sondern die Möglichkeit der Selbstbestimmung oder die Harmonie von Wollen, Dürfen und Können in einem mindestens relativ bedeutsamen Ausmasse.
Was hat nun Religion damit zu tun? Wir gehen davon aus, wie Gott in bezug auf solche Freiheit und solche Freiheit in bezug auf Gott von denen erfahren wurde, die behaupten, Gotteserfahrung zu haben. Erscheint ihnen Gotteserfahrung als befreiend in diesem Sinne oder als einengend und bedrückend? Führt Gotteserfahrung zum Eigenen oder zwingt sie in Entfremdung?

2. Die Kürze der uns zur Verfügung stehenden Zeit legt es nahe, den Ansatz nicht in der ganzen universalen Weite religiöser Erfahrung zu nehmen. Wir beschränken uns auf die Tradition, die unserem abendländischen Lebenskreis die Form gegeben hat. Welche Bedeutung hat speziell die biblisch-christliche Gotteserfahrung für die Freiheit?
Der Begriff Freiheit, Eleutheria, spielt zum mindesten im Neuen Testament, vorwiegend in den Briefen des Apostels Paulus, eine hochbedeutsame Rolle. Es gibt also jedenfalls eine starke Linie innerhalb der biblischen Aussagen, die mit Freiheitserfahrung eng verbunden ist.
Die Erfahrung Gottes als eines Befreiergottes reicht aber noch viel weiter zurück als nur bis zu der paulinischen Freiheit. Gott als Gott der Befreiung ist vielmehr ein beherrschender Grundzug schon des Alten Testamentes. Es ist geradezu die

konstituierende Grunderfahrung Israels, die das Volk zusammengeschmiedet hat. Das entscheidende Geschehen ist der Auszug aus Aegypten, der Exodus. Er wird im Alten Testament als Gottes Werk verstanden. Der Gott, der dem Volk die Gebote gibt, ist jener Gott, der es aus dem Sklavenhause Aegyptens befreit hat.
Es ist für das Selbstverständnis des biblischen Glaubens von ungeheuerster Bedeutung, dass das erste fundamentale Gebot lautet: "Ich bin der Herr, dein Gott, der ich dich aus dem Lande Aegypten, aus dem Sklavenhause herausgeführt habe; du sollst keine anderen Götter neben mir haben." (2)
Der Auszug aus Aegypten hat eine ähnliche Bedeutung für Israel wie die Gründungssagen der Eidgenossenschaft für das Selbstverständnis der Schweiz. Welche geschichtlichen Ereignisse im Einzelnen auch hinter den Traditionen stehen mögen, es ist von entscheidender Bedeutung, dass die Befreiung religiös verstanden wird, als eine von Gott gewollte und geschenkte, und dass umgekehrt die religiöse Beziehung als Beziehung zu einem Gott verstanden wird, der befreit, ja noch mehr, der befreit hat. Eine andere Gottesbeziehung als zu dem aus dem Sklavenhause befreienden Gott kommt für Israel grundsätzlich nicht mehr in Frage. Eine Beziehung zu einem Sklavenhaltergott wird mit dem strengen Tabu des ersten Gebotes belegt. Nun ist die grundlegende Befreiung durch den Exodus nicht die Befreiung nur eines Individuums, sondern einer ganzen Volksgruppe, und weiter die Befreiung vom Zwang der ganz konkreten Sklaverei, nicht nur die innere Befreiung vom Zwang im Sinne einer stoischen Unabhängigkeit vom unabwendbaren Schicksal.
Diese Dimensionen der Freiheitserfahrung darf nicht übersehen werden. Befreiung im religiösen Sinne ist nicht nur Befreiung im Zwang, sondern auch vom Zwang. Das heisst, sie hat eine äussere Seite. Sie ist auch extravertierte, nicht nur introvertierte Befreiung. Freiheit im Hinblick auf die religiöse Dimension kann deshalb nicht auf das innerseelische Geschehen eingeschränkt werden. Wohl ist das eine wichtige Seite, die freilich im Exodusgeschehen noch nicht zum Tragen kommt. Aber es ist nicht die einzige, die religiös in Betracht kommt. Die Gottesbeziehung betrifft den ganzen Menschen,

FREIHEIT

nicht nur die innere Hälfte, und betrifft auch die menschliche Gemeinschaft, nicht nur das Individuum.
Die Exoduserfahrung als exemplarische Befreiung hat bei näherem Zusehen noch eine ganze Reihe anderer Aspekte. (3) Wir können nur noch auf einen einzigen hinweisen. Es ist dies: Die Befreiung wird zwar von den Menschen ersehnt, aber sie bringt auf der anderen Seite ebenso viele Mühen, Risiken und Entbehrungen mit sich, dass sich der Freiheit gegenüber eine Ambivalenz einstellt.
Die Tradition berichtet, wie oft das Volk murrt und sich nach den Fleischtöpfen Aegyptens zurücksehnt. (4) Die Richtung des Menschen auf Freiheit ist nicht eindeutig. Die süsse Sklaverei hat durchaus ihre Anziehungskraft. Wir dürfen beim Nachdenken über Freiheit nicht vergessen, dass der Mensch sie ebensosehr scheut wie ersehnt. Um der Ruhe und Bequemlichkeit willen wird Freiheit leicht verkauft. Eindeutig ist in der Exoduserfahrung dagegen die Richtung auf Freiheit bei Gott. Das Zurückschrecken vor der Freiheit wird als Schuld, als Widerstreben gegen den offenbaren Gotteswillen verstanden.
Schon in dieser ersten Konfrontation zwischen Gott, Mensch und Freiheit zeigt sich so die komplexe Dialektik im Verhältnis des Menschen zu seiner Freiheit. Wir werden später noch die Frage zu stellen haben, inwiefern die Richtung auf Freiheit in Gott wirklich ganz so eindeutig ist, wie sie hier erscheint.
Die Freiheit ist ein eines Menschen würdiges Ziel. Ihre religiöse Dimension erscheint nun in der Exoduserfahrung als eine doppelte. Einmal ist sie durch Gott ermöglicht und nicht selbstherrlich geraubt. Der Mensch ist zur Freiheit ermächtigt. Nicht die Freiheit selbst, wohl aber ihre Ermöglichung, wird als Gabe Gottes empfunden. Zum zweiten aber wird die Konkretisierung von Freiheit als Gottes Wille, also als Auftrag an den Menschen verstanden. Die Aktivität der Menschen ist herausgefordert. Das Ausweichen vor den beschwerlichen Realisierungen wird als Schuld interpretiert.
Damit eröffnet sich eine weitere Paradoxie. Wenn Freiheit gerade die Verwirklichung des Eigenen bedeutet, so scheint sie den Verzicht auf Freiheit als Möglichkeit einzuschliessen.

GOTT ALS GRUND UND GRENZE MENSCHLICHER FREIHEIT

Und gerade dieser Verzicht, der ja auch eine Entscheidung der Freiheit ist, soll Schuld sein. Der Mensch, der die Freiheit nicht ergreift und sich den fremden Zwang aus Bequemlichkeit aussucht, also zu den Fleischtöpfen Aegyptens zurückkehrt, verwirklicht gerade nicht sich selbst. Er verliert sich selbst. Das Recht dazu wird ihm nun eben nicht zugebilligt.

3. Noch viel differenzierter wird die Landschaft der Freiheit, wenn wir eine zweite umstürzende Befreiungserfahrung im religiösen Bereich ins Auge fassen. Es ist das Auftreten Jesu von Nazareth. (5) Die Situation und die Perspektiven sind gegenüber dem Auftreten des Mose sehr verändert. Von einer nationalpolitischen Befreiung ist nicht die Rede. Das Auftreten Jesu hat gleichzeitig einen weit universaleren und weit individuelleren Aspekt.
Das befreiende Element konzentriert sich in der Ankündigung Jesu, dass das Reich Gottes nahe ist. Reich Gottes - in diesem Stichwort ist alles vereinigt, was nur an Seufzen der Kreatur nach Befreiung aus Unheil, Zwang, Angst, Schuld und Elend existieren kann. Einige wenige Hauptaspekte mögen das verdeutlichen.
Das Reich Gottes ist eine vollständige Umgestaltung der Welt und ihrer Bedingungen. In ihm werden gesättigt, die hungern und dürsten nach der Gerechtigkeit und getröstet, die da Leid tragen. Die um der Gerechtigkeit willen Verfolgten werden in ihm aufgenommen. Das Reich Gottes schafft also gleichzeitig Gerechtigkeit und Frieden im politisch-sozialen Bereich und hebt das persönliche Leiden des Einzelnen auf. Indem es kosmische Ausmasse annimmt, ist es mehr als das frühere messianische Reich des gerechten Davidskönigs. Denn es ist ein Reich, in dem beispielsweise die Herrschaft des Todes aufgehoben ist.
Diese kosmische Universalität des Gottesreiches erklärt den Umstand, dass das Evangelium Jesu zwar einerseits durchaus nicht nur privaten, sondern im höchsten Grade Oeffentlichkeitscharakter hat, andererseits aber kein politisches Programm ist. Die politische Veränderung, sei sie nun nationalrevolutionär im Sinne eines Befreiungskampfes gegen die Römer oder sozialrevolutionär im Sinne einer Strukturver-

FREIHEIT

änderung für die Armen, ist kein Ziel für sich, das durch menschliche Gewalt zelotischer Truppen anzustreben wäre. Die politische Veränderung ist vielmehr integriert, aufgehoben in der umfassenden Weltbereinigung, die Gott selbst herbeiführt. So ergibt sich das Eigenartige, dass die Verkündigung des Gottesreiches durch Jesus einerseits voll von prophetisch-kritischer Kraft gegenüber den ungerechten Zuständen der politischen Ordnung ist, andererseits aber der revolutionären, speziell gewaltsamen Appelle entbehrt. Jesus ist gerade kein Sozialrevolutionär und hat sich den Zeloten gegenüber klar distanziert. Er ist nicht Politiker, sondern Apokalyptiker. Seine Ankündigung hat kosmisches Ausmass und ist, wenn schon eine Revolution, dann eine solche, die Gott an der ganzen Schöpfung selbst vollzieht. Das verstehen viele nicht, die meinen, es gebe nur die Alternative zwischen einem rein privaten und einem politischen Evangelium. Durch die Nichteinsicht in die eschatologisch-apokalyptische Denkweise Jesu verfallen sie in eine Fehldeutung und Modernisierung, ja Umfunktionierung der Gestalt Jesu.
Das gilt nicht nur für diejenigen, die aus Jesus einen Freiheitskämpfer im Sinne moderner Guerillas machen, sondern auch für diejenigen, die die Befreiung auf das Private, das Innerseelische einschränken wollen. Denn das Reich Gottes geht weit über das Private hinaus.
Freilich hat es, wie eine allgemeine, so auch eine individuelle Seite. Man kann es nur nicht auf diese reduzieren und verengen. Sie ist aber in der Tat von hoher Bedeutung und reicht nun nach innen weit über das im Exodus Vorgegebene hinaus, so wie nach aussen das Reich Gottes die politisch-nationale Sphäre des Exoduserlebnisses transzendiert.
Es ist dieses: Durch die Nähe des Gottesreiches und seine Verkündigung wird nicht nur die Welt, sondern auch der einzelne Mensch anders. Und zwar ist es nicht so, dass das Anderswerden des Menschen einfach eine Funktion des Anderswerden der Welt ist, so dass die Menschen automatisch anders würden, durch die neue Umwelt des Gottesreiches in ihrem Bewusstsein bestimmt, nach dem Kanon, dass das gesellschaftliche Sein das Bewusstsein der Einzelnen bestimme.
Vielmehr erscheint das Auftreten Jesu, ähnlich wie das Exo-

GOTT ALS GRUND UND GRENZE MENSCHLICHER FREIHEIT

dusgeschehen, als eine Ermächtigung und Aufforderung zur Neuwerdung zugleich, und zwar schon innerhalb der bestehenden Welt, nicht etwa erst nach dem allfälligen Kommen des Gottesreiches.
Die an dieser Stelle ermöglichte und anhebende Befreiung betrifft nun direkter das einzelne Individuum und auch speziell seine innere Unfreiheit. Von da aus können wir verstehen, dass das Evangelium auch immer personalistisch-individuell ausgelegt worden ist, im Gegensatz zu jenen, die das Oeffentliche in den Vordergrund rücken.
Diese gleichsam ins Innere gewendete, den Einzelnen direkt angehende Befreiung ist zunächst die Befreiung des Menschen von seiner Vergangenheit und die Eröffnung eines neuen Anfangs im Horizont des Gottesreiches.
Die Vergangenheit ist des Menschen unaufhebbarste Schranke. Ganz besonders ist es die drückende schuldhafte Vergangenheit, die den Menschen wie in Kerkermauern festhält.
Die Sehnsucht nach einer Befreiung von Schuld geht durch die ganze Menschheit hindurch. Es sind unendlich viele Sühnefeiern erfunden worden, um den Schuldzwang loszuwerden. Teilweise haben sie, wie es vornehmlich Sigmund Freud nachgewiesen hat, sogar den Charakter von zwangsneurotischen Ersatzhandlungen kollektiver Art angenommen, deren rituelle Wiederholung doch eben nutzlos blieb. Die auf das Entscheidende gesehen bestürzende Wirkungslosigkeit der Sühneveranstaltungen zeigt, dass es das Charakteristikum von Schuld ist, dass sie nicht vom Schuldigen selbst beseitigt werden kann. Niemand hat dieser Erfahrung wohl gewaltiger Ausdruck gegeben als Luther im Kloster.
Indem nun Jesus auftritt und im Zusammenhang seiner Ankündigung des Gottesreiches zu Menschen sagt: "Deine Sünden sind dir vergeben" (6), befreit er von dieser Vergangenheit. Freilich taucht da sogleich die Frage nach der Vollmacht zu solcher Befreiung auf. Für die Betroffenen selbst war die elementare Erfahrung der Befreiung Bestätigung der Vollmacht genug; sie bedurften weiter keiner rationalen Begründung mehr, die Frage wurde nur von den umstehenden Gegnern Jesu gestellt. Die Befreiungserfahrung aufgrund der Befreiung von Schuld ist etwas derart Tiefgreifendes, dass wir es

FREIHEIT

verstehen, dass viele Christen späterer Zeit die ganze Verkündigung Jesu auf diesen einen Punkt reduziert haben.
Schuld erzeugt Angst. Deshalb ist Befreiung von Schuld gleichzeitig Befreiung von Angst. Angst greift zwar weiter als Schuld, nicht alle Angst ist schuldbedingt. Aber Angst konkretisiert sich oft im Zusammenhang mit Schuld, gerade im religiösen Bereich. Diese Zusammenhänge sind von Sören Kierkegaard in seinem Buche "Der Begriff Angst" erhellend analysiert worden. Insbesondere die natürliche Angst vor dem Tode wird durch die Schuldangst vor einem verdammenden Gericht über das ganze Leben dämonisiert.
Ein weiteres Moment der innern Befreiungserfahrung an der Begegnung mit Jesus von Nazareth ist die Befreiung von einem verkehrten Lebensstil überhaupt. Sie erscheint in dem grossen Appell: Metanoeite, ändert euch, eure Lebensrichtung insgesamt! Damit ist nicht nur die Lösung von Schuldzwängen anvisiert, sondern das ganze Verhaltensgefüge. Es war in jener Zeit ein speziell gesetzlich verengtes. An die Stelle des angstbesetzten, tausendfachen "Du sollst nicht" tritt die Ermächtigung zur Liebe zu Gott und dem Nächsten. Die Metanoia ist ein global verstandener Schritt des Menschen von entfremdeter Seinsweise zu seinem eigentlichen Sein. An die Stelle der Gesetzesenge tritt die Selbstverwirklichung im mitmenschlichen Dasein.
Befreiung von der Vergangenheit, Befreiung von Angst, Befreiung vom Gesetz, Befreiung zur Liebe - das alles ist gleichzeitig eine tiefgreifende Veränderung des Gottesbildes. Und damit treffen wir wieder direkt auf unsere Frage nach Gott als dem Grund menschlicher Freiheit.
Gott wird anders verstanden. An die Stelle des engen, zwanghaften, angsterregenden Gottes tritt der grossherzige Gott der Gleichnisse Jesu. Damit ändert sich das Existenzverständnis der Menschen grundlegend. Indem Jesus ein neues Gottesverständnis bringt, eröffnet er eine neue Art der Gottesbeziehung, die von der Angst befreit, welche den Umgang mit Gott so oft charakterisiert. Gleichzeitig wird die Gottesbeziehung aus einer Herrschaftsbeziehung eine partnerschaftliche und damit auf Mündigkeit gegründete.
Das Neue Testament interpretiert dies durch die Abschaffung

GOTT ALS GRUND UND GRENZE MENSCHLICHER FREIHEIT

des Begriffes "Knecht" im Gottesverhältnis. Im Johannesevangelium heisst es: "Ich nenne euch nicht mehr Knechte, ich habe euch aber Freunde genannt." (7) Paulus dagegen schreibt, der Knecht und das unmündige Kind wären nicht zu unterscheiden, jetzt aber seien wir Söhne und Erben, also Mündige.
Die Befreiungserfahrung an Jesus von Nazareth, die zwar im Kontext der apokalyptischen Erwartung erfolgt, aber direkte existentielle Realität im Gefolge hat, könnte noch an anderen Aspekten verdeutlicht werden. Das Gesagte genügt aber, um zu verstehen, dass die Antwort auf diese beseligende Erfahrung tiefer Existenzbefreiung das Bekenntnis war: "Du bist der Christus, du bist der, auf den die Sehnsucht Israels und der Völker wartete, der Erfüller, der Heilbringer, wir warten keines anderen mehr."
Das Gesagte reicht aus, um zu begreifen, dass für den Apostel Paulus das Evangelium in erster Linie das Evangelium der Freiheit war, eine Erkenntnis, der er in hinreissenden Worten Ausdruck verlieh: "Für die Freiheit hat uns Christus frei gemacht, darum stehet fest und lasset euch nimmermehr unter ein Joch der Knechtschaft bringen! Ihr seid zur Freiheit berufen, ihr Brüder!" (8)
Und wie ein Nachhall dazu klingt das Wort Alexander Vinets, das auf seinem Grabstein eingemeisselt ist: "Das Christentum ist in der Welt die unsterbliche Saat der Freiheit."
Sowohl bei Mose wie bei Jesus Christus ist die Befreiung in einer besonderen Weise der Gottesanschauung und Gottesbeziehung begründet. Die Befreiung des Menschen, ja der ganzen Kreatur aus Zwang und Leiden, aus Unrecht und Unfrieden, ist als etwas erfasst, das Gottes Willen, ja tiefer: Gottes Wesen entspringt. Der Freiheitsimpuls wurzelt in der Erfahrung eines Gottes, der den Menschen frei und darum fähig zur Liebe will.

4. Diesem hinreissenden Gemälde müssen wir jedoch ein Gegenbild zur Seite stellen. Religion wirkt nicht nur befreiend. Es gibt auch versklavende Religion. Gott kann als Grund von Knechtschaft verstanden werden. Davon sind, um auch bei der kritischen Beleuchtung im Bereich unseres abendländischen Lebenskreises zu bleiben, die biblische und die christliche Religion ebenfalls betroffen

FREIHEIT

Neben der Befreiung sind es auch die Angst vor der Freiheit und die erbarmungslose Bekämpfung von Freiheit, die sich in ein theologisches Gewand kleiden. Der unbedingte Gehorsam gehört zu den wichtigsten Grundstrukturen solcher Frömmigkeit. Und zwar ist es der formale Gehorsam aufgrund der Autorität, also der heteronome, und nicht der auf Einsicht gegründete autonome Gehorsam. Der Gehorsam gilt unbedingt, weil es Gehorsam gegen Gott ist, aber wieweit das von der Religion geforderte wirklich Gottes Wille sei, kann nicht hinterfragt werden. Dieu le veut - nicht nur der zweite Kreuzzug mit seiner Katastrophe, sondern auch noch viele andere Unternehmungen in der Welt, manche Befehle im Namen Gottes haben gezeigt, dass es mit dem angeblichen Willen Gottes, der blinden Gehorsam fordert, nicht immer so eine einfache Sache ist.
Aus dem Befreiungszug des Mose wurde endlich die Gesetzesreligion des späten Judentums. Dem Christentum erging es nicht besser. Statt des Gottesreiches kam die Kirche. Wir können hier nicht auf die ganze Problematik eingehen, die darauf beruht, dass sich die universale Befreiung durch das Kommen des apokalyptischen Gottesreiches in der Folge nicht so vollzog, wie ursprünglich erhofft worden war. Es wäre eine Sache für sich, zu zeigen, wie einerseits das Befreiungserlebnis ins Innere, bloss Individualistische zurückschlug, andererseits die Frage auftauchen musste, ob nicht doch menschliche, innergeschichtliche Aktivität leisten müsse, was offenbar Gott apokalyptisch nicht tue; damit stellt sich das Problem, dass das Universal-Kosmische wieder auf das Politisch-Soziale reduziert wird und wir von neuem vor dem Konflikt Religion-Politik stehen. Das ist ein weites Feld. Wir haben hier eine andere Linie ins Auge zu fassen.
Es ist dies, dass in der Folge in der Kirche gar nicht einmal die Ansätze verwirklicht wurden, die im Evangelium angelegt waren und die innergeschichtlich hätten realisiert werden können. Vielmehr setzten sich in der Kirche vermehrt neue Zwangsstrukturen durch. Der Befreier Christus wird durch den Grossinquisitor kontrapunktiert, wie ihn Dostojewski unvergesslich geschildert hat.
"Du gehst", lässt Dostojewski den Grossinquisitor zu Christus

GOTT ALS GRUND UND GRENZE MENSCHLICHER FREIHEIT

sprechen, "Du gehst zu ihnen (den Menschen) mit einem Versprechen von einer Freiheit, die sie in ihrer Einfalt und angeborenen Stumpfheit nicht zu fassen vermögen, ja, vor der sie Furcht haben - denn es hat niemals für den einzelnen Menschen sowohl wie für das ganze Menschengeschlecht etwas gegeben, das diese weniger zu ertragen fähig waren als eben die Freiheit." Und weiter: "Auf solche Weise hast Du selber den Grund gelegt zur Zerstörung Deines Reiches, gib also niemand anderem mehr die Schuld daran! Es gibt drei Gewalten, drei, nicht mehr, auf Erden, die mächtig sind, für ewig das Gewissen dieser erbärmlichen Empörer zu unterjochen und zu knechten, zu ihrem Glück. Und diese drei Gewalten sind: das Wunder, das Geheimnis und die Autorität."
Soweit der Grossinquisitor. Die Zahl der Grossinquisitoren und der Kleininquisitoren, die im Namen Gottes sprechen und handeln, ist Legion. Es ist daher nicht zu verwundern, dass mit der Zeit ganz andere Stimmen laut geworden sind. Es sind Stimmen, die nicht mehr die unerhörte Befreiung in Gott preisen, sondern die vielmehr verkündigen: Der Mensch gewinnt erst dann seine Würde und seine Freiheit, wenn er nicht durch Gott, sondern von Gott frei wird. Gott ist der Grund der Knechtschaft, die Gottlosigkeit ist der Grund der menschlichen Freiheit. Ernst Bloch formuliert lapidar: "Wo der grosse Weltherr, hat die Freiheit keinen Raum, auch nicht die Freiheit - der Kinder Gottes." (9)
Die Tötung Gottes ist gleichsam die Oedipustat, die nötig ist, um den Menschen von seinem tyrannischen Vater zu befreien. Mit der Tötung Gottes setzt sich der Mensch an die Stelle Gottes und wird dadurch erst er selbst, wird Mensch. Der tolle Mensch bei Nietzsche triumphiert: "Es gab nie eine grössere Tat - und wer nur immer nach uns geboren wird, gehört um dieser Tat willen in eine höhere Geschichte, als alle Geschichte bisher war!" (10)
Bei Marx ist Prometheus "der vornehmste Heilige und Märtyrer im philosophischen Kalender". (11) Das erhoffte Reich der Freiheit ist jetzt gerade ein Reich ohne Gott. Gott ist nur ein "Spukthron aus Hypostase" (12), wie Ernst Bloch formuliert, und wenn es keine Majestäten auf Erden mehr gibt, ist dem Gedanken einer Majestät im Himmel der soziologische Boden entzogen.

FREIHEIT

Diese Hoffnung auf Freiheit ohne Gott hat weithin die Erfahrung von Freiheit in Gott und durch Gott ersetzt. Für Millionen von Menschen, die in Elend und Hoffnungslosigkeit schmachten, ist diese neue Botschaft vom revolutionären Reich ohne Gott zur einzigen Hoffnung geworden.
Andere Millionen, die bereits eine entsprechende Revolution hinter sich haben, sind nicht mehr ganz so sicher, ob das, was sie erlangt haben, wirklich die Freiheit sei. Sie haben erfahren, dass sich an die Stelle Gottes, der angeblich den Weg in die Freiheit versperrt, andere, aber nun welthafte Mächte setzen, die den Absolutheitsanspruch erheben: Der totale Staat und die totale Partei.
An dieser Stelle ist noch etwas in den Vordergrund zu rücken, was bisher im Schatten blieb. Noch ein Aspekt der in Gott gegründeten Freiheit tritt ans Tageslicht. Es ist das, was wir die Freiheit von der Welt nennen wollen, und was in jeder religiös begründeten Freiheit mitschwingt. Die jenseits der Welt gegründete Freiheit gibt dem Menschen die Möglichkeit einer allerletzten, feinen Distanz zu der Welt selbst und befreit ihn von dem totalen Griff der Welt. Es ist gleichzeitig eine letzte Distanz zu sich selbst als zu etwas, was auch zur Welt gehört. Das gibt ihm die Möglichkeit, der Uebermacht der Welt gegenüber eine letzte Freiheit zu realisieren, die auch eine Freiheit dem Tode gegenüber ist. Damit ist eine letzte Relativierung aller weltlichen Bindungen von der religiösen Beziehung her gemeint.
In einer Welt ohne Gott dagegen wird doch notwendig etwas Welthaftes zum Absoluten, etwas Bedingtes zum Unbedingten, zum Quasigott. Jede Freiheit ohne Gott ist von einer letzten Weltverfallenheit umgriffen.

5. So werden Grenzen von Freiheit sichtbar. Es ist eine Illusion, zu meinen, man entgehe den Grenzen der Freiheit, wenn man Gott ausklammert. Die Frage ist nur, ob die letzte Grenze der Freiheit mit dem Symbol Welt oder dem Symbol Gott zu umschreiben sei. Wir haben von unserem Thema aus vor allem zu erwägen, was es bedeutet, in Gott die Grenze der Freiheit zu sehen, auch wenn die nähere Analyse der Weltverfallenheit sehr lehrreich wäre.

GOTT ALS GRUND UND GRENZE MENSCHLICHER FREIHEIT

Wenn wir von der Doppelerfahrung ausgehen, dass der Mensch zur Freiheit hin entworfen ist, und dass diese ihr Ziel in einem Reiche Gottes hat, dann besteht die Grenze nicht darin, dass Gott als heteronome Gesetzesinstanz des Menschen Tun einengt und ihm ewige Strafen androht, wenn er sich nicht als gehorsam erweist. Dann wäre das Wesen von Freiheit gerade nicht begriffen, sondern Freiheit durch Zwang ersetzt.
Die Grenze ist vielmehr in der Einsicht erreicht, dass Freiheit selbst nur dann sinnvoll ist, wenn sie sich nicht in blosser Negation erschöpft, sondern in einem grösseren Ganzen erfüllt. Die Freiheit ist zu integrieren in die Gesamttendenz, die durch das Symbol "Gottesreich" umschrieben ist. Desintegrierende Freiheit wird zerstörerisch und zerstört zuletzt sich selbst.
Wir können es auch so formulieren: Freiheit findet ihre Grenze an der Freiheit des anderen und lebt nicht auf Kosten des anderen, sondern mit dem anderen. Oder: Verantwortung ohne Freiheit ist sinnlos, Freiheit ohne Verantwortung ist heillos. Freiheit ist nicht schrankenloser Wille zur Macht, sondern im Kontext des Gottesreiches Wille zum Miteinander. So ist der Wille zur Liebe die Grenze des Willens zur Freiheit. Oder noch anders gesagt: Wenn Gott als der Wille zur Freiheit verstanden der Grund der menschlichen Freiheit ist, so ist Gott als der Wille zur Liebe verstanden die Grenze der menschlichen Freiheit. Diese Dialektik von Freiheit und Liebe hat schon Luther in seinem berühmten Wort am Anfang seiner Schrift über die Freiheit eines Christenmenschen klassisch ausgesprochen: "Ein Christenmensch ist ein freier Herr aller Dinge und niemand untertan. - Ein Christenmensch ist ein dienstbarer Knecht aller Dinge und jedermann untertan; " (13) nämlich das erste durch den Glauben, das zweite durch die Liebe. Die Grenze der Freiheit liegt also im Sinn der Freiheit selbst, nicht in einem von aussen herangetragenen fremden Gesetz.

6. Doch wir müssen auch noch einer andern Grenze gedenken. Es war die Rede von der letzten Distanz zu der Welt, die die Freiheit bedrängt. Die Bedingung unserer menschlichen Existenz ist eben das Sein in der Welt, und nicht das Sein in

FREIHEIT

einem Reich Gottes. Die Welt ist ebensosehr eine Welt der Unfreiheit wie der Freiheit.
Und damit stehen wir vor einem letzten, bedrängenden Problem. Gott wird nicht nur als Wille zur Freiheit und als Wille zur Liebe erfahren. Gott wird ebenso erfahren als Hervorbringer einer Welt, in der Unfreiheit eine gewaltige Macht ist. Diese Widersprüchlichkeit entspricht auch unserer Selbst- und Welterfahrung, in der wir uns als frei und unfrei zugleich innewerden. Das ist eine Quelle unendlicher und quälender Probleme. Sie sind nicht dadurch aufzuheben, dass wir ihnen die religiöse Dimension nehmen. Auch wenn wir rein welthaft denken, empfinden wir schneidend und elementar eine bestürzende Differenz zwischen einem Ist- und einem Sollzustand der Welt.
Dieser Widerstreit der Wirklichkeit kann nicht verschleiert werden, er ist vielmehr auszuhalten. In der religiösen Dimension wird er nur tiefer, abgründiger und dunkler. Er ist der wahre Abgrund der menschlichen Vernunft, wenn sie es unternimmt, der Gottesfrage nachzudenken.
Gott wird gleichzeitig als Wille zur Freiheit und als Hervorbringer der Unfreiheit, als Wille zur Liebe und als Hervorbringer von Hass und Zerstörung erfahren. In der Entscheidung, den Willen zur Freiheit und den Willen zur Liebe als die für uns, für die Realisierung von Menschsein, wesentliche Orientierung im Chaos des erscheinenden Seins zu ergreifen, liegt für den Menschen die Chance, Mensch zu werden.
Aber das gilt nun eben nicht absolut. Denn Freiheit ist nicht so realisierbar, wie sie unter den Bedingungen eines Reiches Gottes wäre, sondern nur so, wie sie es unter den Bedingungen der Welt ist. Diese setzen der Freiheit neue Grenzen. Aber wir können, obgleich sie von Gott hervorgebracht sind, doch nicht in gleicher Weise sagen, hier sei Gott die Grenze der menschlichen Freiheit, wie wir es von dem Willen zur Liebe sagten. Die hier auftretenden Grenzen empfinden wir vielmehr als störend, wir respektieren sie nicht als eigentlich göttlichen Willen, sondern bekämpfen sie. Wir erkennen sie aber als reale Macht.
Reale Freiheit unter den Bedingungen dieser Welt vollzieht sich deshalb je und je lediglich als partieller Prozess.

GOTT ALS GRUND UND GRENZE MENSCHLICHER FREIHEIT

Als Prozess und nicht als Zustand: Es ist ein dynamischer Vorgang von Befreiung, die nie ein für allemal errungen, sondern stets gefährdet ist. Auch erreichte Freiheit besteht nicht von selbst, sondern nur, indem sie in unermüdlichem Einsatz stetsfort erneuert wird. Als partieller und nicht als universaler Prozess: Wir leben in der Welt und nicht im Reich Gottes. Die Beglückung über eine partielle Realisierung von Freiheit wird deshalb stetsfort durch die Bedrückung über noch bestehende Unfreiheit belastet.

Indem ich aber Gott als Grund der Freiheit und des Willens zur Freiheit verstehe, obgleich Gott dunklerweise ebenso die Ursache der Unfreiheit ist, erscheint der Einsatz für Freiheit als sinnvoll. Er ist nicht ein verzweifeltes Aufbäumen gegen die eigentliche Wirklichkeit, sondern er ist letztlich getragen durch die Tiefe des Seins selbst. Indem ich mich für Freiheit einsetze, erfahre ich mich nicht im Aufstand gegen, sondern in Harmonie mit dem Letzten. Das ist wohl der tiefste Unterschied zwischen dem prometheischen und dem religiösen Selbstverständnis des Menschen auf dem Wege zur Freiheit.

Anmerkungen

1) Immanuel Kant, Kritik der reinen Vernunft, ed. Kehrbach. Leipzig, 2. Aufl. S. 221.
2) 2. Mose 20,2.
3) Die Betonung des politischen Aspektes darf nicht in dem Sinne verstanden werden, als wäre Mose bloss ein politischer, nationaler Befreier. Wir heben die politische Seite nur hervor, um zu zeigen, dass sie nicht übersehen werden darf, was früher oft geschah. Ueber Mose als den Mann, der den Jahveglauben des Volkes Israel entscheidend formte, wäre in anderer Hinsicht noch sehr Wesentliches zu sagen.

FREIHEIT

4) 2. Mose 16, 2 ff. u. ö.
5) Es ist unmöglich, bei der gebotenen Knappheit auch noch die Entwicklung von Mose bis Jesus zu skizzieren. Die Entfaltung des alttestamentlichen Glaubens, insbesondere durch die Propheten und die Psalmenliteratur, hat Bedeutsames von dem vorgeformt, was bei Jesus im Zusammenhang mit seiner Verkündigung vom Reiche Gottes neu zur Sprache kommt.
6) Mk. 2,5.
7) Joh. 15,15.
8) Gal. 5,1; 5,13.
9) Ernst Bloch, Das Prinzip der Hoffnung, Werke Bd. V. Frankfurt 2. Aufl. 1963, S. 1413.
10) Friedrich Nietzsche, Die fröhliche Wissenschaft, Aphorismus Nr. 125. Gesammelte Werke V, Leipzip 1917 ff, S. 164.
11) Karl Marx, Vorrede zur Doktordissertation, 1841. Marx/Engels, Ges. Werke Berlin 1946 ff, Ergänzungsband 1, S. 263.
12) Ernst Bloch, op. cit. S. 1412.
13) Martin Luther, Von der Freiheit eines Christenmenschen, vgl. WA 7, S. 21.

GEBUNDENHEIT UND FREIHEIT DES KRANKEN MENSCHEN

K. W. Bash

Vor einigen Jahren geisterte durch die Presse als Gegenstand des Gelächters und des Gruselns der Nachdruck eines gar nicht so schrecklich alten Dienstreglementes eines schweizerischen Spitals, welches heute für seine ausgezeichneten Sozialleistungen bekannt ist. Die Arbeitnehmer wurden ermahnt, dass Kritik an ihrem Vorgesetzten von geringer Achtung vor diesem zeuge, welcher sie ja ernähre, dass sie sich eines arbeitsamen und frommen Lebenswandels zu befleissigen hätten, dass keine Ferien gewährt würden und ausser in dringendsten Angelegenheiten wie Todesfällen keine Freitage. Am auffallendsten für den ärztlichen Leser war die Bestimmung, dass keine Krankengelder entrichtet würden, denn jeder sei für seine eigene Gesundheit verantwortlich und habe Sorge dazu zu tragen. Diese harte Regel war geeignet, Ueberlegungen über mindestens zwei Fragenkreise auszulösen. Heute würde niemand mehr solche mitleidslose Ueberbürdung der Verantwortung für Gesundheit und Krankheit auf den Einzelnen gutheissen, so dass ich diese Frage, in welcher ein harter Kern steckt, vorerst zurückstellen möchte. Auf den ersten Blick mag der zweite Fragenkreis beinahe leer scheinen, denn in der heutigen westlichen Welt und weit darüber hinaus würde auch niemand das Recht eines Kranken auf Hilfe und Unterstützung bestreiten, wird niemand unter uns anders tun als verwundert und ein bisschen beschämt den Kopf über soviel Hartherzigkeit seiner Altvordern schütteln. Wenn man sich dann anschickt, über Gebundenheit und Freiheit des kranken Menschen zu reden, kann es angebracht sein, daran zu erinnern, dass eine uns selbstverständlich scheinende Freiheit eben dieses kranken Menschen lange Zeit nicht selbstverständlich war und man ehcrorts erst in jüngeren und jüngsten Zeitläufen zum Durchbruch gekommen ist: die Freiheit, überhaupt krank sein zu dürfen.
Die Formulierung, die ich verwende, ist allerdings überspitzt, denn die Menschen sind eh und je krank geworden, ohne um Erlaubnis dazu zu bitten. Hilfe hat man ihnen auch von eh und je aus natürlicher Rührung oder auferlegter Barmherzigkeit angedeihen lassen. Gemeint ist die Freiheit, gleich-

FREIHEIT

sam ungestraft krank sein zu dürfen, ohne anderes Leid als die Krankheit selbst und ihre unvermeidlichen Folgen. Welche Folgen vermeidlich, welche unvermeidlich sind, ist eine noch weitere Frage, welche je nach den Fortschritten der Medizin und nach der herrschenden sozialen und oekonomischen Struktur sehr unterschiedlich beantwortet worden ist und beantwortet werden kann. Sie soll uns als zu weit führend und nicht zum eigentlichen Thema gehörend hier nicht beschäftigen. Unser Gegenstand ist der kranke Mensch. Der ist von einem Uebel befallen. Wir sind wohl einhellig der Meinung, dass die Menschen- und Gesellschaftspflicht erheischt, ihn soweit als möglich von diesem Uebel zu befreien, bzw. das Uebel soweit als tunlich zu lindern, ohne daraus einen Vorwurf an den Befallenen abzuleiten. Dies zu tun, würden wir alle sagen, wäre grausam, barbarisch, unmenschlich, und wir befänden uns darüber in schönster, für uns alle ein wenig schmeichelhafter Einigkeit. Die Einigkeit aber ist leicht brüchig, und durch die Bruchstellen hindurch können, müssen wir Blicke tun in beunruhigende Probleme.

Denn wer ist krank? Wer darf unangefochten den heute so selbstverständlich scheinenden Anspruch auf Heilung und Hilfe ohne Schuld und Schimpf erheben? Bei einem heiss Fiebernden, einem Gliederbrüchigen, einem vor Schmerz Gekrümmten oder einem siech Darniederliegenden lassen wir den Anspruch fraglos gelten. Ist die Krankheit weniger offensichtlich, beginnt der Laie rasch, der Arzt vielleicht weniger vorschnell sie in Frage zu stellen. Ist Tante Emmas empfindlicher Magen, ist Onkel Roberts ewiger Husten eine Krankheit oder ein Mödeli? (Ich erinnere daran, wie Kollege Vogt das Thema "Husten" bis zum unerbittlichen, grausamen Ende abgewandelt hat (16).) Und wenn der Doktor beides zu Krankheiten erklärt hat, hat er sich vielleicht nicht täuschen lassen? Ist man mit einer Temperatur von siebenunddreissigfünf und ein bisschen Halsweh krank? Der Doktor wird einem einen Schein dafür ausstellen und ein Mittelchen verschreiben, aber der Vorarbeiter, der Bürochef wird vielleicht fluchen und einen merken lassen, dass er ihn nicht für "krank" hält. Wie lange ist man in der Rekonvaleszenz noch "krank", und wenn der Arzt einem grosszügig einen Erholungsurlaub verordnet, wie wird dies vom Arbeitgeber, von den Angehörigen und von der Krankenkasse aufgenommen? Wie weit kann man es vor dem eigenen Pflichtgefühl verantworten? Was ich hier leichthin und ein wenig lächelnd gestreift habe, klingt in den angeführten alltäglichen Beispielen banal, ist aber alles andere als das, wenn wir folgerichtig weiter denken, denn es führt uns an die Frage heran: wie weit überhaupt reicht jene Freiheit, straflos krank sein zu dürfen? Wo liegen die Grenzen jener Freiheit? "Mit dem Erlöschen der Krankheit", könnte man versucht sein zu antworten und sieht sich dann unmittelbar der noch grösseren und schwierigeren Frage gegenübergestellt: Was ist Krankheit? Deren Beantwortung ist keine müssige akademische Frage. Sie kann für jeden einzelnen Kranken schicksalbestimmend sein, und darüber hinaus entscheidet sie sehr weitgehend über den zu tragenden Aufwand für die Medizin im engeren und im weiteren, will sagen sozialen Sinn, für die Kranken- und Invalidenversicherungen, für Spitäler, Heime, Rehabilitationszentren und dergleichen mehr, deren Kostenexplosion in den jüngsten Jahren uns alle mit Sorgen erfüllt und nicht nur den Arzt, den Kranken und seine Angehörigen angeht, sondern auch jeden Steuerzahler am empfindlichsten Nerv trifft.

Eine Begriffsbestimmung der Krankheit schlechthin zu geben, fällt nicht leicht, und die wenigen Autoren, die es wagen, gelangen fast nur dazu, indem sie die Krankheit als einen Mangel an oder Störung der Gesundheit hinstellen. Kaum weniger schwierig ist es allerdings, die Gesundheit zu umreissen. In dem seinerzeit von LUDWIG ASCHOFF herausgegebenen Lehrbuch der pathologischen Anatomie, einem Werk von klassischem Gepräge, hat es R. ROESSLE (12, S. 1) versucht: "Als G e s u n d h e i t werden wir den Zustand bezeichnen, wenn ein Mensch sich in vollkommener Anpassung an die Umwelt und deren auf ihn einwirkende Lebensreize befindet, sich wohl fühlt ... und keinerlei Zeichen von abnormem Verhalten darbietet." Die Pathologie ist dann die "Lehre von den Störungen der Gesundheit oder von den Krankheiten", auch von den Entwicklungsstörungen, welche wir hier allerdings mit den Krankheiten im engeren Sinne zusammenfassen wollen, um uns nicht in Einzelheiten der medizinischen Terminologie zu verlieren.

FREIHEIT

Da eine "vollkommene Anpassung" wie jede andere Vollkommenheit einen selten oder nie erreichten Zustand bezeichnen würde, schränkt ROESSLE diese auf eine Idealnorm ausgerichtete Forderung sogleich zugunsten einer Durchschnittsnorm ein, welche jeweils vertreten sein soll "durch das häufigste gesundhafte Mittelmass in irgendeiner biologischen Beobachtungsreihe." Durch das Mittelmass und seine Streuungswerte könnte demnach der Bereich des Gesunden abgesteckt werden. Die Spielbreite und somit der Freiheitsraum der Gesundheit wäre gegeben: eine verlockende, aber unzulängliche Vorstellung. Denn einmal ist Gesundheit nicht gleichbedeutend mit Abwesenheit von Krankheit und umgekehrt. Von höchster zuständiger Stelle lautet es in jener Grundsatzerklärung, die der Verfassung der Weltgesundheitsorganisation (17) vorausgeht: "Die Gesundheit ist ein Zustand des völligen körperlichen, seelischen und sozialen Wohlbefindens und nicht bloss die Abwesenheit von Krankheit oder Gebresten." Zum zweiten sind die Verteilungen in allen biologischen Messreihen stetig und weisen keine Knick- oder Bruchstellen auf, wo man sagen könnte, dass die Gesundheit aufhörte und die Krankheit begänne. Drittens ist jede Krankheit selbst nicht nur ein vieldimensionales, sondern auch ein strukturiertes Geschehen, welches in den seltensten Fällen mit einer einfachen Messung zu erfassen ist, so wichtig auch die Bestimmung biologischer Messwerte für Diagnose und Therapie in der Regel sind.

Dass Krankheiten strukturierte Geschehen sind, lässt sich wohl am einleuchtendsten am Beispiel der Infektionskrankheiten aufzeigen mit ihren wohlbekannten Inkubationszeiten, Prodromen, Symptomgruppierungen und Abläufen, welche es überhaupt ermöglichen, sie zu erkennen und zu benennen sogar dann, wenn ihre Ursache, in diesem Falle der Erreger, unbekannt ist. Nichtinfektiöse Krankheiten unterscheiden sich in dieser Hinsicht nicht grundsätzlich, sondern im Hinblick auf die Verursachung. Selbst Unfallfolgen nehmen ihren strukturierten, durch das Ineinanderwirken vieler Faktoren bestimmten, wenn auch manchmal weniger leicht überblickbaren und voraussehbaren Verlauf, und es besteht grundsätzlich kein Unterschied, ob der sogenannte "Unfall" durch

GEBUNDENHEIT UND FREIHEIT DES KRANKEN MENSCHEN

ein entgegenfahrendes Automobil oder durch unwillkürliche Einverleibung pathogener Erreger verursacht worden ist. Wäre die Krankheit nicht strukturiert, hätte sie nicht ihre eigene, besondere Gesetzmässigkeit, welche wir klinisch zwar meistens nur als Regelhaftigkeit zu erfassen vermögen, so gäbe es keine Krankheits- und Heilkunde, keine Kunst und Wissenschaft der Medizin. Krankheit ist demnach weder bloss Mangel (etwa an Gesundheit) noch bloss Chaos und Verwirrung. Ferner wissen wir - ich zitiere wieder ROESSLE (a.a.O. S. 2) - "dass Krankheit und Fehlentwicklung immer nur eine Abweichung vorbestehender natürlicher Einrichtungen des Organismus sind; Abwegigkeiten sind dem Organismus immer nur in der Bahn seiner physiologischen Grenzen möglich, und es gibt keine pathologische Reaktion, die nicht ihr Vorbild in Normalleistungen des Körpers, seiner Gewebe, Säfte und Zellen hätte." Wenn wir den Organismus als strukturiertes Ganzes, als verhältnismässig geschlossenes übergeordnetes System mit zahlreichen Untersystemen verschiedener Ordnung begreifen, so können wir vielleicht einer brauchbaren Begriffsbestimmung der Krankheit naher kommen, indem wir sagen:

> Krankheit liegt dann vor, wenn in einer biologischen Einheit ein Teilsystem dieser Einheit Gesetzmässigkeiten unterliegt, die der Funktion der Einheit ihrer übergeordneten Gesetzmässigkeit nach zuwiderlaufen.

Demnach tritt im Krankheitsfall keine Ungesetzmässigkeit, sondern in einem Teilbereich eine andere Gesetzmässigkeit ein. Da jeder Organismus ein Ganzes bildet, wird die im Teilbereich veränderte Gesetzmässigkeit nicht verfehlen, sich auf das Ganze auszuwirken, freilich in sehr unterschiedlichem Ausmasse, so dass das Wort CICEROs zu Recht weiter besteht: "Morbum appellant totius corporis corruptionem." (6: IV, 13). Wenn die Krankheit wie die Gesundheit der Gesetzmässigkeit unterliegt, wo bleibt dann die Freiheit? Die Frage kann auf sehr Verschiedenes zielen. Sie kann den Eintritt von, das Unterliegen unter der veränderten, der übergeordneten zuwiderlaufenden Gesetzmässigkeit meinen, und sie kann das Erleben der einen und der anderen Gesetzmässigkeit und deren Wechselwirkungen betreffen. Fragen wir zuerst: wie weit ist

FREIHEIT

der Mensch das Entstehen einer, seine übergreifende biologische Ordnung in einem Teilbereich störenden pathologischen Ordnung zu verhindern frei? Eine einfache Antwort darauf lässt sich gewiss nicht geben, und die Antwort im Einzelfall richtet sich einerseits nach der Kenntnis, andererseits nach der Manipulierbarkeit der Entstehungsbedingungen. Nur zuweilen gehen beide einander parallel. In neuerer Zeit wissen wir zum Beispiel recht gut Bescheid über die Hauptentstehungsbedingung mancher Erbkrankheiten, können das betreffende Chromosom, zuweilen sogar das Gen lokalisieren, aber in keiner zweckmässigen Weise manipulieren. Ob solch begeisterndem Wissen kann man leicht unser völliges Unwissen über eine weitere, ebenso wesentliche Entstehungsbedingung der Krankheit vergessen: ob, wann und welche Genträger sich vereinigen werden und welche Nachkommen, falls es sich nicht um eine absolut dominante Erbkrankheit handelt, bei der Paarungsteilung der Chromosome den für die Manifestation erforderlichen doppelten Gensatz erhalten werden, welche nicht? Dass L. SZONDI (14) das Problem klar erkannt und einen kühnen, wenngleich von der Mehrzahl der Fachleute als unbefriedigend abgelehnten Versuch zu dessen Lösung gewagt hat, sollte ihm meines Erachtens nicht gering angerechnet werden. Theoretisch könnte eine Manipulierbarkeit darin bestehen, die Fortpflanzung von Trägern absolut dominanter Erbkrankheiten zu verhindern, doch welche Regierung könnte sich zu einem solchen Eingriff in die Freiheit entschliessen? So bestehen Freiheiten von kranken oder potentiell krankheitszeugenden Menschen in sehr verschiedenen Bereichen.
Es mag nützlich sein, diese Bereiche kurz zu betrachten und zu kennzeichnen. Im angeführten Falle einer absolut dominanten Erbkrankheit mit vollständiger oder beinahe vollständiger Penetranz der Anlage befinden wir uns, wenn der betreffende Gensatz vorliegt, im Bereiche der Ursächlichkeit mit nur einem Freiheitsgrad. Unter den definierten Bedingungen besteht bei gegebener Ursache keine Ausweichmöglichkeit vor deren Wirkung, keine Freiheit. Bei mangelnder Dominanz oder Penetranz ist schon ein gewisser Spielraum da. Ein solcher ist bei weitem der häufigere Fall. Wo, wie bei den meisten Infektionskrankheiten, eine Reihe von Teilur-

sachen zusammenwirken müssen, damit ein gewisser Zustand
oder Vorgang entstehe, und wo diese Teilursachen nicht beliebig zahlreich oder unbestimmbar, sondern einigermassen
aufzählbar, überblickbar, abschätzbar oder gar messbar sind,
dort liegt der Bereich des Konditionalismus. Selten oder nie
zum Beispiel wirkt ein Krankheitserreger einerseits oder ein
Heilmittel andererseits unfehlbar. Ob eine Infektionskrankheit
"angeht" hängt nicht allein vom noch so virulenten Erreger ab,
sondern auch von der Immunitätslage und von dem Allgemeinzustand des Organismus sowie von Umweltfaktoren. Aehnliches
gilt für Unfallursachen. Es bestehen soviel Freiheitsgrade
wie die Anzahl der notwendigen Bedingungen. Werden aber die
Teilursachen zu zahlreich und unüberblickbar oder in ihrer
Art und Herkunft undurchschaubar, sehen wir uns gezwungen,
das Ausmass ihrer Wirksamkeit abzuschätzen und zu berechnen,
meist ohne das Wirksame selbst fassen zu können und befinden
uns im Bereiche der Statistik. Diese Wahrscheinlichkeitsrechnung, um ihr den treffenden deutschen Namen zu geben,
ist stets zugleich ein Bereich der Freiheit, denn sie lässt
immer Ausnahmen von der Regel zu und befasst sich mit diesen.
Dass die heutige Krankheitsforschung und Krankheitslehre
immer mehr mit statistischen Methoden arbeitet, braucht
kaum gesagt zu werden, aber der Hinweis kann zum Verständnis der Freiheit oder Unfreiheit des kranken Menschen beitragen insofern, als er darauf hindeutet, dass Krankheitsgefahr und sogar Erkrankung in den meisten Fällen nicht ursächlich determinierte und somit bis ins letzte bestimmte
Ereignisse darstellen, sondern eine gewisse, wenn auch oft
schmale Spielbreite offen lassen, welche auszunützen Pflicht
und Vorrecht der ärztlichen Kunst ist.
Die statistische Freiheit oder, einfacher ausgedrückt, das
Spiel des Zufalles erlangt freilich ihre grösste Bedeutung,
wie wir gesehen haben, im Vorfeld der eigentlichen Krankheit,
etwa in der Abschätzung der Erkrankungswahrscheinlichkeit.
Diese Abschätzung vermag im Einzelfall nichts Verbindliches
auszusagen. Die Freiheit der Ausnahme besteht grundsätzlich
immer. Ist aber eine Krankheit eingetreten, so verläuft sie
mehr oder weniger regelhaft, und die unversiegbare Hoffnung
der medizinischen Forschung besteht darin, solche Regel-

haftigkeit immer genauer fassen und in Gesetzmässigkeiten überführen zu können. Die Erkrankung ist, soweit wir es ermessen können, ein Zufall mit geringerer oder grösserer Wahrscheinlichkeit, eine Kontingenz. Ist sie eingetreten, wechselt man grundsätzlich, wenn auch längst nicht immer faktisch, in einen Bereich des Konditionalismus oder gar der Ursächlichkeit hinüber. Ein Gesetz: das Gesetz der jeweiligen Krankheit, fängt an zu walten. Wann und wo es zu walten beginnt, liegt im Bereich des sogenannten Zufalls, ist frei. Hernach tritt das ein, was SPEISER (13, S. 188) in einer der umfassendsten Erkenntnisformeln überhaupt ausgedrückt hat: "Ein Gesetz trägt einen kontingenten Zustand durch die Zeit hindurch." Der kontingente Zustand, einmal eingetroffen, ist unentrinnbar, unwiederkehrbar, was aber nicht mit "unheilbar" verwechselt werden darf. Wenn aber wiederum nach SPEISER, "Das Erkennen und Denken der Gesetze bis zur völligen Durchsichtigkeit und die darauf erfolgende Entscheidung ... die Heimat der Freiheit" ist (a.a.O., S. 177), so besteht nicht nur für den Arzt, sondern auch und erst recht für den Kranken die Möglichkeit einer Befreiung in geistigem Sinn, wenn nicht von Krankheitsfolgen, so doch von der Krankheit als bloss kontingentem Zustand, als Befallensein, im Erkennen und Denken ihrer Gesetze. Damit wird zwar keine Krankheit behoben, der Kranke kann sie aber überwachsen, transzendieren. Wohin dagegen das Weigern jedes Nachdenkens und Erkennens führt, merkt man leicht an der Verzweiflung Kranker, die sich für von Krankheit blindlings geschlagen halten und damit hadern, und werden wir gegen Schluss am Extrembeispiel des Wahnes noch deutlicher sehen. Die scheinbar letzte Konsequenz des angedeuteten Gedankens wird von MARGUERITE YOURCENAR (18) in ihrem tiefgründigen historischen Roman dem sterbenden Kaiser HADRIAN in den Mund gelegt: "So wollen wir versuchen, sehenden Auges in den Tod einzugehen." Das tibetanische Totenbuch (15) hat ihn aber noch weiter gedacht und räumt der verschiedenen Seele eine Gedenk- oder Erkenntnisfrist von vierzehn Tagen nach dem leiblichen Tode ein, innerhalb derer sie, von Erkenntnisstufe auf niedere Erkenntnisstufe heruntersinkend, sich jederzeit durch Einsicht in die Schemenhaftig-

GEBUNDENHEIT UND FREIHEIT DES KRANKEN MENSCHEN

keit aller ihrer Vorstellungen auffangen und dem Kreislauf der Wiedergeburten entrinnen kann.
Nach einer Gedankenfolge, die uns in schnellen Schritten über den Bereich der eigentlichen Krankheit hinaus geführt hat, kehren wir zu deren Ausgang zurück, zur sogenannten "statistischen Freiheit", zum Vorfeld der Krankheit, wie wir es bezeichnet haben. Auf diesem Vorfelde haben die moderne Präventivmedizin und die Hygiene ihre grössten Triumphe gefeiert, welche aufzuzählen sich hier erübrigt. Doch haben diese Triumphe Opfer an Freiheit gekostet, welche keineswegs immer gerne dargebracht, ja manchmal erst nach erbitterten Kämpfen errungen worden sind. Ich erinnere an die eingeschworenen, heute so gut wie vergessenen Impfgegner, aber auch an die noch unter uns weilenden Gegner eines vernünftigen eidgenössischen Epidemiegesetzes. Freiheitseinschränkungen im Interesse der allgemeinen Gesundheit wie den Impfzwang und die Quarantäne bejahen wir mehr oder weniger selbstverständlich, auch die Meldung und Zwangsbehandlung der Geschlechtskrankheiten, welche so viel zu deren drastischen Minderung in Europa beigetragen hat, nicht zuletzt deshalb, weil wir selten oder, wie im Falle des Impfens, nur leicht davon berührt werden. Fühlen wir uns von einem Fremden bedroht, rufen wir schnell nach der Zwangsinternierung Geisteskranker, bedenken diese aber länger, wenn der Gefahrbringer uns selbst nahesteht.
Damit haben wir bereits das Vorfeld verlassen und befinden uns beim Kranken. Die Umgangssprache weiss um seinen unfreien Zustand Bescheid: er ist von einem Siechtum befallen worden, aufs Krankenlager geworfen, ans Bett gefesselt und dergleichen mehr. Die Arztsprache redet vom "Patienten" und bezeichnet damit eher den, dem etwas angetan wird, also den Erleidenden als den eigentlich Leidenden, die Freiheitseinbusse als gemeinsames Merkmal aller Kranken hervorhebend. Dass jede Krankheit Beschränkungen auferlegt, bzw. aufzwingt, ist eine Banalität. Die Unfreiheit ist in dieser Betrachtungsweise eine Folge der Krankheit. Weil ich zum Beispiel Fieber habe, kann ich nicht aufstehen und meiner Arbeit nachgehen usw. Weniger vereinfachend erscheint die augenfällige Freiheitseinbusse eher als ein Krankheitsmerkmal denn

als eine Krankheitsfolge. Sie gehört zum Wesen der Krankheit selbst. In diesem Sinne schreibt HANS BINDER (3, S. 187): "Krankheit bedeutet nun aber nicht bloss morphologische oder funktionelle Veränderung, sondern krank ist ein Mensch erst, der infolge solcher Störungen gewisse Lebensaufgaben, die ihm angemessen sind und deren Erledigung notwendig ist, nicht mehr durchführen kann. Jedes Kranksein ist also ein Verlust an Freiheit." Diese Teildefinition, welche zwar sehr umfassend ist und sich doch auf die Feststellung eines Negativum, eines Unvermögens beschränkt, verträgt sich mit der früher vorgeschlagenen, wenn wir BINDERs "angemessene und notwendig zu erledigende Lebensaufgaben" als eine konkretere Umschreibung für "die Funktion der Einheit ihrer übergeordneten Gesetzmässigkeit nach" denken. Ein Nachteil mag darin liegen, dass das Wort "Aufgabe" allzu leicht einen ethisch-moralischen Beigeschmack erhält. Wohin dies führt, werden wir weiter unten hören. Doch kann "Aufgabe" durchaus anders, und zwar schlicht biologisch im Sinne einer zu erfüllenden Funktion verstanden werden, wie wenn man etwa sagt, das Herz habe die Aufgabe, das Blut durch den Kreislauf hindurchzutreiben. Oft wird zwar "Aufgabe" als etwas zeitlich Beschränktes verstanden, aber auch dann widerspricht sie nicht der "übergeordneten Funktion der Einheit". Höhere biologische Funktionen und auch die meisten, vielleicht alle, niederen sind zyklisch. Sie umfassen Auf- und Niedergang. Der Niedergang im Sinne der übergeordneten Funktion, etwa des Lebensablaufes, kann demnach nicht zu den Krankheiten gerechnet werden, sondern erst seine vorzeitige Beschleunigung.
An der bündigen Erklärung: "Jedes Kranksein ist ... ein Verlust an Freiheit," würde wohl niemand etwas aussetzen, doch schliesst sich daran eine Frage, die etwa lautet: Bedeutet jedes Kranksein nur einen V e r l u s t an Freiheit? Da selbst der eingefleischte Pessimist auf seinen Vorteil bedacht zu sein pflegt, haben die Menschen von jeher versucht, sogar in der eigenen Krankheit einen möglichen Gewinn zu erkennen und auch, wie mancher Aussenstehende meint, aus ihr einen herauszuschlagen, woraus wiederum FREUDs wohlbekannte Lehre vom primären und sekundären Krankheitsge-

GEBUNDENHEIT UND FREIHEIT DES KRANKEN MENSCHEN

winn, d.h. von der primären Konfliktentschärfung und von der sekundären Schonung infolge von Krankheit entstanden ist. Von moralisierenden Krankheitsbetrachtungen im Sinne einer "Prüfung" usw. wird weiter unten die Rede sein. Doch versuchen wir zuerst, die Sache einfacher zu fassen. Die grundlegenden Lebensvorgänge unterliegen alle einer Regelung. Ein kompliziertes Zusammenspiel der Regelungen unterhält im Organismus ein mehr oder weniger weitgehendes Gleichgewicht, eine Homöostase. Durch manche Krankheitsprozesse werden gewisse Potenzen der Körperorgane oder deren Zellen nicht nur gesteigert, sondern entdrosselt, entgleiten der Regelung und entfalten sich ungehemmt, gleichsam "frei". Auf der Hand liegende Beispiele sind die überschüssige Produktion und Ausschüttung von Blutzucker bei der sogenannten Zuckerkrankheit, dem Diabetes mellitus und das Wuchern der Krebszellen. Beide "Freiheiten" sind tödlich für den Träger. In solchen Fällen entsteht durch Krankheit eine Art "Freiheit", welche niemand begehrt. Sie ist geeignet, uns auf die Zweideutigkeit des zu leichthin in den Mund genommenen Wortes "Freiheit" aufmerksam zu machen. Aber können denn Krankheiten uns keine Freiheiten bescheren, die wir haben möchten, etwa von den Annehmlichkeiten einer umsorgten und schmerzlosen Rekonvaleszenz abgesehen? Sehr wohl, denn das tun alle Infektionskrankheiten, die eine Immunität zurücklassen. Sie verleihen die Freiheit vor der Wiederansteckungsgefahr mit allen ihren Folgen. Auf diesem Prinzip beruht, wie Sie wissen, die Impfung, welche den heutigen Menschen einen mächtigen Zuwachs sowohl an Bewegungsfreiheit wie auch an Lebenserwartung eingebracht hat. Wenn wir den Massstab ändern, uns verhärten und nicht mehr an den Einzelnen denken, dann können und müssen wir uns fragen, ob nicht manche Krankheiten, bzw. Krankheitsepidemien die Ueberlebenden von Hungersnot befreit haben, indem sie das Verhältnis zwischen Bevölkerung und tatsächlich verwertbarer Ernährungsgrundlage geregelt haben. Dass man sich eine schonendere Regelung wünscht und zum Teil auch verwirklicht hat, ändert grundsätzlich nichts am Zusammenspiel der Kräfte.
Doch wenn man von Freiheit und Gebundenheit des kranken Menschen spricht, denkt man oft weniger an solchen, zum Teil

FREIHEIT

recht handgreiflichen und geniessbaren Freiheitszuwachs infolge von Krankheit wie im Falle der Immunisierung und mehr an eine Freiheit, die man als seelisch bezeichnen kann. Mit dem Aussprechen dieses Wortes verwirren sich die Fäden sofort. Versuchen wir, einige der wichtigeren klarzulegen. Ich habe oben von einem Ueberwachsen oder Transzendieren der Krankheit gesprochen, welches dem Unglück seinen Stachel derart nehmen kann, dass von einer Befreiung vom Leiden, wenn nicht vom Leid gesprochen werden darf. Das ist eine mögliche Bedeutung der "Freiheit" beim Kranken. Eine weitere ist die, dass der kranke Mensch als direkte, und nicht als reflektierende Folge der Krankheit zu einer bisher nicht gekannten Freiheit gelänge, indem die Krankheit etwa Hemmungen niederschlüge oder frische Erlebnismöglichkeiten schüfe. Eine dritte Bedeutung betrifft die Befreiung des kranken Menschen aus der Verantwortung welcher Art immer. Dies führt uns an den Anfang zurück: an die Unterstellung der Selbstverantwortung für das eigene Krankwerden, bzw. Kranksein. Da sich zahlreiche Betrachtungsweisen daran knüpfen, wird es von Vorteil sein, diesen Faden zunächst wieder aufzunehmen.
Es hat vermutlich nie an Stimmen gefehlt, die in der Krankheit eine Strafe für eine begangene Sünde haben sehen wollen, von der Uebertretung eines Tabus bis zur Sünde wider den Heiligen Geist. Das Thema ist von Völkerkundlern, Psychologen und Theologen ausgiebig bearbeitet worden, und ich will auf Einzelheiten, welche weitgehend bekannt sein dürften, nicht eingehen. Es hat sogar eine Anschauung gegeben und es gibt sie vereinzelt noch, die jeglichen ärztlichen Eingriff und konsequenterweise das Erlernen der Heilkunst überhaupt hat verbieten wollen mit der Begründung, dass die Krankheit eine von Gott auferlegte Prüfung sei. Als Folge dieser Anschauung habe ich, nicht etwa in fernen Ländern, einen Patienten unter grausamen Schmerzen an einem zunächst noch operablen Hirntumor zugrunde gehen sehen und auch epileptische Kinder an nicht mehr zu beherrschenden Serienanfällen sterben sehen, nachdem ihre gläubigen Eltern die Medikamente abgesetzt hatten. Ich erwähne diese Dinge einmal, um das Problem mit seinen Folgen in aller Schärfe darzustellen, ferner um ein weiteres Problem

der Freiheit des kranken Menschen aufzuwerfen: seine Freiheit, medizinische Hilfe zu verweigern. Diese wird bei Menschen, die im forensischen Sinne urteilsfähig sind, gesetzlich geschützt. Sie reicht hin bis zur Beschleunigung des eigenen Todes.
Der deutsche Idealismus, welchen uns Herr ZUEFLE nahegebracht hat, noch mehr die romantische Naturphilosophie und Medizin von der GOETHE-Zeit bis zur Mittte des vergangenen Jahrhunderts, besass ein besonderes Verhältnis zum Fragenkomplex Freiheit-Moral-Krankheit. Sie schwärmte für eine schwer zu definierende "Freiheit", wollte diese aber meistens einem sehr unterschiedlich begründeten philosophischen oder Moralgesetz unterstellt wissen. Ich muss mich auf einige Auswirkungen auf die Medizin beschränken. Es waren nicht nur, aber häufiger Nervenärzte der damaligen Zeit, die sich um solche Fragen kümmerten. Ich erwähne zwei ihrer wichtigeren Vertreter und zitiere zum Teil aus BIRNBAUMs "Geschichte der psychiatrischen Wissenschaft" im BUMKEschen Handbuch der Geisteskrankheiten (4). ALEXANDER HAINDORF, welcher von 1782 bis 1862 lebte, unterschied zum Beispiel zwischen " Geisteskrankheiten, welche sich auf die freischauende Tätigkeit, die ideelle Richtung der Seele erstreckten, und ... Gemütskrankheiten, die auf das unfreie Leben, die reelle Richtung der Seele Bezug haben" (a.a.O. S. 24). Für J. Ch. HEINROTH (1773-1843) bildeten "die Begriffe der Freiheit und Unfreiheit ... die allgemeinen Grundlagen für seine Auffassung von Krankheit und Gesundheit .... Sünde und Schuld sind für ihn die Erklärungsmomente für die Genese geistiger Störungen" (a.a.O. S. 26). Wo der Zusammenhang mit körperlichen Störungen unverkennbar war, bemühte sich HEINROTH, Verbindungen mit Lasterhaftigkeiten und dergleichen herzustellen. Man möchte sagen können, dass solche Anschauungen nur noch historisches Interesse besässen, aber sie klingen noch zuweilen in den Amts- und Gerichtsstuben und sogar in den ärztlichen Sprechzimmern nach, wo neurosekranken oder hirngeschädigten Patienten vorgehalten werden kann, sie brauchten sich nur "zusammenzunehmen". Ansichten wie HAINDORFs und HEINROTHs stellten wohl letzte Rückzugs-

FREIHEIT

gefechte der romantischen vor der naturwissenschaftlichen Medizin dar. Doch verdient ein anderer Aspekt jener romantischen Medizin und Naturphilosophie Beachtung, welcher heutzutage erneuten Aktualitätswert besitzt. Nicht wenige jener Aerzte, Philosophen und Schriftsteller - oft waren es alle drei in einer Person wie C.G. CARUS und JUSTINUS KERNER - beschäftigten sich gerne mit den Kranken und den Krankheiten, mit dem Morbiden überhaupt aus der Ahnung heraus, dass in der Krankheit die Grenzen nach einer anderen Welt durchlässiger werden könnten, wodurch sich die Tore zu neuen Freiheiten auftäten. ACHIM von ARNIM, selbst ein Romantiker von Geblüt, hat den Tatbestand trefflich bezeichnet (1, S. 352): "So befriedigten ... Geistesbeschwörer und Geistesseher, geheime Gesellschaften und geheimnisvolle Abenteurer, und Wunderärzte und prophetische Kranke die tiefgeheime Sehnsucht des Herzens, aus der verschlossenen Brusthöhle hinausblicken zu können." Der Gedanke an eine tiefere Schau durch die Pforte der Krankheit hindurch ist freilich mindestens so alt wie der blinde TIRESIAS, gewann aber im Zeitalter der Romantik erhöhte Bedeutung wohl deshalb, weil er dieser im Wettrennen mit den rasch aufholenden Naturwissenschaften um vertiefte Erkenntnis und in der Abkehr vom Rationalismus entgegenkam. Die Kameliendamen und die zart hinfälligen Heldinnen der viktorianischen Epoche setzten jene Reihe fort. Wenn Schwulst auch die Buchseiten bedeckte und echte Gefühle oft in Sentiment erstickten, so gelang es wenigstens EDGAR ALLAN POE, welcher aus eigener Erfahrung besser als alle anderen Bescheid über seinen Gegenstand wusste, jene Entwicklung auf einen Höhepunkt zu führen, wo Befreiung und Untergang nebeneinander stehen. Unsentimental hat es RILKE (11) ausgedrückt:

"In solchen Nächten wissen die Unheilbaren:
wir waren ...
Und sie denken unter den Kranken
einen einfachen guten Gedanken
weiter, dort, wo er abbrach."

("Aus einer Sturmnacht" V)

GEBUNDENHEIT UND FREIHEIT DES KRANKEN MENSCHEN

Die gegenwärtige Drogenwelle mag einem ähnlichen Streben über die Schranken des Rationellen hinaus entspringen und führt zu diesem Zwecke eine uneigentliche Krankheit herbei, wo es der Medizin gelungen ist, einen Teil der eigentlichen weitgehend zu bannen. An die Stelle der beinahe verschwundenen Schwindsucht setzt man eigenwillig die Rauschmittelsucht, benützt eine schwer errungene Freiheit, um sich in die Gefangenschaft der Droge zu begeben und erhofft von dieser eine neue Befreiung zur Selbstentfaltung.
Mit solcher Hoffnung auf einen Durchblick ins Jenseitige verbindet sich eine andere, die auch der früheren Romantik nicht fremd war und sich mit der zweiten oben angeführten Bedeutung der "Freiheit" beim Kranken berührt oder deckt: die Hoffnung, dass die Krankheit, neuerdings mehr die Droge Hemmungen niederschlüge und für den Kranken frische diesseitige Erlebnis- und Erkenntnismöglichkeiten schüfe. Dass sie dies mitunter tun kann, sei unbestritten. Umstritten ist die Frage nach Art und Wert der neuen Möglichkeiten, bzw. Freiheiten und nach deren Preis. Süchtige sind manchmal bei voller Kenntnis der Sachlage bereit, jeden Preis zu bezahlen. Sowohl Selbstvergessen wie auch Selbstentfaltung, beides eine Art Selbstbefreiung, werden angestrebt. Die Selbstgestaltung dagegen pflegt bis auf Ausnahmen weit hinter der Selbstentfaltung zurückzubleiben.
Wir sind mit unseren Ausführungen immer näher an den Bereich der Psychiatrie herangekommen, und ich möchte mit einigen Bemerkungen zur Freiheit und Gebundenheit des psychisch Kranken schliessen. Für einen Zufall darf ich es wohl nicht halten, dass man zum Vertreter der Medizin in dieser Vortragsreihe einen Psychiater bestellt hat, denn in keinem Fachgebiet der Medizin stellt sich das Problem der Freiheit so scharf, so unausweichlich und so vielaspektig wie in der Psychiatrie. Das Augenfälligste ist die leider häufige Notwendigkeit der Hospitalisierung des psychiatrischen Patienten gegen seinen eigenen Willen und gelegentlich auch gegen den Willen seiner Angehörigen, worauf andere schwerwiegende Eingriffe in die persönliche Freiheit wie fürsorgerische und vormundschaftliche Massnahmen, gerichtliche Anordnung von Kontrolle und Weiterbehandlung, Einschrän-

FREIHEIT

kung der Bürger- und Elternrechte folgen können. Für manchen psychisch Kranken beginnt der schwerste Freiheitsentzug nach der Entlassung aus der Klinik, wenn er mit schielen Augen betrachtet, mit gassen-üblichen Spott- und Schimpfnamen bedacht, von Arbeit und Gesellschaft mehr oder weniger ausgeschlossen wird, obwohl in neueren Jahren erfreuliche Besserungen in dieser Hinsicht zu verzeichnen sind.
Nur so viel zur äusseren Gebundenheit des psychisch Kranken. Die innere Gebundenheit, bzw. Freiheit hat die Geister und Gemüter eh und je beschäftigt. Manches, was sich dazu sagen liesse, habe ich oben angedeutet oder schon vorweggenommen, da die Probleme sich nicht grundsätzlich anders für die psychischen als für die körperlichen Krankheiten stellen und da die vermeintlichen Grenzen zwischen beiden Gattungen sich mit wachsender Kenntnis mehr und mehr verwischen. Doch erhält sich am längsten zwar nicht in der Psychiatrie, aber in bezug auf die Psychiatrie die alte menschliche Neigung, moralisierend über den Kranken herzufallen, häufig aus tiefverwurzelter eigener Angst und Abwehr vor gerade dieser, für den Laien schwer fassbaren Erkrankungsart. CICERO hat zustimmend die Ansicht XENOs zitiert: (6: IV, 14): "Illud animorum corporumque dissimile, quod animi valentes morbo tentari non possunt, corpora possunt: sed corporum offensiones sine culpa accidere possunt, animorum non item: quorum omnes morbi et perturbationes ex aspernatione rationis eveniunt." Zu deutsch: "Ungleich zwischen Geist und Körper ist, dass der gesunde Geist von Krankheit nicht angerührt werden kann, wohl aber der Körper. Körperliche Widerwärtigkeiten können sich ohne Verschulden ereignen, nicht aber geistige, denn alle Krankheiten und Beunruhigungen des Geistes rühren von der Missachtung der Vernunft her." Der Geisteskranke trüge demnach wie nach der Ansicht HEINROTHs stets eine Schuld. Das schweizerische Strafgesetzbuch rückt glücklicherweise von jenem Standpunkt ab und verlangt vom psychiatrischen Begutachter die Feststellung, ob ein geisteskranker oder geistesgestörter Täter im Zeitpunkt der Tat fähig gewesen sei, das Unrecht seiner Tat einzusehen, beziehungsweise gemäss vorhandener Einsicht in das Unrecht der Tat zu handeln. Auf das oft erörterte Problem der sogenannten "Willensfreiheit" gehe

ich nicht ein. Die römisch strenge Forderung nach dem unbedingten Primat der Ratio hat weichen müssen. Das versöhnliche Wort hat wie oft MATHIAS CLAUDIUS (7, S. 16) gefunden: "Einem jeglichen Menschen ist Arbeit aufgelegt nach seiner Masse, aber das Herz kann nicht d'ran bleiben; das trachtet immer zurück nach Eden und dürstet und sehnet sich dahin." Versöhnlich war die ehemals sogar institutionalisierte "Narrenfreiheit", deren Erwähnung mindestens nicht unterbleiben darf.

Aus solcher Zwietracht zwischen ratio und emotio, Arbeitszwang und Paradiesessehnsucht, Realitäts- und Lustprinzip kann eine Neurose entstehen. In der Form der Zwangsneurose kann sie die wohl empfindlichste Freiheitsbeschränkung aller psychischen Störungen auferlegen. "Der Zwang ist eine mit oder ohne äusseren Anlass sich dem Kranken aufdrängende, unabweisbare Vorstellung oder Handlung, stets unerwünscht und ungewollt, deren Herkunft aus sich selbst der Kranke erkennt, ohne sich ihrer erwehren zu können" (2, S. 230). Dieser für den Kranken nutzlosen Erkenntnis wegen, welcher, wie wir sehen werden, beim Wahn fehlt, lässt den Zwangskranken den Freiheitsverlust wohl schmerzlicher, weil klarer als jeden anderen seelisch Gestörten empfinden. Um nicht zu ausführlich zu werden, beschränke ich mich auf den Wahn als Gegenstück zum Zwang. Er kommt in mehreren psychiatrischen Krankheitskreisen vor, so bei Schizophrenien, bei schweren Depressionen und bei organisch bedingten Geisteskrankheiten." Den Wahn nennen wir einen für seinen Träger ebenso keines Beweises bedürftigen wie unwiderlegbaren, evidenten Glauben, der sich für die besonnene Umwelt als irrtümlich erweist. Er ist ein fertig Gegebenes, ein für den Träger einleuchtendes, ... vorbehaltlos überzeugendes Urteil, nach dessen seelischer Herkunft Ableitung und Begründung zu suchen er nicht nur keine Nötigung verspürt" (2, S. 112), sondern sich vielmehr davor verschliesst und verwahrt, ja keine Möglichkeit des Verstehens (es sei denn durch Scheinerklärungen) überhaupt wahrnehmen kann. In solcher Blindheit jedem Verstehen und somit jeder Einsicht gegenüber liegt die grundsätzliche Unfreiheit des Wahnkranken. Im Vergleich dazu sind alle übrigen, ihm auf-

FREIHEIT

erlegten Bindungen und Beschränkungen wohl oberflächlicher Art.

Ein Geschenk der Freiheit durch die Krankheit kann schrecklich sein. Ein hochgebildeter traumatischer Epileptiker, HERMANN BUDDENSIEG (5, S. 24) beschreibt seine episodische, durch die Epilepsie hervorgerufene Verstimmung folgendermassen: "Sie treibt dich aus liebgewordenen Bindungen heraus in eine Freiheit, die dich dem Nichts überantwortet: keine liebende, ordnende Kraft erfüllt sie .... Begonnenes brichst du ab, Bindungen, die dein Leben tragen und erhellen, werden zur Last." Glücklicherweise versagt nicht immer, auch nicht in der Krankheit die "ordnende Kraft", und wo sie waltet, kann die Freiheit zum Durchbruch in eine höhere Ordnung geboten sein. Eine solche höhere Ordnung kann sich sogar auf dem Boden einer durchgemachten und durchlittenen schweren Geisteskrankheit herstellen, und manche neurotische Erkrankung schafft erst die Voraussetzung dazu. Bei der Neurose trifft man freilich auf Paradoxien, welche ich mit zwei Zitaten vom nämlichen Autor aufzeigen möchte. In "Psychotherapeutische Zeitfragen" (8, S. 325) schreibt C.G. JUNG: "Wir täten unseren neurotischen Patienten ein schweres Unrecht, wenn wir sie alle in die Kategorie der Unfreien pressen wollten. Es gibt unter den Neurotischen nicht allzuwenige, die es nicht bedürfen, an ihre sozialen Pflichten und Gebundenheiten erinnert zu werden, sondern die vielmehr geboren und bestimmt sind, zu Trägern neuer Kulturideale zu werden. Sie sind neurotisch, solange sie sich unter die Autorität beugen und die ihnen bestimmte Freiheit verleugnen." Scheinbar antithetisch dazu und dennoch sinnverwandt heisst es im Aufsatz "Ueber die Psychologie des Unbewussten" (9, S. 50): "Ich habe schon mehr als einen gesehen, der seine ganze Nützlichkeit und Daseinsberechtigung einer Neurose verdankte, die alle entscheidenden Dummheiten seines Lebens verhinderte und ihn zu einem Dasein z w a n g, das seine wertvollen Keime entwickelte, die alle erstickt wären, wenn nicht die Neurose mit eisernem Griff ihn an den Platz gestellt hätte, wo er hingehörte". Aus dem Ueberwachsen des Paradoxons ergibt sich die übergeordnete Freiheit oder auch Dienstbarkeit, die Freiheit zur gesunden Persönlichkeit, die Synthese, welche JUNG so formuliert (10, S. 200-1): "Nur wer bewusst zur Macht der ihm entgegentretenden inneren Bestimmung Ja sagen kann, wird zur Persönlichkeit: wer ihr aber unterliegt, verfällt dem blinden Ablauf des Geschehens und wird vernichtet. Das ist das Grosse und Erlösende jeder echten Persönlichkeit, dass sie sich mit freiwilliger Entscheidung ihrer Bestimmung zum Opfer bringt und mit Bewusstsein das in ihre individuelle Wirklichkeit übersetzt, was, von der Gruppe unbewusst gelebt, nur zum Verderben führen würde."

Anmerkungen

1   Arnim, A. von: Die Majoratsherren. In: Erzählungen, hrsg. von W. Flammer, Goldmann, München o. J.
2   Bash, K.W.: Lehrbuch der allgemeinen Psychopathologie. Thieme, Stuttgart 1955.
3   Binder, H.: Die menschliche Person. Huber, Bern und Stuttgart 1964.
4   Birnbaum, K.: Geschichte der psychiatrischen Wissenschaft. In: Handbuch der Geisteskrankheiten, hrsg. von O. Bumke. Springer, Leipzig 1928. Band 1.
5   Buddensieg, H.: Morbus Sacer. Lambert Schneider, Heidelberg 1948.
6   Cicero, M.T.: Tusc. Disp. Tauchnitz, Leipzig 1849.
7   Claudius, M.: Impetus philosophicus. Sämtliche Werke,

FREIHEIT

hrsg. von H. Geiger. Tempel, Berlin und Darmstadt 1964.
8 Jung, C.G.: Psychotherapeutische Zeitfragen. Gesammelte Werke Bd. 4. Rascher, Zürich und Stuttgart 1969.
9 Jung, C.G.: Ueber die Psychologie des Unbewussten. Gesammelte Werke Bd. 7. Rascher, Zürich und Stuttgart 1964.
10 Jung, C.G.: Vom Werden der Persönlichkeit. In: Wirklichkeit der Seele. Rascher, Zürich und Leipzig 1939 (erscheint in Band 17 der Gesammelten Werke).
11 Rilke, R.M.: Buch der Bilder. Insel, Leipzig 1940.
12 Rössle, R.: Innere Krankheitsbedingungen. In: Pathologische Anatomie, hrsg. von L. Aschoff VIII. Aufl. Erster Band. Fischer, Jena 1936.
13 Speiser, A.: Ueber die Freiheit. In: Die geistige Arbeit. Birkhäuser, Basel und Stuttgart 1955.
14 Szondi, L.: Schicksalsanalyse. Schwabe, Basel 1948.
15 Das Tibetanische Totenbuch. Aus der englischen Fassung des Lama Kazi Dawa Samdup hrsg. von W.Y. Evans-Wentz. Uebersetzt und eingeleitet von Louise Göpfert-March. Mit einem psychologischen Kommentar von C.G. Jung. Rascher, Zürich und Leipzig 1938.
16 Vogt, W.: Husten. Diogenes, Zürich 1968.
17 World Health Organization: Constitution.
18 Yourcenar, M.: Ich zähmte die Wölfin. Uebersetzt von Fritz Jaffé. Deutscher Taschenbuch Verlag, München 1967.

FREIHEIT AUS DER SICHT DER BIOLOGIE UND UMWELT

Pierre-André Tschumi

Die Einheit der belebten und unbelebten Natur

Die naturwissenschaftliche Forschung hat auf den Gebieten der Analyse chemischer und biologischer Vorgänge erst dann wesentliche Fortschritte erzielt, nachdem sie sich vom althergebrachten dualistischen Weltbild gelöst hatte, wonach die Lebewesen und ihre Umwelt aus einer materiellen und einer nicht materiellen Komponente bestünden. Diese nichtmaterielle Komponente, die als Geist, Seele, Lebenskraft usw. bezeichnet wurde, sollte befähigt sein, in die kausal determinierten Vorgänge des materiellen Substrates einzugreifen. Dieses dualistische Weltbild ist heute noch die Grundlage religiöser und philosophischer Vorstellungen, und es bildet zweifellos den Ursprung dessen, was man als Willensfreiheit bezeichnet. Der Dualismus Geist-Materie, der sich bei den ältesten Philosophen, wie Demokrit und Empedokles, kaum findet, ist seit alters her durch Materialisten, wie Gassendi, Hobbes, De La Mettrie, Feuerbach usw. auf Grund rein spekulativer Erwägungen wiederholt in Frage gestellt worden. Eine entscheidende Wandlung auf naturwissenschaftlicher Ebene brachte aber erst die in vitro Synthese einer organischen Substanz durch Wöhler im Jahre 1824. Damit war nämlich die Lehre, wonach organische Verbindungen nur mit Hilfe einer Lebenskraft sich bilden könnten, widerlegt. Dies sollte freilich den schwedischen Chemiker Berzelius nicht hindern, noch bis gegen die 50er Jahre des 19. Jahrhunderts an der von ihm vehement verteidigten Lebenskraft festzuhalten; niemand konnte schliesslich den direkten Nachweis erbringen, dass eine nicht nachweisbare Kraft nicht existiere.
Noch viel hartnäckiger sollte das dualistische Weltbild in der Biologie beibehalten werden, und zwar bis in die Gegenwart hinein. Immerhin vermochte auch hier die durch Darwin begründete Evolutionsforschung zu zeigen, dass nur auf der Grundlage verifizierbarer Hypothesen und kausalanalytischer Methoden, welche keinen Einbruch nichtmaterieller Faktoren in ein kausal determiniertes Geschehen zuliessen, Erkenntnisfortschritte zu erzielen seien. Und ganz entsprechende Konse-

FREIHEIT

quenzen zogen um die Jahrhundertwende Embryologen, wie Spemann, Harrison und andere, welche sich durch die Anwendung experimenteller Methoden in der Analyse von Lebens- und Entwicklungsvorgängen vom Vitalismus eines Driesch distanzierten. Es darf wohl ohne Uebertreibung gesagt werden, dass heute sämtliche Zweige der Biologie, explicite oder unausgesprochen, das dualistische Weltbild aufgegeben haben. Sogar die Erforschung zentralnervöser Vorgänge, die sich subjektiv im Bewusstsein manifestieren, bedient sich der streng kausalanalytischen Methode, und im Lichte vorliegender Ergebnisse scheinen auch bewusstes Erleben, Ueberlegen, Empfinden und Wollen im kausal determinierten Gefüge der Organismen und ihrer Umwelt integriert zu sein.

Zwillingsforschung und Familienuntersuchungen haben z.B. erwiesen, dass Intelligenz, dass ferner Charaktereigenschaften, wie Feinfühligkeit, Initiative, dass aber auch Geisteskrankheiten, Schwachsinn, Homosexualität, Kriminalität usw. weitgehend genetisch veranlagt bzw. das Ergebnis komplexer Kausalketten sind, die von der Erbsubstanz einerseits und von Umweltfaktoren andererseits in Gang gebracht werden. Zahlreiche Erbleiden, mit denen eine schwere Beeinträchtigung psychischer Funktionen einhergeht, so etwa der Mongolismus und andere Syndrome, lassen sich heute sogar auf mikroskopisch sichtbare Anomalien des Chromosomenbestandes zurückführen. Sowohl normale wie pathologische intellektuelle und charakterliche Eigenschaften und insbesondere auch Bewusstseinsvorgänge lassen sich ferner durch Hormone, Drogen und chirurgische Eingriffe ganz wesentlich beeinflussen. Im Lichte der Molekularbiologie endlich kommen wir ganz allgemein zur Einsicht, dass sämtliche Lebensvorgänge, seien sie nun psychosomatischer oder "bloss" phsyiologischer Natur, auf biochemisches Geschehen innerhalb von Zellen, Geweben oder Organen zurückgehen.

Findet in einem solchen neomaterialistischen Weltbild der freie Wille überhaupt noch Platz? Ehrlich gesagt: nein! Es sei denn, man versuche ihm mit Hinweisen auf die Quantensprünge und auf die Unschärferelationen der modernen Physik eine letzte Chance zu geben. Dabei übersieht man aber, dass Vorgänge auf der Ebene der Elementarteilchen und solche auf der Stufe

FREIHEIT AUS DER SICHT DER BIOLOGIE UND UMWELT

mehrzelliger Organismen durch soviele Integrationsstufen voneinander getrennt sind (Atome - Moleküle - makromolekulare Komplexe - Zellorganellen - Zellen - Gewebe - Organe - Organsysteme), dass sie sich gegenseitig kaum mehr signifikant beeinflussen können, ganz abgesehen davon, dass weder Quantensprünge noch Unschärferelationen Akausalität zwingend implizieren.
Für viele wird mit dieser gerafften Argumentation das Problem des Dualismus und des freien Willens nicht gelöst sein. Die Naturwissenschafter sind sich dessen auch bewusst. Sie wissen aber auch, dass diesen Thesen kein anderes Schicksal beschieden sein kann als anderen nicht verifizierbaren Spekulationen der Vergangenheit: Man kann sie nicht widerlegen, aber man lässt sie stillschweigend und ohne viel Aufsehen zu erregen liegen, sobald kausalanalytisch verifizierbare Hypothesen unsere Erkenntnis weiter bringen.

Vom Ursprung des Freiheitsgefühls

Und doch kann das Freiheitsgefühl, welches jeder von uns hat, nicht jeglicher Grundlage entbehren. Ich möchte hier versuchen, diesen Grundlagen etwas nachzuspüren.
Das Verhalten primitiver Organismen, wie wirbelloser Tiere und niederer Vertebraten, ist weitgehend dadurch charakterisiert, dass eine bestimmte wahrgenommene Umweltsituation den mehr oder weniger stereotypen Ablauf angeborener Verhaltensweisen auslöst. Das Ergebnis eines solchen Wechselspiels zwischen Umweltinformation und programmiertem Verhaltensmuster nennen wir Instinkthandlung. Das Zentralnervensystem spielt dabei die Rolle einer Koordinations- und Schaltstelle: Verschiedene, z.T. durch mehrere Sinnesorgane und Rezeptoren wahrgenommene Meldungen über Umwelt und Zustand des Organismus werden zunächst miteinander in Verbindung gebracht, und das Ergebnis dieser Auswertung dient motorischen Zentren als Signal für das Ingangbringen von Handlungen. Trotz der erstaunlichen Komplexität solchen Verhaltens ist die kausale Verknüpfung Umwelt - Organismus - Reaktion evident und auch kaum je in Frage gestellt worden.

FREIHEIT

Bei höheren Formen, namentlich bei Vögeln und Säugern, wird das Verhalten durch eine neue Dimension mitbestimmt. Das Zentralnervensystem dieser Organismen vermag Umweltinformationen nicht nur zu verarbeiten, sondern auch zu speichern. Und diese gespeicherten Informationen, bei uns z.B. Erinnerungen an Umweltsituationen und an gute und schlechte Erfahrungen, bestimmen nunmehr das Verhalten ebenso entscheidend wie neu eintreffende Meldungen. Nehmen wir ein Beispiel: Ein hungriger Jungvogel, der ein Insekt erblickt, wird dieses Insekt anfliegen und auffressen. Dies ist eine Instinkthandlung. Nun haben aber zahlreiche Insekten für Vögel einen schlechten Geschmack; andere wiederum, wie Wespen, können schmerzhaft stechen. Wenn nun ein Vogel mit ungeniessbaren Insekten mehrmals eine schlechte Erfahrung gemacht hat, dann wird er schliesslich die stechende Wespe oder den schlecht mundenden Schmetterling trotz starkem Hunger meiden. Das Verhalten ist jetzt das Ergebnis einerseits, wie bisher, einer bestimmten Gegenwartssituation: Vorhandensein eines Insekts und Hunger, und andererseits, neu, gespeicherter Informationen aus der Vergangenheit. Beides wird im Zentralnervensystem miteinander konfrontiert, gegeneinander abgewogen, und das Ergebnis der Konfrontation bzw. die stärker motivierende Komponente determiniert alsdann das Verhalten.
Durch den Einbau der Vergangenheit wird das Arsenal der Determinanten des Verhaltens nicht nur bereichert, dieses nicht nur plastischer und komplexer, sondern es geht damit auch eine gewisse Befreiung von der unmittelbaren Umwelt-Organismus-Relation einher. Der Organismus vermag sich von dieser und von seinen momentanen Bedürfnissen soweit zu distanzieren, bis auch die gespeicherten Daten zur Geltung kamen.
Verschiedengradige Umweltunabhängigkeit ist im Laufe der Evolution nicht nur im zentralnervösen Bereiche zustande gekommen. Vögel und Säuger haben auch hinsichtlich ihrer Körpertemperatur und der Konzentration zahlreicher im Körper gelöster Stoffe weitgehende Umweltunabhängigkeit erlangt dank der Herausbildung komplexer Regulationsmechanismen. Es würde heute niemandem einfallen, die weitgehende Konstanz

FREIHEIT AUS DER SICHT DER BIOLOGIE UND UMWELT

und Autonomie des inneren Milieus eines Organismus dem Wirken akausaler Faktoren zuzuschreiben. Warum sollte daher zentralnervöse Autonomie und Umweltunabhägigkeit eine Ausnahme darstellen, auch wenn sie bei uns Menschen noch viel ausgesprochener ist als bei Vögeln und Säugetieren?

Freiheit und Verantwortung

Beim Menschen hat die Befreiung von der ursprünglich vorherrschenden Gegenwartssituation in der Tat einen erstaunlich hohen Grad erreicht. Unser umfangreiches und auch sehr komplex strukturiertes Zentralnervensystem vermag eine unübersehbare Fülle von Daten zu speichern und im Vorgang des Denkens und Ueberlegens miteinander sowie mit laufend neu eintreffenden Meldungen zu verknüpfen. Die Fähigkeit, solche Verknüpfungen umweltkonform zustande zu bringen und daraus eine Verhaltensweise herzuleiten, in der möglichst alle verfügbaren Prämissen berücksichtigt sind, können wir als Intelligenz bezeichnen. Mit ihrer Hilfe vermögen wir sogar künftige Situationen und Konsequenzen von Ereignissen und Handlungen vorauszusehen und unserem Tun zugrunde zu legen.

Die Befreiung von der unmittelbar wirksamen Gegenwart ist bei uns somit dank einer gewaltigen Vermehrung gespeicherter Informationen aus der Vergangenheit sowie durch Erschliessung einer neuen Dimension, der Zukunft, ganz wesentlich gesteigert worden. Damit im Zusammenhang sind unserem Arsenal an gespeicherten Daten zahlreiche dem Menschen eigene Inhalte einverleibt worden: Gesellschaftsbezogene Informationen normativen Charakters, wie Verbote, Gebote, Pflichten und Verpflichtungen, Tabus usw., ferner spezifisch zukunftsbezogene Leitmotive, wie Ziele, Pläne, Ideale usw.

Mit dem Einbau von Normen in unseren Informationspool sowie mit der Möglichkeit, die Konsequenzen unseres Handelns vorauszusehen, geht aber nicht nur eine Befreiung von momentanen Gegebenheiten einher, sondern es ergeben sich daraus auch erhöhte Ansprüche der Gesellschaft an den Einzelnen. Man erwartet von einem Menschen, dass er beim Handeln so-

FREIHEIT

wohl die gesellschaftlichen Normen wie auch die möglichen Auswirkungen seines Tuns berücksichtigt. Daraus resultiert für ihn das, was man als Verantwortung bezeichnet. In unserem Sinne braucht aber Verantwortung keineswegs der Ausdruck eines freien Willens zu sein. Verantwortung impliziert vielmehr die Fähigkeit und Bereitschaft eines Menschen, beim Handeln möglichst alle verfügbaren Prämissen zu berücksichtigen, namentlich die gesellschaftlichen Normen und zukunftsbezogenen Leitmotive. Als unverantwortlich gilt und wird bestraft jener, der diese Fähigkeit nicht aufweist und daher den Erwartungen der Gesellschaft nicht genügt. Wenn aber dieses Unvermögen nicht Ausdruck eines freien und bösen Willens, also freiwilligen Versagens ist, sondern entweder genetisch bedingt oder Ausdruck frühkindlicher Prägung ist?
Wie dem auch sei, der Mensch verfügt über einen ausserordentlich umfangreichen Vorrat an gespeicherten Informationen, und es sind sein Verhalten sowie seine Daseinsform schliesslich in viel stärkerem Masse durch sie als durch neu eingehende Meldungen geprägt. Die daraus resultierende Befreiung von einer starren Umweltbezogenheit äussert sich z.B. eindrücklich im Spielverhalten des Menschen. Die Vielfalt der verfügbaren Daten und Verknüpfungsmöglichkeiten sind aber insbesondere die Voraussetzung für intelligentes, umsichtiges und verantwortliches Verhalten, welches so plastisch, vielseitig und komplex ist, dass es weder dem Beobachter noch dem Subjekt möglich ist, alle kausalen Verknüpfungen und damit den Ursprung zahlreicher Antriebe zu überblicken. Sollten wir nicht in diesem Unvermögen sowie in der bereits besprochenen Umweltunabhängigkeit unserer zentralnervösen Funktionen den Ursprung der These der Willensfreiheit erblicken?
Jedenfalls habe ich Ihnen bisher zu zeigen versucht, dass unser Verhalten und die ihm zugrunde liegenden Willensäusserungen durchaus kausalen wenn auch sehr komplexen Relationen entspringen können. Im folgenden möchte ich weitergehen und die Behauptung aufstellen und diskutieren, dass die These der Willensfreiheit nicht nur illusorisch ist, sondern sogar unsere Existenz in Frage stellen kann.

FREIHEIT AUS DER SICHT DER BIOLOGIE UND UMWELT

Die Gefahren unseres vermeintlichen Freiseins

Die soeben besprochene relative Befreiung des Menschen von momentanen Umwelteinflüssen bringt nämlich nicht nur eine Steigerung und Differenzierung der Leistungsfähigkeit, sondern gleichzeitig auch eine G e f a h r mit sich. Ein Organismus kann auf die Dauer nur existieren, wenn sein Verhalten umweltkonform ist. Das Verhalten eines Menschen wird aber nur dann umweltkonform sein, wenn die zahlreichen gespeicherten Informationen, die es mitbestimmen, ebenfalls umweltkonform oder wahr sind. Unsere Sonderart bringt es aber mit sich, dass dem auch anders sein kann!
Der Mensch unterscheidet sich von andern Organismen nicht nur durch sein ausserordentlich entwickeltes Speicherungs- und Verarbeitungsvermögen für Informationen. Im Gegensatz zu allen andern Organismen können wir Kenntnisse, Fertigkeiten usw. dank der Sprache auch andern Menschen und späteren Generationen weitergeben. Dies bedeutet aber, dass die Mehrheit der in einem Individuum gespeicherten Daten nicht mehr aus eigenen Erfahrungen stammen, sondern während einer längeren Phase der Erziehung und Schulung von andern Personen übernommen wurden.
Dabei besteht durchaus die Möglichkeit, dass auch Informationen, die nicht umweltkonform, also unwahr sind, weitergegeben und einem Menschen oder einer ganzen Population einverleibt werden. In dieser Beziehung haben wir uns abermals von der ursprünglichen engen Bindung an unsere Umwelt befreit, und von dieser neuen Freiheit wird beim Lügen, aber auch beim Erzählen im Bereich der Fiction, ganz bewusst, von Wissenschaftern, Philosophen, Erziehern usw. aber oft unbewusst Gebrauch gemacht. Wohl hätten wir die Möglichkeit, überlieferte Informationen anhand von eigenen Beobachtungen, von Forschungsergebnissen und von Ueberlegungen zu verifizieren. Aber übermässige Wertung unseres vermeintlichen Freiseins, ängstliches Festhalten an Ueberliefertem, allzu grosse Autorengläubigkeit, aber auch das Bangen um liebgewordene Thesen, Normen, Weltbilder usw. haben immer wieder einflussreiche Erzieher, Denker und Politiker dazu verleitet, die Notwendigkeit der Verifikation

FREIHEIT

zu ignorieren oder zu bagatellisieren. Ist es erstaunlich, wenn heute nicht nur einzelne Individuen, sondern ganze Völker, wenn nicht die ganze Menschheit, **falsch programmiert** dastehen und im Zuge der Ueberschätzung einer vermeintlichen Freiheit ein schwer gestörtes Verhältnis zwischen Menschheit und Umwelt herbeigeführt haben?

Umweltkrise als Ergebnis falscher Programmierung

Wir stehen heute in der Tat einer arg verschmutzten, lärmigen, z.T. irreversibel veränderten, verarmten und verunstalteten Umwelt gegenüber, die durch eine unkontrolliert anwachsende menschliche Population sowie durch eine ebenso unkontrolliert wachsende Wirtschaft mehr und mehr überbeansprucht wird. Gemäss fundierten Prognosen werden sich unsere Umweltbedingungen weiterhin rapid verschlechtern, und auf den Sektoren der Ernährung, der Abfallbeseitigung und der Rohstoff- und Energieversorgung zeichnen sich schon für die kommenden Jahrzehnte Zustände ab, die für uns von schicksalshafter Bedeutung sein könnten. Das Ziel des viel und laut proklamierten Umweltschutzes kann daher auch nicht, wie die meisten es sich vorstellen, darin bestehen, unseren Lebensraum durch technische Massnahmen wieder etwas zu säubern und in Ordnung zu bringen, sondern wir werden auf Grund ernsthafter Besinnung über die tieferen Ursachen der heutigen katastrophalen Lage mit allen Mitteln versuchen müssen, eine Entwicklung, die uns alle bedroht, wieder unter Kontrolle zu bringen, wenn wir überleben wollen.
Wenn wir uns bemühen, die heutige Lage kritisch zu prüfen, dann werden wir feststellen, dass die Bedrohung von Mensch und Umwelt, die im Unterschied zu früheren Krisen globale Dimensionen angenommen hat, letzten Endes darauf zurückgeht, dass ganze Völker jahrhundertelang Menschen- und Weltbildern sowie moralischen Normen und gesellschaftlichen und individuellen Zielen nachlebten, die nicht umweltkonform waren. Und diese selbe falsche Programmierung ist es, die es uns heute ausserordentlich erschwert, den Ernst der Lage und ihre tieferen Ursachen zu erkennen und angemessene

FREIHEIT AUS DER SICHT DER BIOLOGIE UND UMWELT

Gegenmassnahmen zu treffen. Inwiefern sind wir aber falsch programmiert?

Nun, erstens insofern, als in unserem Vorrat an überlieferten Informationen die fragwürdige These des freien Menschen figuriert. Frei sein von den Schranken und Gesetzlichkeiten der Natur schien den Menschen von allen übrigen Organismen zu unterscheiden oder erschien zumindest als erstrebenswertes Ziel. Steht nicht in einer massgebenden Schrift: "Seid fruchtbar und mehret euch und füllet die Erde und machet sie euch untertan, und herrschet über die Fische im Meer und die Vögel des Himmels, über das Vieh und alle Tiere, die auf der Erde sich regen!" Diesem Ziel haben wir seit jeher nachgelebt. Wir haben uns dank unaufhaltsamer Fortschritte unserer Zivilisation mehr und mehr von den natürlichen Schranken der Natur befreit, haben diese nach unseren Wünschen und Bedürfnissen gestaltet und, ohne es zu merken, verunstaltet und vergewaltigt. Hunderte von Pflanzen- und Tierarten haben wir bereits zum Aussterben gebracht; durch übermässige Rodung und schlechte Bewirtschaftung wurden unermessliche Flächen fruchtbarer Böden der Erosion ausgesetzt und zerstört; weite Gebiete, wie das Mittelmeergebiet und ein guter Teil der heutigen Wüsten, wurden durch die Zugriffe des Menschen ruiniert. Vor allem aber haben wir uns auch von den natürlichen Regulationsmechanismen befreit, welche in der Natur dafür sorgen, dass keine Organismenpopulation über die Kapazität ihres Lebensraumes hinauswächst, und als Ergebnis davon wächst die menschliche Population heute so rapid an - gegenwärtig im Jahr um 75 Millionen Menschen - dass sie innert weniger Jahrzehnte schon über die Tragfähigkeit des Erdballs hinausgewachsen sein wird. Und für viele sind weitere Erschliessung und Beherrschung der Natur durch Technik, sowie Wachstum von Volk und Wirtschaft immer noch oberstes Gebot!

Umwelt- und Gegenwartsfremde Bildung

Fehlprogrammiert sind wir aber auch insofern, als unsere Vorfahren, angesichts der spektakulären Erfolge ihres De-

FREIHEIT

freiungskampfes gegen die Natur, mehr und mehr zur Ueberzeugung gelangten, nicht die Natur, sondern unsere Zivilisation sei die entscheidende Lebensgrundlage des Menschen. Diese Ueberbewertung der Zivilisation und des sie hervorbringenden "freien" menschlichen Geistes sowie die damit einhergehende Geringschätzung der Natur, die zum Rohstoff für den Zivilisationsprozess degradiert worden war, fanden bald ihren Niederschlag in unseren abendländischen Bildungskonzeptionen. So werden noch heute an unseren Volks- und Mittelschulen vor allem die zivilisationstragenden Fähigkeiten des Menschen gefördert, und es werden dort vor allem Kenntnisse vermittelt über die Erzeugnisse und insbesondere über die Vergangenheit unserer Kultur. Und der Glaube an die Freiheit unseres Geistes brachte es mit sich, dass intellektuelle Aktivität, die zu wenig oder überhaupt nicht umweltbezogen war, überbewertet, das Studium der natürlichen Existenzgrundlagen des Menschen dagegen geringgeschätzt wurden. Diese überhebliche Einschätzung rein geistiger und leider stark vergangenheitsbezogener Tätigkeit kommt heute noch in den Stundentafeln und Prüfungsreglementen unserer Volks- und Mittelschulen voll zum Ausdruck, und so bekommen Jahr für Jahr tausende von angehenden Bürgern, Erziehern, Politikern usw. Informationen und Fertigkeiten mit, die sie überhaupt nicht auf das Erkennen und auf die Lösung der auf sie harrenden grossen Probleme vorbereiten. Denn diese Probleme liegen nicht im Bereich der Vergangenheit, sondern in der Gegenwart und Zukunft, und sie liegen auch nicht in der Sphäre rein intellektueller und sprachlicher Aktivität, sondern draussen, in der Umwelt, im gestörten Verhältnis zwischen Mensch und Natur, also genau dort, wo unsere sog. humanistische Bildung nicht hinreicht. Ist es daher erstaunlich, wenn viele noch gar nicht wahrgenommen haben, wie bedrohlich die Entwicklung ist, in der wir alle engagiert sind, und wenn die andern glauben, den voraussehbaren Katastrophen nur mit technischer Symptombehandlung begegnen zu können? Unser Unvermögen, die Umweltkrise durch Bekämpfung ihrer tieferen Ursachen anzugehen, nämlich durch Drosselung des demographischen und wirtschaftlichen Wachstums, hat aber noch tiefere Gründe als die umwelt- und gegenwartsfremde Bildung, die wir alle mitbekommen haben. Bis vor kurzem

FREIHEIT AUS DER SICHT DER BIOLOGIE UND UMWELT

waren wir nämlich auch im Bereich der Biologie selbst falsch programmiert, und wir sind es heute, nicht ganz unabhängig davon, noch im Bereich der Ethik. In unserer Ethik, namentlich in unserer christlichen Moral, spiegelt sich ein Welt- und Menschenbild wieder, welches, wie die heute neu auflebende Oekologie zeigt, wo nicht falsch so doch sehr lückenhaft ist.

Organisationsstufen des Lebens und Ethik

Im Lichte der Oekologie, der Lehre von den Beziehungen zwischen den Organismen unter sich sowie zwischen diesen und ihrer Umwelt, manifestiert sich Leben auf verschiedenen Organisationsstufen. Die tiefste selbständig lebensfähige Stufe ist die der einzelnen Zellen. Zellen sind aber meist zur nächsthöheren Stufe integriert, der Stufe der mehrzelligen Organismen. Zellen und mehrzellige Organismen sind bisher so intensiv erforscht worden, dass sie bis vor kurzem die Hauptforschungsobjekte der Biologie bildeten. Wir sind erst seit wenigen Jahren zur Einsicht gekommen, dass der Einzelorganismus, im Gegensatz zu früheren Auffassungen, nicht die wichtigste Lebenseinheit der Natur darstellt. Einzelorganismen sind ebenso wenig selbständig lebensfähig wie die einzelnen Zellen, die sie aufbauen. Sie bilden überindividuelle Einheiten, Fortpflanzungsgemeinschaften oder Populationen, deren Erbgut von Generation zu Generation durch geschlechtliche Fortpflanzung neu kombiniert wird. Die Population bildet die dritte Stufe in unserer biologischen Stufenleiter. Sie ist eine für das Weiterbestehen von Leben ausserordentlich wichtige Einheit, denn erst auf ihrer Ebene spielt sich das ab, was wir als Evolution bezeichnen. Und Evolution ist im Lichte der modernen Biologie nicht mehr ein weltanschauliches Kuriosum, sondern die Voraussetzung für die Existenz und für das Weiterbestehen alles Lebens. Nun sind aber auch Populationen keine selbständig lebensfähigen biologischen Einheiten. In der Natur leben sämtliche pflanzlichen und tierischen Populationen eines Gebietes in weitgehender Abhängigkeit voneinander sowie von den nichtlebenden Komponenten ihres Lebensraumes. Lebensgemein-

FREIHEIT

schaft und Umwelt bilden so die vierte Stufe unserer Leiter, das Oekosystem. Ein Wald, ein See, aber auch ein vom Menschen besiedeltes Gebiet mitsamt dem Kulturland sind Beispiele von Oekosystemen. Das Leben eines Oekosystems wird, entsprechend dem Leben der Populationen, durch stufenspezifische Gesetzlichkeiten beherrscht, die man vom Studium der einzelnen Organismen her nicht ohne weiteres erfassen kann. Vor allem aber hat die Erforschung ganzer Oekosysteme uns gelehrt, dass für das Weiterbestehen von Einzelorganismen die Integrität des Oekosystems entscheidend ist. Unter anderem wissen wir, dass das Leben im Oekosystem die Preisgabe sehr zahlreicher Einzelindividuen erfordert und dass eine schrankenlose Vermehrung von Einzelorganismen den Zusammenbruch nicht nur der eigenen Population, sondern des ganzen Oekosystems mit sich bringen kann.

Nun sind wir Menschen, genau so wie andere Organismen, Teile eines Oekosystems, der Biosphäre, und wir sind den ökologischen Gesetzlichkeiten genau gleich unterworfen wie Pflanzen und Tiere, und dies ungeachtet unseres vermeintlichen Freiseins. Dass der Mensch seit alters her unter völliger Missachtung dieser fundamentalen ökologischen Relation immer kühnere Eingriffe in seinen Lebensraum und in seine eigene Population vornahm, dürfte eine der Hauptursachen der heutigen Umweltkrise sein.

Dasselbe lückenhafte Weltbild, welches unseren Eingriffen in die Natur zugrunde liegt, und in welchem die oberen Organisationsstufen der Lebewelt völlig fehlen, hat leider, wie schon angedeutet, auch unsere Ethik nachhaltig geprägt. Aus der Ueberbewertung individuellen Lebens, wie sie diesem Weltbild eigen ist, ging eine Individualethik hervor, welche in erster Linie individuelles Leben hochhält und würdigt und um jeden Preis zu erhalten und zu fördern versucht, ohne Rücksicht auf das allzu lange ignorierte Ganze und ohne Rücksicht - und dies dürfte eine der Früchte der extremen Vergangenheitsbezogenheit unserer Bildung sein - auf künftige Generationen. Die christliche Ethik impliziert noch heute zu wenig, wenn überhaupt, Verantwortung für die Gesamtpopulation und namentlich für das ganze Oekosystem, sowie für die Zukunft von Art und Umwelt. Deshalb, und auch weil sie

FREIHEIT AUS DER SICHT DER BIOLOGIE UND UMWELT

eine völlig widernatürliche Sexualmoral beinhaltet - nochmals eine falsche Programmierung - ist unsere christliche Ethik für den Ausbruch der bedrohlichen Bevölkerungsexplosion wesentlich verantwortlich: Das unkontrollierte Wachstum, welches heute die ganze Erdbevölkerung erfasst, geht darauf zurück, dass aus dem Bestreben, individuelles menschliches Leben zu erhalten, seit jeher, vor allem aber seit der Industrierevolution, eine Senkung der Kindersterblichkeit und eine Verlängerung der mittleren Lebensdauer des Menschen angestrebt wurden, ohne dass man gleichzeitig dafür gesorgt hätte, dass die dadurch bedingte Senkung der Sterberate durch eine entsprechende Senkung der Geburtenrate kompensiert würde. Die daraus resultierende Störung des ursprünglichen Gleichgewichtes zwischen Natalität und Mortalität führte zunächst in den westeuropäischen Industriestaaten zu einer Bevölkerungsvermehrung; der Prozess wurde dann später durch Kolonialeinflüsse, durch Mission und neuerdings durch Entwicklungshilfe in die dritte Welt verpflanzt, wo eine Bevölkerungsexplosion von noch nie dagewesenem Ausmass ausgelöst wurde. Jährliche Zuwachsraten von 2,5 bis über 3% mit Verdoppelungszeiten von 30 bis 20 Jahren und weniger sind für die Entwicklungsländer typisch. Dieser äusserst bedrohlichen Entwicklung könnten wir heute nur durch Förderung sämtlicher Massnahmen der Geburtenkontrolle auf weltweiter Ebene entgegenwirken, aber ausgerechnet hier stehen wir religiösen Tabus gegenüber, die im Bestreben, individuelles Leben auch in Form von Keimzellen und Embryonen um jeden Preis zu erhalten, übersehen, dass darob nicht nur Jahr für Jahr Millionen von Menschen in Entwicklungsländern verhungern, sondern dass solch exklusive Ehrfurcht vor individuellem Leben die Menschheit als Ganzes ins Verderben treibt. Hier tut Umdenken und umweltkonformere Information besonders not, aber Umdenken im Bereich tabuisierter Normen dürfte sehr schwer fallen.

Umdenken tut not, auch im Bereich der Wirtschaft

Wir haben schon darauf hingewiesen, dass nebst dem Bevölkerungswachstum auch die wirtschaftliche Expansion eine

FREIHEIT

der tieferen Ursachen der heutigen Umweltgefährdung darstellt. Die Jahr für Jahr um 5 bis 10% anwachsende Produktivität unserer Industrie und die damit einhergehende Hebung des allgemeinen Wohlstandes bringt eine Steigerung der Umweltbelastung mit sich, die schliesslich um ein Vielfaches stärker ausfällt als Leben auf rein biologischer Ebene. Auch diesem Streben unserer sog. freien Marktwirtschaft und jedes Einzelnen nach immer mehr Umsatz, Einkommen und Wohlstand liegt falsche Programmierung zugrunde, namentlich wieder der Glaube an unsere Freiheit, und die damit einhergehende Ueberschätzung von Zivilisation und Technik und Geringschätzung der Natur; die irrige Meinung, natürliche Ressourcen seien unerschöpflich und vogelfrei; Unfähigkeit, umsichtig für die Zukunft zu planen und insbesondere mangelnde Rücksicht auf die legitimen Ansprüche späterer Generationen auf genügend Rohstoffe und auf unverbrauchten Lebensraum. Wir werden unsere Umwelt und uns selbst nur dann erhalten können, wenn es uns gelingt, noch rechtzeitig sowohl die demographische wie auch die wirtschaftliche Expansion unter Kontrolle zu bringen. Hierfür muss aber ein grosser Teil der Informationen und Leitmotive, die unserem Verhalten zugrunde liegen, erneuert werden. Wir brauchen heute eine Philosophie, welche den Mut aufbringt, ihre überlieferten Thesen kritisch zu prüfen und an vorhandenen Forschungsergebnissen zu verifizieren. Wir brauchen eine umwelt-, gegenwarts- und zukunftsbezogene Bildung, welche uns vor allem mit unseren natürlichen Daseinsgrundlagen und mit den Wechselwirkungen zwischen Natur und Kultur vertraut macht. Wir brauchen ferner ethische Normen, die Verantwortung für das Ganze implizieren, auch wenn dabei der Anspruch jeder Form von individuellem Leben auf Erhaltung angetastet werden muss. Wir brauchen endlich eine Konzeption von Wirtschaft, die sich der beschränkten Tragfähigkeit ihrer Existenzgrundlage bewusst ist, und die auch die Ansprüche künftiger Generationen auf unverbrauchten Lebensraum respektiert.

FREIHEIT AUS DER SICHT DER BIOLOGIE UND UMWELT

Kriterien für Umweltkonformität und Rückblick

Lassen Sie mich abschliessend und rückblickend die Frage prüfen, welches das zuverlässigste Kriterium ist für Umweltkonformität unserer Informationen, Normen und Leitmotive. Die Evolutionsforschung hat uns gelehrt, dass ein Organismus, um überleben zu können, hinsichtlich seiner Struktur, seiner Funktionen und seinem Verhalten allen ökologischen Gesetzlichkeiten seines Lebensraumes bestmöglich entsprechen und allen ökologischen Anforderungen seiner Umwelt gewachsen sein muss. Ueberleben ist somit in der Natur letztes Kriterium für Umweltkonformität. Verfügen wir Menschen über andere und bessere Kriterien? Wir haben es lange geglaubt. Heute drängt sich im Hinblick auf den katastrophalen Zustand unserer Umwelt bzw. unseres Verhältnisses zu ihr immer deutlicher die Schlussfolgerung auf, dass auch bei uns das Sichbewähren oder -nichtbewähren in der Auseinandersetzung mit der Natur der entscheidende Massstab ist. Im Gegensatz zu allen übrigen Organismen ist aber die Umweltkonformität unseres Verhaltens weitgehend von psychischen Inhalten abhängig, und so müssen wir in der Harmonie bezw. Disharmonie zwischen Mensch und Umwelt auch den Massstab für unsere gespeicherten Informationen, d.h. für unsere Kenntnisse, Weltbilder, Normen, Ziele und Werte erblicken. Wie könnten diese auch anders als im ständigen Wechselspiel mit der Umwelt verifiziert werden? Und im Lichte des heute schwer gestörten Verhältnisses zwischen Mensch und Umwelt scheinen viele unserer Thesen und Leitmotive versagt zu haben, weil sie nicht umweltkonform waren.
Versagt hat zunächst der Glaube, der Mensch sei frei! Die Ergebnisse der Naturwissenschaften stellen schon seit langem die These der Willensfreiheit, also einer Freiheit auf individueller Ebene, in Frage. Oekologie und Umweltforschung zeigen heute eindrücklich, dass der Mensch auch gegenüber den oberen Integrationsstufen der Lebewelt nicht frei ist. Wohl haben wir die Möglichkeit, uns einzubilden und zu lehren, wir seien frei und es liege in unserer Macht und in unserem Befinden, die Natur uns untertan zu machen

FREIHEIT

und auszubeuten. Wir übersehen aber dabei eine fundamentale Abhängigkeit von unseren natürlichen Daseinsgrundlagen, und zwar von der Organisationsstufe der Zellen bis hinauf zur Stufe der Oekosysteme und der Biosphäre. Und diese Abhängigkeit muss früher oder später ein falsch programmiertes menschliches Gehirn unsanft wieder zurecht weisen.
Versagt haben ferner unsere Bildungskonzeptionen, die zum Teil der Illusion unseres Freiseins entsprungen sind, und zwar weil sie zu einer Ueberbewertung zu wenig umweltbezogener intellektueller Aktivität führten, weil sie die daraus wichtigen Wechselbeziehungen zwischen Natur und Zivilisation völlig übersahen, und weil sie uns der Vergangenheit mehr verpflichteten als der Gegenwart und Zukunft.
Versagt haben aber auch die Geistes- und Naturwissenschaften, die ersteren, weil sie durch übermässige Wertung freier geistiger Aktivität der Spaltung zwischen Mensch und Natur Vorschub leisteten, und die zweiten, weil sie im Zuge übermässiger Wertung der Freiheit in Lehre und Forschung in ein einseitiges Spezialistentum verfielen und zu wenig darauf bedacht waren, die heute dringend nötigen Informationen über das Verhältnis zwischen Mensch und Umwelt bereitzustellen.
Damit im Zusammenhang hat auch unsere christliche Individualethik versagt, weil sie individuelles Leben ohne Rücksicht auf das Ganze und auf künftige Generationen sich entfalten liess, und weil die Tabuisierung ihrer Normen ein heute dringend nötiges Umdenken ausserordentlich erschwert.
Versagt hat endlich unsere nur auf Wohlstandssteigerung ausgerichtete Wirtschaft, weil sie einer rücksichtslosen Wachstumsideologie nachlebt, die mit der Beschränktheit der natürlichen Ressourcen unvereinbar ist.
Unsere Umwelt und die düsteren Prognosen über die Zukunft der Biosphäre und der Menschheit belehren uns eindrücklicher als Philosophen und Wissenschafter, dass auch wir Menschen nicht frei sind, weder frei zu denken und zu lehren, noch frei zu wollen, was uns beliebt. Und wer heute trotz vorliegender neuer Erkenntnisse und Einsichten unfähig ist, unsere zahlreichen überlieferten Informationen, Normen, Ziele und Werte neu zu überprüfen und wenn nötig zu revidieren, der nimmt eine riesengrosse Verantwortung auf sich. Denn jetzt geht es

FREIHEIT AUS DER SICHT DER BIOLOGIE UND UMWELT

nicht mehr um Weltanschauungen und Lehrmeinungen, die in der Arena rein akademischer Wortgefechte ruhig nicht umweltkonform sein dürfen, sondern es geht heute um die Erhaltung der Integrität der Biosphäre und ums Ueberleben.
Und viele würden es vorziehen, zu überleben, auch wenn dabei die jahrtausendalte Illusion unseres Freiseins preisgegeben werden muss.

Anmerkungen

Binswanger, H.C.: Eine umweltkonforme Wirtschaftsordnung. In Umweltschutz und Wirtschaftswachstum. Huber, Frauenfeld 1972.
Lange, F.A.: Geschichte des Materialismus. 3. Aufl. Iserlohn 1876.
Meadows, D.H. et. al.: The limits to growth. Potomac Ass. London 1972.
Tschumi, P.A.: Umwelt als beschränkender Faktor für Bevölkerung und Wirtschaft. In Umweltschutz und Wirtschaftswachstum. Huber Frauenfeld 1972.

DIE FREIHEIT DES MENSCHEN IN DER MODERNEN MASSENGESELLSCHAFT

Andreas Miller

In einer Erzählung von Franz Kafka berichtet ein Affe, wie er sein Affentum abgelegt und sich fast zu einem menschlichen Wesen entwickelt hat. Von Jägern verwundet und in einen Käfig eingesperrt, sah er keinen anderen Ausweg aus seiner Gefangenschaft als diese Verwandlung. "Ich habe Angst" - so sagt der kluge Affe in seinem Bericht - "dass man nicht genau versteht, was ich unter Ausweg verstehe ... Ich sage absichtlich nicht Freiheit. Ich meine nicht dieses grosse Gefühl der Freiheit nach allen Seiten. Als Affe kannte ich es vielleicht, und ich habe Menschen kennen gelernt, die sich danach sehnen ..." (1).
Unter der "Freiheit nach allen Seiten" versteht der Affe die Freiheit, allen Triebregungen sofort nachzugeben, also weder durch den äusseren Zwang noch durch die Stimme des Gewissens oder durch die strengen Regeln rationaler Planung in seiner Bewegungsfreiheit eingeschränkt zu werden. Diese Freiheit hat der Mensch in dem Moment aufgegeben, in dem er sich der sozialen Ordnung unterworfen und die Kultur aufzubauen begonnen hat.
Die "Freiheit nach allen Seiten", die wir als animalische Freiheit bezeichnen könnten, wird in jeder menschlichen Gesellschaft eingeschränkt. Zunächst durch die Erfordernisse der systematischen, geplanten Arbeit: Der "Wilde" geht nicht auf die Jagd, wenn er Hunger hat, sondern vielmehr dann, wenn die Umstände für den Erfolg seiner Expedition besonders günstig sind. Die Notwendigkeit einer systematischen, "rationalen" Auseinandersetzung mit der Natur, mit dem Ziel, ihre Kräfte zu beherrschen und dem Menschen dienstbar zu machen, bildet die erste wesentliche Einschränkung der menschlichen Freiheit. Damit eng verbunden ist die zweite Einschränkung: das soziale System, das wesentlich zum Erfolg des Menschen in der Beherrschung der Natur beiträgt.
Diese beiden Einschränkungen, systematische Arbeit und soziale Ordnung, zeichnen sich durch ihre innere Widersprüchlichkeit aus: Systematische Arbeit bedeutet für den Arbeitenden stets einen Zwang, bestimmte, von ihm geforderte Handlungen

FREIHEIT

in einer bestimmten Zeit auszuführen. Diese Arbeit befreit aber den Menschen gleichzeitig von vielen unmittelbaren Sachzwängen seiner Umgebung. Indem sie eine Reihe von Werten schafft, die über die unmittelbaren Bedürfnisse des nackten Lebens hinausgehen, erweitert sie den Freiheitsraum des Menschen beträchtlich. Sie verschafft ihm die Freiheit, vieles zu tun, was er sonst, lebte er wie ein freies Tier, nicht tun könnte.

Das Gleiche gilt für die soziale Ordnung. Das Individuum muss sich dem Normensystem seiner Gesellschaft unterwerfen, auch wenn es diese Unterwerfung als Verzicht auf die eigene Freiheit empfindet. Die soziale Ordnung begründet aber zugleich das grosse, ausserordentlich reiche Gebäude der Kultur, das dem Individuum immer neue Möglichkeiten der Entfaltung bietet und seine volle Selbstverwirklichung erst ermöglicht.

Die dritte Einschränkung der menschlichen Freiheit liegt in der Macht begründet. Während Arbeit und soziale Ordnung sich durch den Widerspruch auszeichnen, dass sie, indem sie die "Freiheit nach allen Seiten" einschränken, den Freiheitsraum des Menschen doch zugleich fast unendlich erweitern, so bedeutet Macht keinen Gewinn für die menschliche Freiheit. Der Zuwachs an Freiheit, den sie für den Herrschenden bedeutet, wird stets auf Kosten der Einschränkung der Freiheit des Beherrschten erzielt. Die Sehnsucht des Menschen nach einer absoluten Freiheit ist so gross, dass sie immer wieder zu Rebellionen gegen jede Einschränkung führt, auch gegen die Sachzwänge, die aus der Arbeit oder der sozialen Ordnung resultieren. Die heftigsten Revolutionen, über die uns die Geschichte berichtet, wandten sich jedoch gegen die Herrschaft, d.h. gegen die Unterdrückung und Ausbeutung eines Menschen durch einen andern. Diese Tatsache scheint darauf hinzuweisen, dass die Freiheitseinschränkung durch die Macht als besonders drückend empfunden wird. In den Utopien einer künftigen vollkommenen Gesellschaft wird kaum je die Aufhebung der Arbeit und der sozialen Ordnung postuliert, wohl aber wird die Gesellschaft der Zukunft oft als eine herrschaftslose dargestellt.

Diese drei Formen der Freiheitseinschränkung, die Arbeit, die soziale Ordnung und die Macht sollen noch etwas näher betrachtet werden.

DIE FREIHEIT IN DER MASSENGESELLSCHAFT

Die vorausplanende, systematische Arbeit bildet die Voraussetzung für das Ueberleben des Menschen. Nirgends treten die Naturschätze in so grossen Mengen, und vor allem in einem solchem Zustand auf, dass eine Bearbeitung überflüssig wäre. Das arbeitsfreie Dasein hat seinen Platz nur in Mythen und Sagen. Seit dem Austreiben aus dem Paradies musste sich der Mensch das Brot im Schweisse seines Angesichtes erarbeiten. Die Aufgabe, der Natur die Mittel zur Bestreitung des elementaren Lebensunterhalts zu entreissen, beansprucht während des grössten Teils der Menschheitsgeschichte das Dasein eines Erwachsenen und stellt ihn unter einen Dauerzwang, von dem ihn erst der Tod erlöst.
Diese Tatsache wird nicht immer anerkannt. So bestreitet z.B. Marx den Zwangscharakter der Arbeit und sucht die schwere Bürde, welche die Arbeiter verschiedener Epochen zu tragen haben, nicht durch die Arbeit als solche, sondern durch ihren besonderen Charakter zu erklären: durch das Phänomen der Entfremdung.
Arbeit ist für Marx die Wesensbestimmung des Menschen, insofern sie "freie Tätigkeit" ist. In ihr gibt sich der Mensch seine Wirklichkeit, "produziert" sich selbst und seine Gegenständlichkeit. "... sofern in der Erzeugung, Bearbeitung und Aneignung der gegenständlichen Welt der Mensch sich seine eigene Wirklichkeit gibt, sofern sein 'Verhalten zum Gegenstand' gerade 'die Betätigung der menschlichen Wirklichkeit' ist, ist die Arbeit der wirkliche Ausdruck der menschlichen Freiheit". (2)
Diese Funktion kam der Arbeit allerdings nur in der Vorgeschichte der menschlichen Gattung zu. Mit der Einführung des Privateigentums und der Arbeitsteilung wird die Arbeit entfremdet, ihrer eigentlichen Aufgabe beraubt, und zu einem blossen Mittel zur Gewinnung der Unterhaltsmittel degradiert. Der Arbeiter wird zum "Knecht seines Gegenstandes" (3/S. 563) "Seine Arbeit ist ... nicht freiwillig, sondern gezwungen, Zwangsarbeit. Sie ist daher nicht die Befriedigung eines Bedürfnisses, sondern sie ist nur ein Mittel, um Bedürfnisse ausser ihr zu befriedigen. Ihre Fremdheit tritt darin rein hervor, dass, sobald kein physischer oder sonstiger Zwang existiert, die Arbeit als eine Pest geflohen wird." (3/S. 564).

FREIHEIT

Die eigenste Tätigkeit des Menschen wird zu einer fremden, zu einer "wider ihn selbst gewendete(n), von ihm unabhängige(n), ihn nicht gehörige(n) Tätigkeit" (3/S. 565). Die Arbeit in der Klassengesellschaft, namentlich in der kapitalistischen, bedeutet die Selbstentfremdung des Menschen.
Marx gibt uns eine meisterhafte Beschreibung der Verhältnisse, in welchen sich die Arbeiter zu Beginn der Industrialisierung befanden. Die Annahme, dass es einmal einen "nicht-entfremdeten" Menschen gegeben habe, ein fast göttliches Wesen, für welches j e d e Arbeit ein schöpferischer Akt der Selbstrealisierung war, diese Annahme gehört jedoch in die Kategorie jener Mythen, die ein goldenes Zeitalter an den Anfang der menschlichen Geschichte setzen. "A r b e i t i s t ... für den Soziologen in Wahrheit immer und unter allen Umständen definiert durch i h r e z e n t r a l e F u n k t i o n a l s A n p a s s u n g s m i t t e l a n d i e U m w e l t i m S i n n e e i n e r a k t i v e n U m g e s t a l t u n g d e r U m w e l t g e g e b e n h e i t e n ". (4). "Arbeit ... wird erzwungen durch den Umstand der m e n s c h l i c h e n B e d ü r f t i g k e i t . Die Lilien auf dem Felde mag der Herr ernähren, aber der Mensch muss arbeiten, um zu leben" ... (3/S. 76). Arbeit auf der Basis der immer vollkommeneren Beherrschung der Naturkräfte und mit Hilfe einer immer stärker entwickelten Technik schafft die Kultur. Der Mensch wird von der ständigen Bedrohung durch die natürliche Umgebung befreit. Der Freiheitsraum, in dem er sich bewegt, ist im Vergleich zum Freiheitsraum eines "freien" Tieres unvergleichbar grösser geworden. Der Preis, den der Mensch dafür zahlen muss, ist die Unterwerfung unter die strengen Regeln des Arbeitsprozesses, die Einschränkung der "Freiheit nach allen Seiten", wenigstens für die Zeit der Arbeit. Die Entlastung, welche von diesem Zwang der Arbeit im Kulturprozess gewonnen wird, erfolgt durch die Reduktion der Arbeitszeit zugunsten der Musse. Auch die moderne Industriegesellschaft hebt die "Entfremdung" der Arbeit zugunsten einer schöpferischen Tätigkeit nicht auf. Die Entlastung erfolgt dadurch, dass die Arbeitswoche auf 40, ja 35 Stunden zurückgeht zugunsten der sogenannten Freizeit, in der sich der Arbeiter nach freiem Ermessen beliebigen Beschäftigungen widmen kann.

DIE FREIHEIT IN DER MASSENGESELLSCHAFT

Die Arbeit ist mit der sozialen Ordnung eng verbunden. Die ausserordentlichen Fortschritte in der Beherrschung der Natur durch den Menschen waren nur möglich dank der sozialen Organisation. Die fortschreitende Spezialisierung wurde von einer immer genaueren Planung und Koordination der spezialisierten Leistungen begleitet. Die Notwendigkeit, sich in die soziale Ordnung einzufügen stellt die zweite wesentliche Einschränkung der "Freiheit nach allen Seiten" dar.
Der französische Soziologe Durkheim hat den Zwangscharakter sozialer Phänomene mit besonderem Nachdruck hervorgehoben. In ihrem starken Druck auf das Individuum erblickte er das spezifische Merkmal der sozialen Phänomene überhaupt, das sie von anderen, etwa biologischen Phänomenen unterscheidet. Auch Dahrendorf folgt dieser Tradition, wenn er von der "ärgerlichen Tatsache" der Gesellschaft spricht. Er versteht darunter jene Eigenschaft der sozialen Phänomene, die darin besteht, dass wir uns ihnen nicht ungestraft entziehen können. Der Mensch ist ein "homo sociologicus", ein Träger von sozialen Rollen, die sein Handeln in allen sozial relevanten Situationen bestimmen. "Soziale Rollen sind (aber) ein Zwang, der auf den Einzelnen ausgeübt wird - mag dieser als eine Fessel seiner privaten Wünsche oder als ein Halt, der ihm Sicherheit gibt, erlebt werden. Dieser Charakter von Rollenerwartungen beruht darauf, dass die Gesellschaft S a n k t i o n e n zur Verfügung hat, mit deren Hilfe sie die Vorschriften zu erzwingen vermag. Wer seine Rolle nicht spielt, wird bestraft; wer sie spielt, wird belohnt, zumindest aber nicht bestraft. Konformismus mit den vorgeprägten Rollen ist keineswegs nur die Forderung bestimmter moderner Gesellschaften, sondern ein universelles Merkmal aller gesellschaftlichen Formen" (5).
Die soziale Ordnung bildet eine notwendige Voraussetzung für die Entwicklung der Kultur und somit auch des Menschen als eines nicht nur biologischen sondern auch sozial-kulturellen Wesens. Zugleich aber ist die soziale Ordnung eine ärgerliche Tatsache, da sie auf den Einzelnen einen Druck ausübt und seiner persönlichen Entwicklung reale Schranken setzt. Jede soziale Ordnung, auch wenn sie sich die optimale Selbstrealisierung des Menschen zum Ziele setzt, bevorzugt bestimmte

FREIHEIT

Persönlichkeits- und Charaktertypen und benachteiligt andere. Dies erhellt aus jeder beliebigen konkreten sozialen Ordnung. Ich denke hier z.B. an die von Ruth Benedict beschriebene appolinische Kultur der Pueblo-Indianer einerseits und die dionysische Kultur der Prärie-Indianer anderseits: ein temperamentvolles, aggressives Individuum hatte unter den uns aus vielen Abenteuerromanen bekannten Prärie-Indianern eine viel grössere Chance für seine Selbstrealisierung, als unter den friedlichen, jede Streitigkeit verabscheuenden Pueblo-Indianern. Ein friedliches Wesen hingegen besass in der kriegerischen Kultur der Prärie-Indianer kaum Aussicht auf Ueberleben.

In dem vom jungen Marx entwickelten Begriff der entfremdeten Arbeit ist die dritte Quelle der Beschränkung der menschlichen Freiheit, die Herrschaft, mitenthalten. Die Arbeit ist nicht nur deshalb entfremdet, weil sie ihre ursprüngliche Funktion nicht mehr ausübt und zu einem blossen Mittel zur Befriedigung der Bedürfnisse degradiert wird, sondern sie ist auch in dem Sinne entfremdet, dass ihr Produkt nicht mehr dem Arbeiter, sondern einem anderen Wesen gehört. "Wenn das Produkt der Arbeit nicht dem Arbeiter gehört, eine fremde Macht ihm gegenüber ist, so ist dies nur dadurch möglich, dass es einem **anderen Menschen ausser dem Arbeiter** gehört. Wenn seine Tätigkeit ihm Qual ist, so muss sie einem anderen **Genuss** und die Lebensfreude eines anderen sein. Nicht die Götter, nicht die Natur, nur der Mensch selbst kann diese fremde Macht über den Menschen sein" (3/S. 570).

Der Mensch hat schon bald gemerkt, dass er die für sein Ueberleben nötigen Unterhaltsmittel nicht nur im Kampf mit der Natur, sondern auch durch die Unterwerfung eines anderen Menschen gewinnen kann. Die blosse Gewalt macht mit der Entwicklung der sozialen Ordnung verschiedenen Systemen der sozialen Schichtung Platz, welche die Ausbeutung bestimmter Gruppen durch andere Gruppen nicht nur erleichtern, sondern auch legitimieren. Die klassische Formel, welche die wichtigsten Merkmale eines solchen Systems zusammenfasst, wurde von Hegel in seiner Dialektik von Herrn und Knecht gegeben. Der Herr muss sich nicht mehr unmittelbar mit der Natur auseinandersetzen, um die für seinen Unterhalt

DIE FREIHEIT IN DER MASSENGESELLSCHAFT

nötigen Produkte zu gewinnen. Ein anderer Mensch, der Knecht, übernimmt für ihn diese Aufgabe; "denn was der Knecht tut, ist eigentlich Tun des Herrn" - sagt Hegel in der Phänomenologie des Geistes. (6).
Das Phänomen der Macht ist die dritte Quelle für die Einschränkung der menschlichen Freiheit. Hier wird der Freiheitsraum eines Individuums, bzw. einer Gruppe eingeengt als Folge der Erweiterung des Freiheitsraumes eines anderen Menschen oder einer anderen Gruppe. Der innere Widerspruch, den wir sowohl im Phänomen der Arbeit als auch in demjenigen der sozialen Ordnung festgestellt haben, wiederholt sich bei der Herrschaft nicht: Die Einschränkung der Freiheit einer bestimmten Art, der "Freiheit nach allen Seiten", führt hier nicht zur Erweiterung des dem Menschen eigentlichen Freiheitsraumes. Herrschaft bedeutet für den Beherrschten eine absolute Einschränkung seiner Freiheit, und die Steigerung der Herrschaft in einer Gesellschaft ist immer mit der Zunahme der Unterdrückung und Ausbeutung verbunden, auch wenn dieser Vorgang durch eine Ideologie verdeckt bleibt.
Welche Bedeutung kommt den drei untersuchten Einschränkungen der menschlichen Freiheit in der modernen Gesellschaft zu? Der Zwang der Arbeit ist in den Industrieländern für den überwiegenden Teil der Arbeitsbevölkerung weniger spürbar geworden, und wird weiter abgebaut. Diese Entwicklung erfolgt vor allem über eine Verkürzung der Arbeitszeit. Sollten wir den Futurologen glauben, so werden wir bald eine Arbeitswoche von 20 bis 25 Arbeitsstunden erleben. Die ständig zunehmende Produktivität, welche diese Entwicklung möglich macht, sichert auch eine rasche Steigerung des Wohlstandes, was bedeutet, dass der moderne Mensch im Durchschnitt nicht nur über mehr Freizeit verfügt, sondern gleichzeitig über mehr Mittel, um seine Freizeit mit lustbringenden Tätigkeiten auszufüllen.
Auch der Zwang, der von der sozialen Ordnung ausgeht und die Gesellschaft zu einer "ärgerlichen Tatsache" macht, scheint in der modernen Gesellschaft - wenn wir von den diktatorisch regierten totalitären Staaten absehen - in Abnahme begriffen. Einerseits bietet das Phänomen, welches als "Pluralismus" bezeichnet wird, jedem Einzelnen eine früher unbekannte

FREIHEIT

Mannigfaltigkeit von Lebensformen an, aus denen er relativ frei eine Auswahl treffen könnte. Anderseits nimmt der Umfang der Privat- und Intimsphäre ständig zu. Auch diese Sphäre wird zwar durch die in der Gesellschaft geltende Rechtsordnung normiert. So sind die Eltern nicht frei, ihre Kinder so zu bestrafen, dass ihre Gesundheit geschädigt werden könnte, und ohne Radiokonzession dürfen auch im engen Familienkreis keine Sendungen empfangen werden. Die Privatsphäre jedes Einzelnen wird jedoch in der modernen Gesellschaft auf vielen Gebieten vom Einfluss des gesellschaftlichen Normensystems geschützt. In der Grosstadt wird der Einzelne dank der Anonymität, die ihm die grossstädtische Lebensweise sichert, sogar der unmittelbaren sozialen Kontrolle seiner Nachbar entzogen.
In den von der Machtausübung diktierten zwischenmenschlichen Beziehungen schliesslich, können gleichfalls gewisse Entwicklungen festgestellt werden, welche ihre "Schärfe" mildern.
Die Problematik der Macht und der Herrschaft ist sowohl den Herrschenden wie auch den Beherrschten bewusst geworden. Wenn auch die Macht eines Menschen über einen anderen Menschen nicht ganz aufgehoben, ja sogar immer noch missbraucht wird, so wird sie doch auf vielen Gebieten eingeschränkt: durch die Garantie der Menschenrechte, durch verschiedene Kontrollmechanismen im Bereiche des politischen und wirtschaftlichen Lebens. Das gesamte Rechtssystem ist auf den Schutz des Individuums vor anderen Mitgliedern der Gesellschaft ausgerichtet. Das politische System entwickelt zahlreiche Regeln, welche die Macht, die mit bestimmten sozialen Positionen notwendig verbunden ist, einschränken und ihre Ausübung kontrollieren. Garantien für den Schutz der oppositionellen Parteien, Beschränkung der Amtszeit der politischen Führer, strenge Kontrolle der finanziellen Aufwendungen im Rahmen der Verwaltung, das sind einige Beispiele sozialer Institutionen, welche den Kontrollzwecken dienen.
Diese offensichtlichen Fortschritte in der Sicherung eines möglichst umfassenden Freiheitsraumes für jedes Mitglied der modernen Gesellschaft werden nicht von allen Kulturkritikern anerkannt. Sie werden z.B. von Herbert Marcuse

DIE FREIHEIT IN DER MASSENGESELLSCHAFT

als blosse Scheinfortschritte angesehen. Der moderne Mensch fühle sich vielleicht freier als seine Ahnen. Dies müsse aber keineswegs bedeuten, dass er tatsächlich freier sei. Verschiedene Sachzwänge wurden tatsächlich abgebaut, wobei jedoch an ihre Stelle neue, raffiniert getarnte Zwänge traten. Die nackte Unterwerfung wurde durch subtilere Formen der Manipulation ersetzt. Vor allem in jenen Bereichen, in welchen die subjektive Freiheit am grössten zu sein scheint (z.B. in der Freizeitgestaltung) wird der Freiheitsraum des modernen Menschen in Wirklichkeit besonders stark eingeschränkt. "Eine komfortable, reibungslose, vernünftige, demokratische Unfreiheit herrscht in der fortgeschrittenen industriellen Zivilisation" - meint Marcuse (7). Jene Kräfte, die sich während der ganzen Menschheitsgeschichte gegen das Bestehende wandten, die Herrschaftsstrukturen sprengten und das Individuum von unnötigen Zwängen langsam befreiten, werden heute paralysiert. Der moderne Mensch ist ein eindimensionaler Mensch. Die moderne Gesellschaft ist eine eindimensionale Gesellschaft. "Unter den Bedingungen eines steigenden Lebensstandards erscheint die Nichtübereinstimmung mit dem System als solchem als gesellschaftlich sinnlos". (Ibid., S. 22). Der Fortschritt der Technik, der heute den Wohlstand der breiten Massen sichert, hat den Menschen vom ständigen Druck der Armut befreit. Unter der Herrschaft eines repressiven Ganzen wurde aber diese Freiheit, welche als Grundlage für die echte Befreiung des Menschen dienen konnte, "in ein mächtiges Herrschaftsinstrument verwandelt". (Ibid., S. 27). "Der Spielraum, in dem das Individuum seine Auswahl treffen" müsse sei für die Bestimmung des Grades menschlicher Freiheit nicht entscheidend. Dieser Grad ergebe sich vielmehr aus der Diskrepanz zwischen dem, was gewählt werden könne, und dem, was vom Individuum tatsächlich gewählt werde. Der Umfang des Spielraumes ist irrelevant, wenn die Entscheidungen eines Individuums de facto manipuliert und auf einen kleinen Ausschnitt des Spielraumes eingeschränkt werden. Marcuses Kritik trifft ein wesentliches Merkmal der modernen Gesellschaft: den hohen Grad der Beeinflussbarkeit ihrer Mitglieder in ihrem Handeln und Denken, in ihren Ansichten und Präferenzen. Von Gehirnwäsche über politische Propaganda

FREIHEIT

bis zur politischen Erziehung bzw. Umerziehung, von den mannigfaltigen Praktiken der "geheimen Verführer" über Reklame bis zu den Public Relations stossen wir auf verschiedene Formen der Beeinflussung, die das Individuum zu etwas bewegen soll, wozu es sich vielleicht auf Grund seines freien Entschlusses gar nicht entscheiden würde. Marcuse sieht darin Manipulation, d.h. eine Art von Herrschaft, welche - wie jede Herrschaft - die Freiheit des Individuums zugunsten des Manipulators einschränkt. Die besondere Gefährlichkeit dieser modernen Herrschaftsform liegt gerade darin, dass das Individuum gar nicht realisiert, dass es zum Beherrschten wird, sondern sich subjektiv frei fühlt.
Die von David Riesman entwickelte Konzeption des "aussengeleiteten" Menschen geht von der gleichen Tatsache aus wie die These von der Manipulation: das Individuum unterliegt in unserer Gesellschaft dem ständigen Einfluss anderer Individuen und passt sein Verhalten diesem Druck an. Riesman sieht jedoch in diesem Prozess nicht den Ausdruck von Herrschaft bestimmter politischer oder wirtschaftlicher Interessengruppen sondern vielmehr die notwendige Konsequenz einer dynamischen, sich rasch wandelnden Gesellschaft.
Jede Gesellschaft - sagt Riesman - muss dafür sorgen, dass ihre Mitglieder sich dem herrschenden Normensystem entsprechend verhalten. Diese Haltung kann aber nicht durch äusseren Zwang allein erreicht werden. Keine Gesellschaft kann jeden ihrer Bürger ständig von einem Polizisten überwachen lassen. Und selbst, wenn ein solcher Orwellscher Alptraum zu verwirklichen wäre, so müssten zwangsläufig sehr bald auch zur Ueberwachung der Polizisten wiederum besondere Wächter eingesetzt werden. Der äussere Druck muss deshalb durch einen inneren Zwang ersetzt werden. Dies geschieht durch den Prozess der Erziehung: In die Persönlichkeit des jungen Menschen wird, bildlich gesprochen, ein Mechanismus eingebaut, der die Uebereinstimmung zwischen den geltenden Verhaltensmustern und dem tatsächlichen Verhalten garantiert. Das Ziel der Erziehung bestehe vom Standpunkt der Gesellschaft darin, dass jedes Individuum genau das zu tun wünscht, was es tatsächlich tun sollte. Einen solchen Mechanismus stellt z.B. unser Gewissen dar, das Riesman

DIE FREIHEIT IN DER MASSENGESELLSCHAFT

mit einem Kreiselkompass vergleicht. Dieser seelische Kompass, von den Eltern und Erziehern einmal in Gang gesetzt, steuert das Individuum sicher durch das Leben. Sein Besitzer weist ein hohes Mass an charakterlicher Stabilität auf, besonders dann, "wenn es sich ergibt, dass seine Mitmenschen ebenfalls mit Kreiselkompassen ausgerüstet sind, die bei gleicher Drehzahl auch in die gleiche Richtung weisen".(8) Dieser Typus der Steuerung ist indessen für die moderne Gesellschaft zu starr. Die weltweiten Kontakte mit anderen Kulturen und Wertsystemen, die rasche Wandlung der Technik und der Lebensweise verlangen nach einem neuen, anpassungsfähigeren Mechanismus. Anstelle des Kreiselkompasses tritt nun die Radaranlage, die auf bestimmte Meinungsführer oder bestimmte leitende Gruppen eingestellt wird. Dem Kinde wird frühzeitig das Abhängigkeitsgefühl von anderen Menschen eingeprägt, sowie die Fähigkeit, die "richtigen" Signale von "unrichtigen" zu unterscheiden. Die von dem aussen-geleiteten Menschen akzeptierten Normen und angestrebten Ziele verändern sich jeweils als Antwort auf die von aussen empfangenen Signale. Es ist nicht mehr die Konstanz des Normensystems, welche die Verhaltenskonformität innerhalb der Gesellschaft sichert, sondern vielmehr die Ansprechbarkeit jedes Einzelnen auf die von bestimmten Zentren ausgestrahlten Signale und seine Fähigkeit zur raschen Anpassung des eigenen Verhaltens.

Der aussen-geleitete Mensch beginnt gegenwärtig sich in den Grosstädten der Vereinigten Staaten modellhaft durchzusetzen. Da er demjenigen Typus der Gesellschaft entspricht, dem eine immer grössere Bedeutung zukommt, dürfte der aussen-geleitete Mensch zum dominierenden Typus der nahen Zukunft werden.

Dieser neue Mensch ist nicht notwendigerweise ein Opfer dunkler Mächte, die in ihrem Interesse seine Freiheit einschränken - wie die Theorie der Manipulation als Form moderner Herrschaftsausübung behauptet. Er kann gar nicht anders als sein Verhalten nach äusseren Mustern auszurichten und es ständig den neuesten Strömungen anzupassen. Manipulation ist in den Augen des aussen-geleiteten Menschen nicht die Beeinflussung seines Verhaltens schlechthin sondern höchstens

FREIHEIT

eine bestimmte Art der Beeinflussung. Sie tritt in Erscheinung, wenn bestimmte Signale unterdrückt und dadurch die Wahlmöglichkeiten reduziert werden, oder wenn falsche Signale bewusst zur Ausstrahlung gelangen.

Wenn wir uns zum Schluss die Frage stellen, von welcher Seite die Freiheit in der modernen Gesellschaft bedroht wird, so ist vor allem auf zwei Gefahren hinzuweisen: Die Industriegesellschaft hat eine grosse doppelte Leistung vollbracht. Einerseits hat sie dank dem technischen Fortschritt und der Wohlstandssteigerung für ihre Mitglieder einen so grossen potenziellen Freiheitsraum geschaffen, wie ihn keine frühere Gesellschaft je gekannt hat. Der Zugang zu diesem Freiheitsraum steht zwar nicht allen Mitgliedern der Gesellschaft im gleichen Grade offen. Keine Bevölkerungsschicht wird aber prinzipiell von der Teilnahme ausgeschlossen, und die Chancen für eine volle Nützung des Freiheitsraumes durch jeden Einzelnen werden immer besser ausgeglichen. Andererseits hat die moderne Industriegesellschaft die für die Schaffung dieses Freiheitsraumes notwendigen Einschränkungen der "Freiheit nach allen Seiten" spürbar abgebaut. Die starke Verkürzung der Arbeitszeit, die Toleranz den verschiedenen Lebensweisen gegenüber, die Sicherung der persönlichen Rechte jedes Individuums unabhängig von seiner sozialen Stellung müssen als bedeutende Errungenschaften betrachtet werden. Die sinnvolle Ausnützung der so gebotenen Freiheiten stellt heute die grosse, noch ungelöste Aufgabe dar. Die moderne Gesellschaft schenkte dieser Aufgabe bislang zu wenig Beachtung. Sie bemüht sich kaum um die Entwicklung neuer Formen der Freizeitgestaltung, um die Erziehung der jungen Generation zur Nutzung der neuen Möglichkeiten, die sich ihr in der Wohlstandsgesellschaft bieten. Sie kümmert sich auch zu wenig um die Sicherung dieser Freiheitssphäre gegen den Missbrauch durch politische und wirtschaftliche Interessengruppen. Der Freiheitsraum, den die moderne Gesellschaft ihren Mitgliedern bietet, bedeutet aber so lange keinen effektiven Gewinn an individueller Freiheit, als er nicht sinnvoll genützt wird.

Das ist die erste Gefahr: Wir verfügen über einen immer

DIE FREIHEIT IN DER MASSENGESELLSCHAFT

grösseren, potenziellen Freiheitsraum - und sind immer weniger fähig, diesen Raum sinnvoll zu nützen. Die zweite Gefahr liegt in der Persönlichkeitsstruktur des aussen-geleiteten Menschen begründet, der nicht mehr über einen seelischen Kreiselkompass verfügt, sondern sich nach äusseren Signalen richtet. Ein solcher Mensch kann sich zwar der Beeinflussung durch einzelne Interessengruppen widersetzen, insbesondere wenn diese Beeinflussung von divergierenden Seiten kommt und auf verschiedenartige Ziele ausgerichtet ist. Er ist jedoch dem konzentrierten Einfluss seiner eigenen Gesellschaft fast wehrlos ausgeliefert. Deshalb bezeichnet Dahrendorf eine Gesellschaft, in welcher der aussengeleitete Mensch dominiert, als eine "Demokratie ohne Freiheit". Die Werte und Haltungen eines aussen-geleiteten Menschen sind "nicht seine eigenen, sondern die der Gesellschaft, in der er lebt. Wenn er diesen Kontext verliert, verliert er alles ... und er wird versuchen, sich an alle neuen Erwartungen und Forderungen anzupassen, die ihm begegnen, gleichgültig um deren Inhalt und Wert" (9). Freiheit wird nur von einem Menschen verteidigt, der einen festen Halt besitzt, der die entscheidenden Wertungen auf Grund seiner eigenen, im Prozess der Persönlichkeitsbildung gewonnenen Kriterien fällt. Deshalb ist mit dem Uebergang zu einem neuen, von aussengeleiteten Menschen beherrschten Gesellschaftstypus die Gefahr verbunden, dass seine Mitglieder nicht bereit sein könnten, die Freiheit zu verteidigen. Eine solche Entwicklung aber würde nicht bloss einen Rückschlag für den weiteren Abbau der Freiheitseinschränkungen bedeuten, sondern könnte zu einer Gefährdung des gesamten Kultursystems führen, welches die allmähliche Befreiung des Menschen von den Schranken des blossen Zwanges verhiess.

FREIHEIT

Anmerkungen

1) Franz Kafka: Ein Bericht für eine Akademie, Sämtliche Erzählungen, Fischer Taschenbuch Verlag, 1969, S. 150.
2) Herbert Marcuse: Neue Quellen zur Grundlegung des Historischen Materialismus, in: Ideen zu einer kritischen Theorie der Gesellschaft, edition Suhrkamp 300, S. 30/1.
3) Karl Marx: Oekonomisch-philosophische Manuskripte, in: Frühe Schriften 1. Band, hsg. von H.-J. Lieber und P. Furth, Darmstadt, 1962.
4) René König: Freiheit und Selbstentfremdung in soziologischer Sicht, in: Studien zur Soziologie, Fischer Bücherei 1971, S. 74.
5) Ralf Dahrendorf: Homo sociologicus, zitiert nach: Pfade aus Utopia, Piper, München 1967, S. 146.
6) G.F.W. Hegel: Phänomenologie des Geistes, Jubiläumsausgabe, Leipzig 1907, S. 128.
7) Herbert Marcuse: Der eindimensionale Mensch, Luchterhand, 1967, S. 21.
8) David Riesman: Die einsame Masse, Rowohlt, 1958, S. 41.
9) Ralf Dahrendorf: Gesellschaft und Freiheit, 1961, S. 340.

FREIHEIT UND VERPFLICHTUNG IN LEHRE UND FORSCHUNG

Hugo Aebi

Die Aufgabe über Freiheit und Verpflichtung des Dozenten und Wissenschafters zu berichten, wird durch den klassischen Grundsatz der Einheit von Lehre und Forschung erleichtert. Die Probleme, wie sie sich im Unterricht und in der wissenschaftlichen Forschung stellen, sind zwar verschieden. Die Fragestellungen sind aber nicht unähnlich. Wer dem zunehmenden Spezialistentum unserer Zeit zu erliegen droht, wird zwar auch diese Einheit bezweifeln. Ist es heute überhaupt möglich, in beiden Sparten Ueberdurchschnittliches zu leisten? Die Antwort auf diese Frage wird je nach Fakultät und Fachrichtung, Eignung und Neigung verschieden ausfallen. In der Regel dürfte zutreffen, dass sich Lehre und Forschung wechselseitig Anregungen und Impulse geben. Wer ein guter akademischer Lehrer bleiben will, muss auch die Möglichkeit haben, selbst aktiv forschend tätig zu sein; einfach deshalb, weil lebendiger und gegenwartsbezogener Unterricht nur aufgrund eines persönlichen Verhältnisses zur Materie möglich ist. Anderseits dürften die Gespräche mit kritischen Mitarbeitern und neugierigen Studenten einen nicht unerheblichen Anreiz zur weiteren Forschungstätigkeit abgeben.
Gegen diese Einheit spricht, dass es bei den hohen Anforderungen, welche bestimmte Forschungsgebiete heute stellen, und beim überaus raschen Fortschreiten der Erkenntnisse nur dann möglich ist an vorderster Front mitzureden und mitzuhalten, wenn sich der Wissenschafter praktisch frei von Unterrichtsverpflichtungen und administrativen Umtrieben ganz auf seine anspruchsvolle Arbeit konzentrieren kann. Diese Spezialisierung der Einen wird in der Praxis dadurch kompensiert, dass es andere Dozenten gibt, denen die Erteilung von Unterricht und organisatorische Tätigkeit mindestens ebenso zuzusagen scheint wie die mühsame Arbeit im Laboratorium. Somit hängt es nicht zuletzt vom Entschluss des akademischen Lehrers selbst ab, inwieweit er als freier Forscher tätig sein will oder der Universität, dem Staat oder ganz allgemein der Gesellschaft durch Uebernahme zusätzlicher Verpflichtungen dienen will oder nicht.

FREIHEIT

Auch von der Sache her gesehen bestehen verschiedene Analogien. Beide, Lehre und Forschung, sind Wegbereiter des Fortschrittes. Dies macht verständlich, dass wir heute aus berechtigter Sorge um die Zukunft dazu neigen, einem praktisch unbegrenzten Forschungs- und Bildungsglauben zu huldigen. Weite Kreise erblicken in diesen beiden Anliegen einen Prüfstein für die Leistungsfähigkeit und den Weitblick unseres Gesellschaftssystems. Gewinnung und Weitergabe von Erkenntnissen sind somit die treibenden Kräfte, die das Leben des Menschen fortlaufend verändern. Darauf soll näher eingegangen werden.

Was bedeutet eigentlich der Begriff Fortschritt, von dem heute jedermann fasziniert zu sein scheint? Ist Fortschritt der gesuchte Schlüssel zum Erfolg oder öffnet er etwa den Weg zum Verhängnis? Macht er den Menschen endlich frei oder erst recht unfrei? Dieses Wort beinhaltet zunächst nichts anderes als eine quantitative und qualitative Zustandsänderung in Abhängigkeit von der Zeit. Wenn es darum geht, den Fortschritt quantitativ zu fassen, existieren auch im Bildungswesen und in der Forschung Indizies, mit denen der Fortschritt in Zahlen zum Ausdruck gebracht werden kann. So sind wir gewohnt die Wachstumsrate hinsichtlich Personal und Aufwand, als das Mass aller Dinge zu nehmen ("bigger and better"; "the fastest growing company"; "Wenn viel von etwas gut ist, dann ist mehr davon besser" etc.). Dementsprechend wird Stillstand als Rückschritt betrachtet. Es ist denkbar, dass wir hier in nächster Zeit umlernen müssen und in verschiedenen Belangen - allein schon um zu Ueberleben - lieber den Bestand ("zero growth") halten sollten. Derlei Gedanken dürften jedoch zu einer Zeit des Bildungsoptimismus und der Forschungseuphorie nicht besonders populär sein.

Untersucht man den Fortschritt auf irgend einem Gebiet nach seiner Qualität, d.h. nach Inhalt, Intensität und Richtung, stellen wir fest, dass jede Vermehrung der Kenntnisse, die Zunahme des Wissens auf irgend einem Gebiet grundsätzlich positive und negative Auswirkungen auf den Menschen haben kann. Je weiter der Fortschritt auf einem Gebiet gediehen ist, desto grösser die Diskrepanz zwischen möglichem Nutzen und Schaden. So sehr die Zielvorstellungen, wohin uns der Fortschritt führen soll, auseinander gehen, so sehr divergieren auch die Auffassungen über das einzuhaltende Tempo. Die Einen wollen diesen Weg nach oben langsam und bedächtig suchen, nach dem Grundsatz "Sicherheit über alles". Andere hingegen sind bereit, um vom Istzustand so rasch wie möglich wegzukommen, einen Zug zu besteigen, ohne dessen Reiseziel zu kennen. Diese Gefahr besteht auch beim wissenschaftlichen Fortschritt. Löwith hat diese Gefahr klar erkannt: "Fortschritt ist in sich selbst masslos und unersättlich, denn je mehr erreicht wird, desto mehr wird gefordert und erstrebt". Die entscheidende Frage ist somit die, ob es gelingt in der Forschung den Gang der Dinge im rechten Mass durch freie Entfaltung anzutreiben und durch Verpflichtungen zu drosseln oder wenigstens zu lenken.

Welches sind die treibenden Kräfte, welches die hemmenden Faktoren, die in ihrem Wechselspiel den wissenschaftlichen Fortschritt bestimmen? Das Arbeitsklima, die Qualität der Ausbildung, die Höhe der aufgewendeten Mittel und die Zahl der tätigen Forscher. Dies dürften wohl die ausschlaggebenden Faktoren sein. Sofern der Richtwert von 2,5% des Bruttosozialproduktes auch für die Schweiz angewandt werden darf, könnten wir uns die Forschung ruhig noch etwas mehr kosten lassen. Die entscheidende Voraussetzung für die Gewinnung neuer wesentlicher Erkenntnisse ist neben guten Arbeitsbedingungen und etwas Glück das Privileg sich in voller Freiheit, aber stimulierender Umgebung einer Aufgabe voll und ganz widmen zu können.

Gibt es ausser einer Beschränkung der Mittel weitere Faktoren, welche den wissenschaftlichen Fortschritt bremsen oder ein vernünftiges Arbeiten überhaupt verunmöglichen können? Man kann sich z.B. fragen, welcher Art der Fortschritt sein würde, wenn an unseren Universitäten nicht mehr der Dozent als Forscher über seine Forschungsziele frei und in eigener Verantwortung bestimmen könnte, sondern irgend ein Gremium, das mehrheitlich aus Studienanfängern oder Laien zusammengesetzt ist. Was dann, wenn er nicht mehr selbst darüber entscheiden kann, wie das Forschungsprojekt angepackt werden soll und ob Mittel von dritter Seite angenommen werden dürfen oder nicht?

FREIHEIT

Für eine selbstauferlegte Einschränkung des Freiheitsraumes, in welchem sich die Forschung frei entfalten kann, hat die Gemeinschaft der Forscher die Verantwortung selber zu tragen. Es sind dies Vorurteile, vorgefasste Meinungen, das bekannte "Brett" vor der Stirne. Dazu ein Beispiel: Die Untersuchung chemischer Verbindungen, welche Edelgase enthalten, hat erst 1962 eingesetzt; vor allem deshalb, weil sich zuvor niemand die Mühe genommen hat, danach zu suchen. Grund: Es galt als ausgemacht, dass die Edelgase, z.B. Xenon - da über eine vollständige Elektronenschale verfügend - chemisch inert sein müssen. Erst die Entdeckung von Xenontetrafluorid XeF_4 hat den Weg für eine unvoreingenommene Untersuchung der Edelgasverbindungen frei gemacht.

Wohin führt der wissenschaftliche Fortschritt, wenn er sich wie bisher in aller Freiheit, Unbekümmertheit weiter entfalten kann? Diese Frage ist besonders aktuell für jene Disziplinen, in denen der Stand der Kenntnisse eine kritische Grenze erreicht hat. Kritisch in dem Sinne, dass die praktischen Anwendungen der Menschheit zum Segen oder zum Fluch gereichen können. Diese Ambivalenz des Fortschrittes zeichnet sich heute auf verschiedenen Gebieten immer deutlicher ab. Waren es in den 40iger Jahren die Kernphysiker, die aus bekannten Gründen vor eine heikle Gewissensfrage von weittragender Bedeutung gestellt worden sind, ist dies heute vor allem in den biologischen Wissenschaften der Fall. Das im Herbst 1971 in Basel stattgefundene Symposium "Das herausgeforderte Leben" hat diesen Zwiespalt, in dem sich viele Wissenschafter befinden, mit aller Deutlichkeit aufgezeigt. Zwei aktuelle Probleme, welche den Gegensatz zwischen Freiheit und Verpflichtung besonders deutlich erkennen lassen, seien hier als Beispiele herausgegriffen:

Die Genetik, die Wissenschaft von der Vererbung hat im vergangenen Jahrzehnt, wie kaum eine andere Disziplin einen ungeahnten Aufschwung genommen. Ausschlaggebend für diese Schwergewichtsbildung waren epochemachende Entdeckungen, wie z.B. die Aufklärung der Struktur der Erbmasse, d.h. der Desoxyribonucleinsäure (DNS) durch Watson und Crick und die Entzifferung des genetischen Codes durch Nirenberg und Ochoa. Diese Arbeiten hatten einen wahren Durchbruch an der wissen-

schaftlichen Front zur Folge. So wird bereits heute allen Ernstes befürchtet, dass diese Erkenntnisse zur genetischen Manipulierung des Menschen missbraucht werden könnten. Eine gefährliche Entwicklung mit möglicherweise unabsehbaren Folgen wird aus zwei Gründen befürchtet:
1. Da es gelungen ist, einzelne Gene zu isolieren (z.B. das Lac-Operon aus E. coli) und durch Totalsynthese herzustellen, sind gezielte Veränderungen der Erbmasse - so etwas wie eine Genchirurgie! - in den Bereich des Möglichen gerückt. Auch das letzte Hindernis auf diesem Weg, nämlich das Einbringen künstlicher Gene in die natürliche Gen-Garnitur des Menschen, konnte letztes Jahr überwunden werden. Versuchsobjekt dieser erstmaligen "Zellreparatur" war allerdings nicht der Mensch selbst, sondern eine Kultur von ausserhalb des Körpers gezüchteter menschlicher Zellen. Die drei Wissenschafter, denen diese sensationelle Leisung gelungen ist (Merril, Geiger und Petricciani vom NIH, Bethesda), benützten für ihre Experimente Bindegewebszellen, die sie von einem galactosämiekranken Kind erhalten hatten. Kinder, die Träger dieses angeborenen Stoffwechseldefekts sind, vermögen nicht Milchzucker in Traubenzucker umzuwandeln. Diese Krankheit beruht somit auf einem vererbten Defekt, d.h. auf einer unvollständigen Enzymausrüstung. Unter Benützung von bakterienzerstörenden Viren, sog. Bakteriophagen, ist es gelungen, die Information, welche zur Synthese des fehlenden Enzyms nötig ist, in das Erbgut dieser defekten Zellen einzuschmuggeln. Dieser mittels Bakteriophagen bewerkstelligte Gentransport, in der Fachsprache Transduktion genannt, zeigt, dass es grundsätzlich auch bei Zellen vom Menschen möglich ist, die Erbmasse von Aussen zu beeinflussen und damit in den Vererbungsvorgang einzugreifen, hier in positivem Sinne, als Pannenhilfe! Leider sind auch negative Anwendungsmöglichkeiten denkbar.
Wenn auch die praktischen Auswirkungen dieses Experimentes nicht überschätzt werden dürfen und kein Grund zur Beunruhigung besteht, steht gleichwohl fest, dass mit diesem Experiment das Zeitalter der genetischen Manipulierung des Menschen theoretisch begonnen hat. Virologie und Bakteriologie haben der Biologie und Medizin seit jeher als wegwei-

FREIHEIT

sendes Experimentierfeld gedient. Ob und wann die klinische Medizin von diesen Erkenntnissen profitieren wird, ist allerdings noch völlig offen.

2. Ein weiterer unheimlich anmutender Aspekt der genetischen Forschung ist folgender: Die Herstellung einer beliebigen Menge genetisch identischer Individuen durch die Technik des Kernaustausches bzw. "cloning" ist bisher einzig bei Kaulquappen gelungen. Die Durchführung derartiger "Experimente" beim Menschen, welche die klassische Auffassung über Vater- bzw. Mutterschaft vollends auf den Kopf stellen würde, ist nach Auffassung der zuständigen Wissenschafter lediglich eine Frage der Zeit und des Aufwandes. Ob eine befruchtete Eizelle nach erfolgtem Kernaustausch im Reagensglas oder im Uterus einer "Amme" aufgezogen wird, ist eine Frage von untergeordneter Bedeutung. Diese Bemerkung zeigt aber auch, dass eine Anwendung in grösserem Ausmass wohl kaum in Frage kommen dürfte. Jedenfalls ist die Vision, wie sie Aldous Huxley in seinem Werk "The brave new world" geschildert hat, nicht mehr so wirklichkeitsfremd und unerreichbar, wie man dies noch vor einer Generation hätte glauben dürfen.

Die grossen Fortschritte der biologischen und medizinischen Forschung haben nicht nur eine Einflussnahme auf das Werden, sondern auch auf das Sterben in greifbare Nähe gerückt. Die heute mit zunehmender Intensität betriebene Altersforschung, die Gerontologie, versucht diesen biologischen Vorgang, die dabei bestehenden Gesetzmässigkeiten sowie die Möglichkeiten einer Einflussnahme abzuklären. Welche Faktoren für das physiologische Altern verantwortlich sind, ist so gut wie unbekannt. Man weiss auch nicht weshalb die Lebensuhr beim Menschen etwa 30x langsamer abläuft als bei der Ratte, obgleich im histologischen Feinbau der Gewebe und bei der Struktur der Makromoleküle, keine fundamentalen Unterschiede zu erkennen sind. Ist auch der Lebenslauf genetisch determiniert oder sind es Vorgänge der Materialermüdung (z.B. Kollagen), der Autointoxikation (Fäulnisprozesse im Darm) oder der Autoimmunisierung (Sensibilisierung gegenüber körpereigenen Proteinen), welche dem Ideal der ewigen Jugend entgegen stehen? Die Technik der Gewebezüchtung in vitro erlaubt bestimmte Gewebe praktisch unbegrenzt am Leben zu

erhalten und ist somit geeignet, Alternsvorgänge auf dem
Niveau der Zelle zu untersuchen. Viele Faktoren, die am
intakten Säuger (Ratte) auf die Beeinflussung der Lebenserwartung untersucht worden sind, wirken lebensverkürzend.
Grosses Aufsehen haben die Ernährungsversuche von McKay
(Ithaca, N.Y.) erregt, der gezeigt hat, dass die mittlere
Lebenserwartung von Ratten durch Kalorienrestriktion bzw.
Wachstumsverzögerung bei sonst adäquater Ernährung verdoppelt werden kann. Dieser erstaunliche Befund läuft unserer
heutigen Auffassung von einem lebenswerten Leben derart
zuwider, dass an eine Extrapolation auf den Menschen wohl
im Ernst nicht zu denken ist. Ein Weg, der auf lange Sicht
mehr Erfolg zu haben verspricht, ist die Aufklärung des
Alternsprozesses auf molekularem Niveau. So hat Verzar
(Basel) gezeigt, dass die physikochemischen und mechanischen
Eigenschaften des Kollagens (z.B. Rattenschwanzsehne) im
Verlaufe des ganzen Lebens graduell ändern, was eine relativ
genaue Bestimmung des biologischen Alters erlaubt.
Beim heutigen Gang der biologischen Forschung scheint es
durchaus denkbar, dass die immer wirksamer werdende
Behandlung degenerativer Krankheiten sowie Eingriffsmöglichkeiten auf hormonalem Wege eine Erhöhung der mittleren
Lebenserwartung um ein oder sogar 2 Jahrzehnte zur Folge
haben werden. Die Gegenüberstellung der praktischen Einflussmöglichkeiten auf Zeugung und Lebensverlängerung lässt die
Problematik derartiger "Fortschritte" in besonders grellem
Licht erscheinen. Die heute allgemein empfohlene Herabsetzung der Geburtenrate und der Wunsch eines jeden einzelnen, möglichst lange ein lebenswertes, d.h. in Freiheit
gestaltetes Leben zu führen, bewirken beide eine Beschleunigung des demographischen Alterns der Bevölkerung. Damit
fällt die Entscheidung, vor die jedes Volk gestellt sein wird,
zu wählen zwischen Wachstum und Ueberalterung, umso schwerer.
Wer hat nun angesichts dieser Perspektiven, die uns die vielgepriesene freie Forschung bietet, dafür zu sorgen, dass sich
die Erkenntnisse der Wissenschaft nicht gegen die Interessen
der Gesellschaft auswirken? Sind es die Wissenschafter selbst,
die Politiker oder die Gesellschaft als Ganzes? Es ist wohl

FREIHEIT

die gemeinsame Aufgabe aller in partnerschaftlicher Zusammenarbeit, eine vernünftige Lösung zu finden. Gerade weil diese Fragen heute noch in aller Ruhe diskutiert werden können, liegt es im Interesse der Sache, wenn besorgte Politiker diese Frage im Parlament stellen. (Z.B. Postulat von Nationalrat Schalcher vom 28.9.1970). Die Gefahr einer genetischen Manipulation des Menschen sollte allerdings auch nicht überschätzt werden. Sie ist jedenfalls im heutigen Zeitpunkt gegenüber anderen Beeinflussungsmöglichkeiten, z.B. Manipulierung via Massenmedien und Reklame, relativ klein. Da der Begriff "Freiheit", wenn es um die psychische Beeinflussung des Menschen geht, zwei stark kontrastierende Gesichter zeigt, sei ein kurzer Exkurs in die Domäne der Werbung und Reklame gestattet. Es ist eines der Attribute der freien Marktwirtschaft, dass mit einem an Intensität stetig zunehmenden Trommelfeuer von Reklame um die - allerdings recht vergängliche und launische - Gunst des Konsumenten geworben wird. Der kritisch eingestellte Konsument begegnet dieser wachsenden Reklameflut mit zunehmender Skepsis, denn er will nicht eine von Geschäftsinteressen gelenkte, sondern eine objektive, uninteressierte, d.h. freie Information. An sich ist der Mensch durchaus frei, ob er bestimmten immer wieder vorgezeichneten Leitbildern folgen will oder nicht. Die psychologische Forschung hat aber gezeigt, dass die durch geschickte Werbung erreichte Beeinflussung - eigentlich auch eine Art von Manipulation - nicht unbeträchtlich sein kann. Ich frage: Liegt es im wahren Interesse der Gesellschaft, wenn unter dem Schutz der Handels- und Gewerbefreiheit uneingeschränkt, ja hemmungslos Reklame betrieben werden kann, für Gepflogenheiten, die den Erkenntnissen der präventiven Medizin zuwiderlaufen, für Produkte, die der Volksgesundheit grossen Schaden zufügen? Ist das Gebrauch oder Missbrauch der Freiheit? Dieser widersinnige Sachverhalt darf all denen nicht gleichgültig sein, die zwischen Freiheit (der Wirtschaft) und Verpflichtung (dem gefährdeten Mitmenschen gegenüber) wohl abzuwägen verstehen.
Kehren wir zur zentralen Frage: Gelenkte oder freie Wissenschaft zurück! Gelegentlich wird angesichts der unheimlichen Perspektiven, welche sich in der mutmasslichen Entwicklung

abzeichnen, gefordert, die Wissenschafter sicherheitshalber
an die Kandare zu nehmen und ihnen auch den verbleibenden
Rest von Freiheit zu nehmen.
Kann überhaupt einer missbräuchlichen Verwendung von Wissen
vorgebeugt werden? Es bestehen theoretisch zwei Möglichkeiten: Einerseits der Erlass eines grundsätzlichen Forschungsverbotes auf dem betreffenden Gebiet. Wenn man weiss, wie
schwer es hält Abkommen mit weltweiter Gültigkeit zu treffen
(z.B. Aechtung der Vorbereitungen für B- und C-Waffen), ist
man sehr skeptisch, ob es je gelingen würde, im weiten Bereich des Erforschbaren derartige Sperrgebiete zu errichten
und deren Respektierung bei allen Partnern durchzusetzen.
Gegen die Idee einer solchen Generalpraevention sprechen
auch sachliche Gründe: So sind z.B. Genetik und Krebsforschung zwei Spezialgebiete, die hinsichtlich Methodik, Vorgehen und Fragestellung derart eng miteinander verknüpft
sind, dass sie sich gar nicht voneinander trennen lassen.
Würde die Freiheit der Forschung auf diesem vielversprechenden Gebiet eingeschränkt, würde sich die Menschheit
selbst in den Nachteil versetzen. Die bisherigen Erfolge der
Genetik und die ebenso vielen, die noch zu erwarten sind,
würden es niemals rechtfertigen, aus Furcht vor dem Fortschritt ein derartiges utopisches Ansinnen zu stellen. Da die
Durchsetzung einer solchen Uebereinkunft in der Praxis kaum
möglich sein wird, verbleibt die zweite Möglichkeit: Die laufende Anpassung unserer ethischen Grundprinzipien an den
wissenschaftlichen Fortschritt. Auch diese schwierige Aufgabe kann nur von den Wissenschaftern, den Behörden und
der Gesellschaft gemeinsam gelöst werden. Dieser Gedanke
ist kürzlich von einem Kollegen, der Politiker und Wissenschafter zugleich ist, wie folgt formuliert worden: "Wir
werden angesichts der sich abzeichnenden Möglichkeiten nicht
darum herum kommen, die politischen und gesellschaftlichen Folgen
der biologischen Revolution vorausschauend zu erkennen oder es
wenigstens zu versuchen und die Grenzen in der Anwendung wissenschaftlicher Erkenntnisse rechtzeitig festzulegen. Die Würde des
Menschen gilt es auch in der biologischen Revolution unter allen
Umständen zu wahren. Darin liegt eine der grossen politischen Aufgaben der Zukunft". (Regierungsrat Dr. Gilgen, Zürich)

FREIHEIT

Lässt sich Forschung wenigstens lenken? Dies ist in beschränktem Masse durch wissenschaftspolitische Massnahmen, wie Schaffung von Forschungsschwerpunkten möglich. Beim Setzen von Prioritäten kann es aber niemals darum gehen, "nützliche" Disziplinen, wie z.B. Physik, Chemie etc. gegen solche auszuspielen, bei denen die direkten Auswirkungen auf Volkswirtschaft oder Volksgesundheit nicht so deutlich auf der Hand liegen. Vor einem Jahr hat der schweizerische Wissenschaftsrat eine Umfrage durchgeführt zwecks Bestandesaufnahme derjenigen Forschungsvorhaben, die als besonders dringlich anzusehen sind. Auf diese Wunschliste braucht hier nicht eingegangen zu werden, nicht zuletzt weil der Wissenschaftsrat die grundsätzliche Beantwortung in der Wegleitung bereits selbst vorweggenommen hat. Als besonders dringlich betrachtet er Forschungsarbeiten, die 1. für eine wesentliche Erweiterung der wissenschaftlichen Erkenntnis, 2. zur Lösung zentraler Aufgaben unserer Gesellschaft und 3. aus wirtschaftlichen Gründen vorgenommen werden sollten. Zu den zentralen Aufgaben unserer Gesellschaft gehören a) Schutz und Hebung der Gesundheit, c) Sorge für unsere natürliche Umwelt und c) die Sorge für eine Sozialordnung, welche die Würde der menschlichen Person zum Zentrum hat. So wenig es in Frage kommt, die relativ knappen Mittel gleichmässig auf alle Forschungsgebiete zu verteilen, sowenig wäre es zu verantworten, sie ausschliesslich den oben erwähnten Arbeitsrichtungen zugute kommen zu lassen. Zwischen diesen beiden Extremen die beste Zwischenlösung zu finden, dürfte zu den heikelsten Aufgaben gehören.
Können praktische Anwendungsmöglichkeiten und deren Auswirkungen auf den Menschen vorausgesehen werden? Die Beantwortung dieser Frage gibt zugleich Aufschluss darüber, ob es überhaupt möglich ist, zwischen "ungefährlichen" und "gefährlichen" Forschungsrichtungen zu unterscheiden. Alle technischen Neuerungen lassen sich ohne Ausnahme in den Bereich der Grundlagenforschung zurückverfolgen. Jedes Wissen, jede Erfahrung führt somit in einer lückenlosen Sequenz von der zweckfreien Grundlagenforschung zur anwendungsorientierten Forschung und Entwicklung bis zur technischen Realisierung. Die Grundlagenforschung gedeiht in einer Atmosphäre völliger Freiheit am besten. Man sollte die in der Grundlagenforschung

FREIHEIT IN LEHRE UND FORSCHUNG

Tätigen schon allein deshalb gewähren lassen, weil es in jenem entscheidenden ersten Stadium der Forschung gar nicht möglich ist, eine Aussage über die prospektive Bedeutung der Ergebnisse zu machen. Am besten lässt sich diese Behauptung durch eine Studie belegen, welche vor einigen Jahren im Illinois Institute of Technology Research Institute ausgeführt worden ist. In dieser Studie betitelt "Traces" (Technology in Retrospect and Critical Events in Science) wird an 5 Beispielen gezeigt, dass die Resultate der Grundlagenforschung, welche Ausgangspunkt jener Entwicklungen gewesen sind, keineswegs erlaubt haben, irgendwelche Prognosen hinsichtlich Ausführbarkeit bestimmter Pläne und Wünsche zu stellen. Das eindrücklichste Beispiel betrifft die Ovulationshemmer, die "Pille". Die graphische Darstellung sämtlicher experimenteller Befunde in ihrer zeitlichen Folge und inhaltlichen Abhängigkeit führte zur Aufstellung eines Stammbaumes. Dieser zeigt, dass es der Synthese einer Vielzahl von Befunden auf den Gebieten der Chemie, Biologie, Endokrinologie und der klinischen Medizin bedurft hat, um nach einem experimentellen Durchgangsstadium zum praktisch anwendbaren Produkt zu gelangen.

Diese Studie zeigt klar und deutlich, von welch fundamentaler Bedeutung die Grundlagenforschung tatsächlich ist. Sofern diese 5 wichtigen technischen Entwicklungen repräsentativ sind, darf daraus gefolgert werden, dass Universitätslaboratorien 3/4 der Grundlagen erarbeitet haben, während der Rest auf Industrie und andere Laboratorien entfällt. Wie zu erwarten, wurde die technische Entwicklungsarbeit grösstenteils (83%) in den Laboratorien der Industrieunternehmungen ausgeführt. Im Durchschnitt liegen die Entdeckungen, welche im Bereich der Grundlagenforschung gemacht wurden und die Ausgangspunkte jener technischen Entwicklung gewesen sind, etwa 20-30 Jahre zurück.

Welche Schlüsse lassen sich aus dieser Studie ziehen? Sie beweist einwandfrei, was die Wissenschafter an der Universität rein gefühlsmässig bisher angenommen haben: Die Grundlagenforschung ist zwar zweckfrei, aber keineswegs nutzlos. Vielmehr ist eine zeitgemäss betriebene Grundlagenforschung, in welcher sich der Wissenschafter in völliger Freiheit ent-

FREIHEIT

falten kann, für das Wohlergehen unserer Gesellschaft von zentraler Bedeutung. Sofern die gemachten Erfahrungen eine prospektive Extrapolation gestatten, zeigt diese Studie, dass die von der kommenden Generation zu erarbeitenden technischen Errungenschaften im wesentlichen auf den Ergebnissen der jetzt an den Universitäten geleisteten Arbeit basieren. Kurz: Der Fortschritt von morgen beruht auf der Grundlagenforschung von heute.

Gibt es eine moralische Verantwortlichkeit des Wissenschafters? Aus den obigen Darlegungen geht hervor, dass man im Bereich der Grundlagenforschung weder prospektiv nützliche von unnützen Forschungsarbeiten, noch potentiell gefährliche von gefahrlosen Arbeitsrichtungen unterscheiden kann. Gleichwohl stellt sich die Frage nach der Verantwortung. Früher kannte der Wissenschafter nur eine Verantwortlichkeit, die er zusätzlich zu übernehmen hatte: Nämlich die Verpflichtung nach der Wahrheit zu suchen und die Entwicklung des eigenen Fachgebietes nach Kräften zu fördern. Dies entspricht etwa dem, was der frisch gebackene Doktor anlässlich der Promotionsfeier gelobt.

Heute muss der Umfang dieser moralischen Verantwortlichkeit, entsprechend dem ungleich höheren Stand des Wissens, weiter gezogen werden. Wie bereits erwähnt ist es für den Grundlagenforscher gar nicht möglich, die eventuellen Auswirkungen seiner Tätigkeit auf spätere Generationen zu ermessen. Gleichwohl darf diese Erkenntnis nicht als generelles Alibi dienen, um auf alle Fälle mit sauberer Weste dazustehen. Gibt es auch in der Wissenschaft so etwas wie ein defensives Fahren? Diese Frage ist umso berechtigter als zunehmend Stimmen laut werden, die im Sinne einer Generalpraevention fordern, auf bestimmten Gebieten die Forschung bereits im Stadium der Grundlagenforschung einzustellen. So sehr diese Haltung verständlich ist, so wenig dürfte dieser Weg - weltweit betrachtet - gangbar sein.

Das herkömmliche Berufsethos und die mit ihm verbundenen Loyalitätserklärungen gegenüber dem Arbeitgeber, der Standesorganisation, bzw. Gewerkschaft oder dem Staat helfen hier auch nicht weiter. Letzten Endes wird der Wissenschafter all sein Tun und Lassen der Menschheit gegenüber in eigener

FREIHEIT IN LEHRE UND FORSCHUNG

Verantwortlichkeit zu rechtfertigen haben. Wenn er seine Tätigkeit darauf hin ausrichtet, das Wunder des Lebendigen zu ergründen, Krankheiten zu heilen, oder wenn er sich zum Ziel setzt zur Verbesserung der materiellen, geistigen und sozialen Lebensbedingungen beizutragen, wird er nicht darum herum kommen, sich auch weltanschaulich zu engagieren. Dies hat - um nicht missverstanden zu werden - nichts mit Verpolitisierung der Wissenschaft zu tun. Daraus folgt, dass der Wissenschafter, gleich wie der Politiker, gleich wie jeder, der in der Gesellschaft über besondere Macht verfügt, ein überdurchschnittliches Mass an Verantwortung zu tragen hat. Er muss sich daher gefallen lassen, dass sein Handeln nach besonders strengen Massstäben beurteilt wird. Den Grundsatz "sagesse oblige" müssen sich nicht nur die Mächtigen in Politik und Wirtschaft, sondern auch die Wissenschafter zu eigen machen.

Es gibt auch andere Meinungen! Nicht wenige der in der Grundlagenforschung tätigen Wissenschafter werden vermutlich eine derartige moralische Verantwortung als intellektuelle Sippenhaftung ablehnen. Dies unter dem Hinweis darauf, dass alle Errungenschaften an sich weder gut noch böse sind und es einzig darauf ankommt, was Mensch oder Staat daraus machen. Der Entschluss über Einsatz für oder gegen die menschliche Gesellschaft wird ein politischer Entscheid der betreffenden Machthaber sein. Inwiefern bei dieser Sachlage von einer pauschalen, moralischen Mitverantwortung des Forschers gesprochen werden kann, z.B. gegenüber denjenigen, die die nachteiligen Wirkungen zu spüren bekommen, ist eine der wichtigen ethischen Grundfragen. Wissenschafter und Oeffentlichkeit sollten sich heute schon mit ihr auseinander setzen. Letzten Endes kann nur das Gewissen des Forschers selbst eine Antwort geben. Erschwerend fällt dabei ins Gewicht, dass es kaum objektivierbare Anhaltspunkte zur Beurteilung einer potentiellen Gefährlichkeit geben dürfte. Meine persönliche Auffassung ist, dass auch in Lehre und Forschung Freiheit, Verpflichtung und Verantwortung zusammengehören wie Leib, Seele und Geist. Was Herr Neuenschwander in dieser Vorlesungsreihe aus theologischer Sicht über den Menschen ausgesagt hat, gilt erst recht für den Wissen-

FREIHEIT

schafter: "Verantwortung ohne Freiheit ist sinnlos; Freiheit ohne Verantwortung ist heillos".
Was ist nun die Freiheit des Forschers: Ist dies ein Idealzustand oder ein Unsicherheitsfaktor? Die persönliche Motivierung des Wissenschafters ist in der Regel sehr stark. Seine Neugierde, sein Drang durch Ueberwinden von Schwierigkeiten zum Ziel zu gelangen, sein Streben nach wissenschaftlichem Erfolg können sich nur in voller Freiheit entfalten. Die Gefahr, dass aus Opportunitätsgründen an den wahren Bedürfnissen der menschlichen Gesellschaft vorbeigeforscht werde, wird wohl überschätzt. Es liegt im Interesse beider Partner, der Wissenschaft und der menschlichen Gesellschaft, dass die Auffassungen über die Gewichtung und Bedeutung der einzelnen Forschungsziele möglichst übereinstimmen. Deshalb kann die Information der Oeffentlichkeit von seiten der Universität nicht ernst genug genommen werden. Sie gibt der lehrenden und forschenden Universität den Rückhalt bei der Bevölkerung, den sie unbedingt braucht. Die Zeiten, da sich die Dozenten einer Universität nicht sonderlich darum zu kümmern brauchten, was der Souverän über ihre Arbeit in Lehre und Forschung weiss und wie er sie einschätzt, sind endgültig vorbei. Auch die materiellen Verhältnisse dürfen hier nicht ausser acht gelassen werden. Der Begriff der Freiheit ist für den, der hungert, von fragwürdiger Bedeutung. Das gilt auch für den Forscher: "What means freedom if I starve" hat vor 15 Jahren Prof. E. Boeri, Biochemiker an der Universität Ferrara, ausgerufen, um seinem Unmut über die materiell unhaltbaren Verhältnisse an seiner Universität Luft zu machen. Es ist zu hoffen, dass es in der Schweiz keine Dozenten gibt, die zu einer derartigen Feststellung berechtigt sind ... oder doch?
Wenn nun schon die Universität erwartet, dass sie vom Staat (Bund und Kanton) das Mass an materieller Unterstützung erhält, das sie zur Erfüllung ihrer zahlreichen Aufgaben in Lehre Forschung und für besondere Dienstleistungen braucht, dann ist es gerecht, hier in Erinnerung zu rufen, dass auch die Wissenschafter ihrer Trägerin gegenüber in verschiedener Hinsicht verpflichtet sind.
Es ist daher nicht abwegig auch noch auf die Frage einzugehen, wie es sich mit der Forschung und den von ihr produzierten

FREIHEIT IN LEHRE UND FORSCHUNG

Erkenntnissen im Spiegel der öffentlichen Meinung verhält. Der Ausgang von Urnengängen für universitäre Projekte sowie die Haltung der Presse lassen mit Befriedigung darauf schliessen, dass unsere Hochschulen beim Souverän, trotz vereinzelter Nebengeräusche ein beachtliches Mass an Ansehen und Wertschätzung geniessen. Diese positive Grundhaltung darf nicht darüber hinwegtäuschen, dass diese Bewertung, wie das Beispiel USA zeigt, raschen Wandlungen unterworfen sein kann. Im Prinzip sind auch bei uns zwei Strömungen zu erkennen: Auf der einen Seite die Verehrer der wissenschaftlichen Forschung, von der sie sich eine noch bessere Wirtschaftslage und eine Sicherstellung akademischen Nachwuchses versprechen. Der praktisch unbegrenzte Fortschritts- und Forschungsglaube findet in zunehmenden Masse einen Gegenspieler: Es ist dies ein gewisses Unbehagen oder gar Unzufriedenheit mit der Zielsetzung und den bisher erreichten Resultaten. In Unkenntnis der Zusammenhänge zwischen Grundlagenforschung und technischer Entwicklung wird den Universitäten leichtfertig ein Mangel an "Rendite" vorgeworfen.

Gerechterweise muss zugegeben werden, dass die Wissenschafter, (jedenfalls auf bestimmten Gebieten) an diesem Meinungsumschwung nicht ganz unschuldig sind. Wird nicht gelegentlich aus Opportunitätsgründen die praktische Verwertbarkeit von Experimenten und Erkenntnissen in allzu rosigen Farben ausgemalt? Der Forscher ist in seinen Aeusserungen frei; er muss sich aber der damit verbundenen Gefahren stets bewusst sein. Er darf sich nicht darüber wundern, wenn die von ihm wachgerufenen Illusionen und übertriebenen Hoffnungen nach einiger Zeit in Resignation oder Enttäuschung umschlagen. Dass diese Gefahr z.B. auf dem Gebiet der Krebsforschung besonders gross ist, liegt in der Kostspieligkeit dieser Forschungsrichtung und in den hochgeschraubten Erwartungen begründet, die jeder manifest (oder potentiell) Krebskranke an neue Erkenntnisse knüpft. Daraus folgt, dass der Forscher nicht allein eine grosse Verantwortung für die ihm von der Oeffentlichkeit anvertrauten Mittel zu tragen hat. Mit noch grösserer Sorgfalt hat er das Vertrauen zu behandeln, welches ihm, seiner Arbeit und seinen Aussagen entgegengebracht wird.

FREIHEIT

Schliesslich wird es nicht zuletzt dank neuen Erkenntnissen immer mehr zu einer Konfrontation der Meinungen kommen, was vom weiteren Fortschritt in Wissenschaft und Technik erwartet werden darf. Das klassische Leitbild, das den Wünschen des Einzelnen entgegenkommt: "mehr verdienen, mehr konsumieren, mehr geniessen" wird je länger desto mehr in Frage gestellt. Vor allem deshalb, weil die Forschung in zunehmenden Masse Einsichten bringt, welche im Interesse der Allgemeinheit vom einzelnen Bürger Konsumverzicht und Komforteinschränkungen fordern. Der Schluss klingt paradox: Weitere Fortschritte, die allen zugutekommen sollen, müssen mehr und mehr durch ein Zurückschrauben der Ansprüche des Einzelnen, also durch eine Einengung des persönlichen Freiheitsraumes, erkauft werden.
Welche Aufgaben bringen Lehre und Forschung für die kommende Generation? Die Universität als Stätte kritischer Wissensvermittlung und zweckfreier Forschung sollte mehr als ein Konglomerat höherer Fachschulen sein. Mein Amtsvorgänger, Rektor Locher, hat ihr nicht nur die Funktion des Gehirns, sondern auch diejenige eines Gewissens der menschlichen Gesellschaft zuerkannt. Die Unruhe an der Universität darf deshalb nicht einfach als unerwünschte und unnötige Erscheinung im Rahmen der sich weltweit abspielenden gesellschaftlichen Auseinandersetzungen angesehen werden. Die Universität wird heute mehr denn je nicht darum herum kommen, wenn nötig, als unbequeme Mahnerin aufzutreten. Es genügt nicht, wenn unter dem Schutz der akademischen Freiheit neues Wissen beigebracht wird. Je tiefgreifender diese Erkenntnisse unser Leben und Zusammenleben beeinflussen, desto mehr brauchen wir eine "Ethik" für Wissenschaft und Wissenschaftspolitik. Auf welche Ueberlegungen und Einsichten sich diese zu stützen hat, wollte ich Ihnen in dieser Vorlesung auseinandersetzen!
Gerade weil unsere Zukunft in der Forschung liegt, wird die Forderung nach mehr Bildung und mehr Forschung als Patentlösung für alle eventuellen Schwierigkeiten von morgen erhoben. Je mehr Bildung vermittelt wird, je stärker die Bildungsreserven ausgeschöpft werden, desto mehr wird das Missverhältnis zwischen Intellekt einerseits und Charakter

andererseits zur Auswirkung kommen. Wenn es um reines Fachwissen geht, kann jede Generation dort weiterfahren, wo die vorangehende aufgehört hat. Bei der Persönlichkeitsbildung und allen anderen Eigenschaften, welche den Begriffen "Freiheit" und "Verpflichtung" Inhalt geben, werden alle ganz von vorne anzufangen haben. Erziehung und Bildung sind daher unlösbar miteinander verknüpft. Die immer grösser werdenden Probleme werden nicht dadurch gelöst, dass man versucht, sich ausserhalb der Leistungsgesellschaft zu stellen. Vielmehr wird ein fortwährendes, kritisches Abwägen der frei gefassten Entschlüsse und der Verantwortung gegenüber der Gesellschaft auch in der Wissenschaft am ehesten zum Ziel führen. Die vielen jungen Forscher, die in den Laboratorien unserer Universitäten der Faszination des Vorstossens in unbekanntes Neuland erlegen sind, werden dafür sorgen, dass auch in Zukunft von der Freiheit der Forschung, die wir unangetastet lassen wollen, mit Mass und Ziel zum Wohle aller Gebrauch gemacht werde.

DIE FREIHEIT DES MENSCHEN UND IHRE BEDROHUNG IM TECHNISCHEN ZEITALTER

Hans König

Die Breite der Thematik birgt die Gefahr in sich, dass der Referent in allgemeinen Erörterungen sich verliert. Es scheint mir, angesichts der beschränkten Zeit, empfehlenswerter, mit einigen speziellen, relativ unabhängigen Teilfragen zu beginnen und die Ergebnisse wie Bausteine zu einem Mosaik zusammenzufügen, von dem man aber keine geschlossene Bildwirkung verlangen darf.

1. Zunächst eine Bemerkung zur "Schuldfrage". Das Thema stellt die Technik ins Zentrum der Betrachtung, oder mehr noch: setzt die Technik auf die Anklagebank. Nun - wir wollen gleich zu Beginn die Kirche in die Mitte des Dorfes stellen und festhalten: Die Technik ist eine sittlich neutrale Potenz. Sie spielt für den bastelnden, erfindenden, konstruierenden Menschen, kurz gesagt den homo faber die Rolle des verlängerten Armes, und wenn dieses Wesen falsch operiert, so ist der Kopf zur Verantwortung zu ziehen, nicht der Arm. Man kann von einer Bedrohung des Menschen, insbesondere seiner Freiheit im Zeitalter der Technik wohl sprechen, aber es ist sachlicher darin nicht eine Bedrohung direkt oder indirekt durch die Technik sondern durch den Menschen zu erkennen. Und wenn schon jemand auf die Anklagebank gesetzt werden soll, dann Mensch u n d Technik.

2. Ueber das Verhältnis von Mensch und Technik machen Scheler, Ortega y Gasset u.a. folgendes die Angeklagten in sympathischer Weise entlastendes Bild. Es geht aus von der Annahme, dass die Technik so alt ist wie der Mensch. 1 Million Jahre haben sie miteinander gelebt und haben sich miteinander entwickelt. Die Werkzeuge, die der Mensch erfand, waren ambivalent: der Faustkeil konnte als Feuerstein dienen, aber auch als Waffe. So auch heute: die Kernenergie kann ein Segen oder ein Fluch sein - wohlgemerkt: in der Hand des Menschen. Vergleicht man nun den Menschen, diese Krone der Schöpfung, mit anderen Lebewesen, so fällt auf, dass er nicht fliegen kann, wie ein Vogel, dass er nicht

FREIHEIT

springen kann, wie eine Gazelle usw., und zu diesen Organmängeln gesellt sich noch Instinktmangel, und dieses so benachteiligte Geschöpf wird nun von der Natur mit Intellekt und Phantasie ausgestattet! Es ist nicht abwegig, das technische Gerät als Organersatz zu betrachten; dazu gesellt sich die Organverstärkung und die Organentlastung. Was ist da anders möglich als dass ein "technisches Verhalten" des homo faber entsteht? Es kann nicht anders sein, als dass das technische Leben des homo faber ein integrierender Bestandteil seines Lebens selbst wird. Der homo faber ist der geborene Kunsthandwerker, dem man gar nicht zu sagen braucht: Mach dir die Erde untertan! Arnold Gehlen drückt sich wie folgt aus: "Wenn man unter Technik die Fähigkeiten und Mittel versteht, mit denen der Mensch sich die Natur dienstbar macht, indem er ihre Eigenschaften und Gesetze erkennt, ausnützt und gegeneinander ausspielt, so gehört sie in diesem allgemeinsten Sinne zum Wesen des Menschen ... Die Welt der Technik ist sozusagen der "grosse Mensch": geistreich, trickreich, lebensfördernd und lebenszerstörend wie er selbst, mit demselben gebrochenen Verhältnis zur urwüchsigen Natur. Sie ist, wie der Mensch, "nature artificielle".

3. Eine dritte Bemerkung betrifft das Unaufhaltsame, das der technischen Entwicklung anhaftet. Der revolutionäre technische Wandel, den wir heute und wohl weiterhin erleben, zieht einen revolutionären sozialen Wandel nach sich. Das wissen wir. Ich frage jetzt nicht, ob an dieser Situation für irgendjemanden etwas Bedrohliches zu diagnostizieren sei, sondern ich frage: Könnte man die Lawine etwas bremsen, indem man die technische Entwicklung wenigstens etwas abbremst? Diese Frage ist so wichtig, dass ich Sie eingehend über einen von Mahatma Gandhi unternommenen welthistorisch bedeutsamen Versuch orientieren möchte, wobei ich mich auf Angaben von Toynbee (Menschheit - woher und wohin?) stütze.
"Ghandi wollte Indien herauslösen aus den Fesseln der weltumspannenden Kultur des modernen Westens; er war sich klar darüber, dass er dazu die Verbindung zwischen Indien und dem Westen lösen musste, die dadurch zustande gekommen war,

DIE FREIHEIT IM TECHNISCHEN ZEITALTER

dass Indien die moderne westliche Technik angenommen hatte. Er befürwortete deshalb eine Rückkehr zum Handspinnen und zum Handweben, und er gab persönlich ein Beispiel, indem er selbst täglich diese Arbeit im vorgeschriebenen Umfang ausübte. Hier erfuhr jedoch Gandhi seine einzige ernsthafte Abfuhr. Bei dieser technischen Streitfrage zeigte sich das indische Volk nicht bereit, seinem Führer zu folgen. Es war natürlich klar, dass seine Politik nicht den Beifall der indischen Textilfabrikanten fand, denen es gelungen war, mit Hilfe eines Schutzzolles den Engländern den indischen Markt für maschinell hergestellte Baumwollwaren abzujagen ... Bezeichnend ist nun, dass das indische Volk die Linie, die die Baumwollwaren-Hersteller eingeschlagen hatten, gutgeheissen hat. Der Preis für die Bejahung der technischen Politik Gandhis wäre eine Reduktion des indischen Lebensstandards gewesen, der ohnehin auf der materiellen Ebene schon fast unerträglich niedrig war ... Um diesen Preis konnten sie die Befreiung von der Technik westlichen Stils nicht erkaufen ... Wenn Indien aber sich sperrte, so ist es unvorstellbar, dass z.B. Amerika einen solchen Schritt zurück wagen würde."
Wir sehen: Obwohl technischer Fortschritt und Industrialisierung kein automatischer Prozess, sondern bewusst geplantes menschliches Handeln ist und der Mensch theoretisch die Freiheit hat, das Steuer herumzulegen, so ist doch die Freiheit im Disponieren dort, wo sich die Technik einmal eingenistet hat, ernsthaft in Frage gestellt.

4. Noch wurde nicht von der Gefährdung der Natur gesprochen. Erinnern wir uns an das Mahnwort des Biologen. Er hat uns daran erinnert, dass die Freiheit im Disponieren mit den Mitteln, die die Natur uns bietet, bedrohlich gering geworden ist. Wir haben in unverantwortlicher Weise von der Substanz gezehrt und die Einordnung ins Naturgeschehen sträflich vernachlässigt. Andererseits dürfen wir uns daran erinnern, dass es eigentlich die Fortschritte der Technik sind, die Milliarden Menschen die notwendige Nahrung zukommen lassen könnten. So ist wohl das Vernünftigste, was man tun kann, den homo humanus zu einer adäquaten Bevölkerungs-

FREIHEIT

politik zu überreden und den homo sapiens und den homo faber auf dem Nahrungsmittelsektor konzentriert einzusetzen. Es bedarf hierzu einer unerhörten Disziplin und/oder staatlicher Massnahmen, was man üblicherweise in der Freiheitsbilanz unter Freiheitsverlust bucht. Aber dann buche man gerechterweise das Gefühl, dass es gelungen sei, täglich Tausende vor der Hungersnot zu retten, in der Bilanz auf der positiven Seite!
In dieser Gruppe der ersten vier Bemerkungen, und zum Bild von den Beiden auf der Anklagebank zurückkehrend, wurde die Technik in ihrer Bedingtheit durch sich selbst, also als Bestandteil der Kultur, betrachtet, und man darf wohl sagen, dass in der Natur des Technischen nichts an s i c h die Freiheit des Menschen Bedrohendes zu registrieren sei. Wohl zeitigt sie manche sekundäre unerfreuliche Folgen, vom Autofriedhof bis zum Abhorchgerät, aber darum geht es uns hier nicht: Was durch gezielte Massnahme in Ordnung gebracht werden kann, ist nie bedrohlich.
Es ist nun aber an der Zeit, die Technik im weiteren Rahmen zu betrachten. In den "Weltgeschichtlichen Betrachtungen" unterscheidet Burckhardt drei Potenzen oder Mächte: Staat, Kultur und Religion. Technik, Kunst und Wissenschaft werden der Kultur zugerechnet.

5. Nachstehende Betrachtung bezieht sich auf das Verhältnis Technik und Religion. Durch vielleicht 99% der ganzen Menschheitsgeschichte hindurch hat die Religion des Menschen weder der Verehrung seiner selbst noch der Frage nach der letzten geistigen Wirklichkeit hinter den Phänomenen des Universums gegolten. Verehrt wurden Mächte der nichtmenschlichen Natur: Tiere, Bäume, Regen ... Mond, Sterne. Während des nahrungssammelnden Stadiums der Menschengeschichte war die Menschheit der Willkür der nichtmenschlichen Natur ausgeliefert. Man verehrte eher Dinge, von denen man glaubte, sie hätten Macht über einen. Umgekehrt können wir vielleicht keine Dinge verehren, über die wir Herr geworden sind. Und da der Mensch - vor vielleicht 10'000 Jahren - sich bewusst worden sein mag, dass er die Natur zu beherrschen gelernt habe, ist die urzeitliche Naturverehrung verschwunden. Damals trieb der Mensch

DIE FREIHEIT IM TECHNISCHEN ZEITALTER

bereits Ackerbau und verfügte über verschiedene technische Werkzeuge. Er war der homo faber geworden. Ihm stellten sich im Laufe der Zeit mehrere Glaubensbekenntnisse vor, deren jedes den Anspruch stellte, seine Lehren und Gebote seien unmittelbare Offenbarung von Gott. Hätte es nur e i n e Religion gegeben, so hätte der Anspruch wohl Eindruck gemacht, trotz seiner Absolutheit. Aber die Vielzahl machte die Ansprüche unglaubwürdig. Vor 400 Jahren wurde Giordano Bruno verbrannt. Mit Galilei begann die experimentelle Wissenschaft und die Technik erlebte einen unerhörten Aufschwung. Wissenschaft und Technik sind ihren Weg gegangen. Sie haben die Freiheit, so wie sie sie verstehen, erkämpft. Der homo sapiens und der homo faber lassen gern mit sich reden, was verehrungswürdig sei. Aber sie lassen sich nicht vorschreiben, was sie anzubeten hätten. Das wissenschaftlich-technische Zeitalter i s t als das Zeitalter definitiver Unterscheidung zwischen Wissen und Glauben zu betrachten. Gestatten Sie, dass ich Ihnen einen Text von Theodore Bovet (aus: Die Ordnung der Freiheit) vorlese, der mir, einem schlechten Protestanten, einen nachhaltigen Eindruck gemacht hat. Sie werden sehen warum. Ich werde Ihnen den Text zweimal lesen, wobei ich das zweite Mal das Wort Gott durch das Wort Natur ersetzen werde. Der Text lautet:
"Der Mensch ist Gottes Partner. Beide sind frei: Gottes Freiheit entspricht die Freiheit des Menschen. Weil Freiheit immer ist, eine Freiheit zu schaffen, entspricht Gottes Schöpferkraft die Schöpferkraft des Menschen."
"Nun ist der Mensch selber Gottes Geschöpf, so dass ihm Schöpferkraft und Freiheit geschenkt, verliehen, delegiert sind, während sie zum Wesen Gottes gehören. Gott sprach - und der Mensch antwortet: der Mensch ist Gott verantwortlich. Seine Schöpferkraft und seine Freiheit haben deshalb einen Sinn , und dieser liegt eben in der Partnerschaft mit Gott. Ausserhalb dieser Partnerschaft sind des Menschen Freiheit und Schöpferkraft sinnlos ..."
Und nun derselbe Text im angedeuteten Sinn abgewandelt:
"Der Mensch ist der Partner der Natur. Beide sind frei:
der Freiheit der Natur entspricht die Freiheit des Menschen. Weil Freiheit immer ist, eine Freiheit zu schaffen, ent-

FREIHEIT

spricht der Schöpferkraft der Natur die Schöpferkraft des Menschen.
"Nun ist der Mensch selber Geschöpf der Natur, so dass ihm Schöpferkraft und Freiheit geschenkt, verliehen, delegiert sind, während sie zum Wesen der Natur gehören. Die Natur sprach - und der Mensch antwortet; der Mensch ist der Natur verantwortlich. Seine Schöpferkraft und seine Freiheit haben deshalb einen S i n n , und dieser liegt eben in der Partnerschaft mit der Natur. Ausserhalb dieser Partnerschaft sind des Menschen Freiheit und Schöpferkraft sinnlos ..."
Der homo sapiens und der homo faber, so wollen wir annehmen, werden die zweite Version unterschreiben, der homo humanus, eingedenk klassischer Vorbilder wie Goethe und Spinoza, wird sich zu beiden Texten bekennen können. Die letzte Annäherung ist Sache und Gebot der Toleranz und des guten Willens. Wir dürfen annehmen, dass im heutigen Zeitalter die Bedrohung der Freiheit durch die Religion als dogmatische Gotteslehre im Prinzip überwunden ist.

6. Heute aktueller ist die Frage nach dem Verhältnis zu Staat und Kultur, wobei als Testobjekt wieder die Freiheit des Menschen zur Diskussion steht.
Vorab das eindeutig Negative. Solange es Diktaturen gibt, in denen elementare persönliche Freiheitsrechte mit Füssen getreten werden, solange es noch vorkommt, dass das freie Wort mit Einlieferung in die Irrenanstalt beantwortet wird, solange es noch vorkommt, dass einer, der durch Flucht über die Mauer wie Freiwild abgeknallt wird, s o l a n g e   i s t   d i e   F r e i h e i t   f ü r   a l l e   b e d r o h t . Hier gilt das Wort: Macht ist an sich böse. In dieser Hinsicht ist das wissenschaftlich-technische Zeitalter nicht anders als seine Vorgänger ... höchstens ist es in den Mitteln noch perfider. Zum Glück gibt es Staatsformen, denen eine positive Bedeutung als Mittel zur Schaffung der Ordnung angeschrieben werden kann. Werfen wir ein Blick in die Zukunft, so öffnen sich, angesichts der Situation, in die uns die technische Entwicklung gebracht hat, uns - pointiert gesagt - zwei Wege: Selbstmord der Menschheit oder Einigung. Letztere könnte in Form eines Weltwohlfahrtsstaates auf föderativer Grundlage ihre Ausprägung finden. Die-

DIE FREIHEIT IM TECHNISCHEN ZEITALTER

ser Gedanke ist Jahrhunderte alt. Es drängt mich, hier Worte aus neuerer Zeit wiederzugeben, die Franklin D. Roosevelt, in seiner Ansprache vom 6. Januar 1942 an den Kongress "Ueber die vier Freiheiten" ausgesprochen hat: "In künftigen Tagen, um deren Sicherheit wir uns bemühen, sehen wir freudig einer Welt entgegen, die gegründet ist auf vier wesentlichen Freiheiten des Menschen.
"Die erste dieser Freiheiten ist die der Rede und des Ausdrucks und zwar überall in der Welt.
"Die zweite dieser Freiheiten ist die, Gott auf seine Weise zu verehren, für jedermann und überall.
"Die dritte dieser Freiheiten ist die Freiheit von Not. Das bedeutet, weltweit gesehen, wirtschaftliche Verständigung, die jeder Nation gesunde Friedensverhältnisse für ihre Einwohner gewährt, und zwar überall in der Welt.
"Die vierte dieser Freiheiten aber ist die Freiheit von Furcht. Das bedeutet, weltweit gesehen, eine globale Abrüstung, so gründlich und so lange durchgeführt, bis kein Staat mehr in der Lage ist, seinen Nachbarn mit Waffengewalt anzugreifen, und zwar überall in der Welt."
Ein schönes Programm, zu dessen Verwirklichung aber wir den Staat, die Wissenschaft und die Technik brauchen. Dies sei zur Ehrenrettung dieser heute viel geschmähten Potenzen nochmals festgehalten.

7. Das Stichwort "Wohlfahrtsstaat" ist gefallen. Es veranlasst mich zu einem klaren Bekenntnis zu einem "gerüttelt' Mass an Arbeit" als Basis eines sinnvollen Lebens. Ein gesundes Verhältnis zur Arbeit ist umso nötiger, als die Entwicklung den Menschen der Arbeit tatsächlich entfremdet, wenn er sich nicht dagegen wehrt. Die Gefahr ist gross, dass sich mancher in den vorzeitigen Ruhestand flüchtet.
Der arbeitende Mensch hat ganz bestimmte Mindestanforderungen an seinen Beruf, an seine Arbeit und an seine Umgebung zu stellen. Es sind Wünsche, die für die innere Harmonie der Persönlichkeit die Intensität einer Grundsehnsucht haben:
    die Sehnsucht nach Geborgenheit
    die Sehnsucht nach Bestätigung durch die eigene Leistung
    die Sehnsucht nach Freiheit.

FREIHEIT

Der Mensch (homo humanus, sapiens und faber) ist stets ein Suchender, sonst gäbe es ja keine Persönlichkeiten. Für die Mehrzahl sind Arbeit und Sehnsucht kompatibel. Aber für einzelne dominiert die Sehnsucht. Ueber diese schreibt der Psychiater und Industrieberater Hellmut Sopp (in: Was der Mensch braucht):
"Manch einer hofft, mit der an der Grenze des Existenzminimums liegenden Rente seine Lebensfragen zu lösen. Wer die Erfüllungssituation der Selbstbetätigung, den Stolz auf die Leistung, die Freude am Schaffen, den Sinn der Arbeit nie erlebt hat, flüchtet leicht in die klägliche Geborgenheit der lebenslänglichen Rente (gemeint ist die frühzeitige Invalidität) und erkauft sich mit Entbehrung, Verzicht und Reduktion auf primitive Lebensumstände ein Freiwerden von dem Schönsten, was es auf Erden gibt, von der sinnvollen Arbeit in der und für die Gemeinschaft ... Es ist mit Vernunft weder zu erklären noch zu verstehen, dass ein Mensch aus eigenem Entschluss und mit Fanatismus auf alle legitimen Ansprüche an das Leben verzichtet, um dafür eine kümmerliche Geborgenheit einzutauschen und nicht mehr dem Risiko ausgesetzt zu sein, die eigene Lebensleistung nicht mehr vor sich selbst bestätigt zu sehen ..."
Es war mir ein aufrichtiges Bedürfnis, Ihnen diese Zeilen vorlesen zu dürfen "über - ich wiederhole - "über das Schönste, was es auf Erden gibt, die sinnvolle Arbeit in der und für die Gemeinschaft".
Um jedes Missverständnis auszuschliessen: Diese Zeilen visieren sicher nicht die Arbeit des Kohlegrubenarbeiters an. Diese ist dreckig, hart und gefährlich. Sie bezieht sich auf unzählige Tätigkeiten unter akzeptierbaren äusseren Bedingungen. Sicher ist, dass die Maschine den Menschen Arbeit wegnimmt, aber dies wurde ja gewünscht! Sicher macht der Fliessbandbetrieb den Menschen zum Sklaven der Maschine. Sicher ist an der These von der Entfremdung zwischen Arbeitendem und Arbeit viel wahres. Anzunehmen ist wohl auch, dass viel arbeiten wollen kein Urtrieb des Menschen ist. Aber es ist zum mindesten seine beste Gewohnheit! Sollte im Wohlfahrtsstaat der Zukunft die offizielle Arbeitszeit z.B. auf drei Tage festgesetzt sein, so würden unzählige Schwarzarbeit lei-

sten, und wenn, um Ungleichheiten zu vermeiden, der Staat die Schwarzarbeit verbieten würde, so wäre dies - das ist meine Auffassung - ein unerhörter Eingriff in die Freiheit des Menschen. Mit anderen Worten: Mehr Freizeit heisst keineswegs immer mehr Freiheit. Für etwas mehr Freizeit darf man dankbar sein, sie bietet etwas mehr Freiheit, und zwar ziemlich viel mehr Freiheit, da man mit der Zeit besser disponieren kann. Bei wesentlich mehr Freizeit kehrt das Verhältnis um, wie ich oben andeutete: die Freizeit verliert ihren "Freiheitsgehalt", wenn man so sagen darf. Ich habe hier in wenigen Sätzen zusammengepresst, worüber bereits eine ganze Literatur besteht: Kennwort: Schreckgespenst der Langeweile im Wohlfahrtsstaat. Die Langeweile des modernen Menschen ist aber heute schon als Gegenwartsproblem erster Dringlichkeit anzusehen: Unzählige Menschen haben alles nötige, einschliesslich das Statussymbol Auto, und seither sind sie, um mit Max Picard zu sprechen, auf der Flucht vor Gott und vor sich selbst. Diese Menschen sind kulturkrank und so unfrei wie nur möglich.

8. Meine Ausführungen hätten eine bedenkliche Lücke, wenn ich hier nicht der Alten gedenken würde, die ohne ihr Zutun aus der vordersten Front verdrängt worden sind und denen die Möglichkeit zu wirken weitgehend genommen ist. Die Herabsetzung der Sterblichkeit und die Herabsetzung des Pensionierungsalters treiben die Zahl der Rentenberechtigten dereinst auf über 30%. Womöglich sollen die Alten dem lebendigen Dasein nicht entzogen werden - sie sollten wo immer möglich mit den Freuden und Leiden der Gemeinschaft verbunden bleiben. Hier kann die Gemeinschaft etwas tun, indem sie in einem Zeitalter, wo man meint, nur noch vier oder drei Tage pro Woche arbeiten zu müssen, einen obligatorischen Alters-Besorgungsdienst (mit und ohne Pflegefunktion) einführt, und damit die junge und mittlere Generation zu einer Aufgabe verpflichtet, und zwar in einem zeitlichen Ausmass, dass die Alten den Kontakt zu spüren bekommen. Für diejenigen, welche diesen Sozialdienst absolvieren müssen, erscheint er als etwas Gemusstes, Aufgezwungenes, eine "Freiheitsberaubung", aber von einem höheren geistigen

FREIHEIT

Standpunkt aus erscheint solcher oder ähnlicher Dienst, schwer und unangenehm er praktisch sein mag, als etwas Befriedigendes. Das Erlebnis des seelisch befriedigenden Verhaltens kann nun dem bewussten Menschen nicht genommen werden - es gehört, um mit Balthasar Stähelin zu reden - zum Sein des Menschen, nicht zu seinem Haben. Analog ist es auch mit der Freiheit: Der Mensch hat Freiheiten, die man bedrohen und ihm sogar wegnehmen kann. Dabei kann er trotzdem frei sein und frei bleiben. Der Philosoph würde hier von transzendentaler Freiheit sprechen, die man nicht bedrohen oder wegnehmen kann, ohne den Träger, den Menschen zu vernichten. Beschliessen wir diese Betrachtungen mit Zitaten aus Stähelins Schrift "Haben und Sein":
"Freiheit ist nur dort, wo dem Menschen die Möglichkeit erhalten ist, aus seiner Seinssuche nach dem Absoluten hin zu bleiben. Das hat ganz besonders auch für unsere Medizin und Psychotherapie zu gelten. Man kann auf die Länge nicht ohne Glauben an etwas Absolutes sein, denn man ist diesem Absoluten wesensmässig doch schon immer auch zugehörig ..."
"Nur die gesuchte Vereinigung von Haben und Sein wird den Kampf gegen das Nur-Haben-Wollen oder das der Natur des Menschen auch nicht entsprechende Nur-Sein-Wollen gewinnen. Zu sehr wird heute über dem Haben das Sein vollkommen vergessen. Leben hat Kampf zu sein für unsere Freiheit, das heisst aber Kampf um jede Möglichkeit, Seinsvergessenheit in Seinssuche umwandeln zu können. Und immer dort nun ist jede innere Auflehnung, jeder Widerstand, jeder äussere Kampf am Platz, wo diese Freiheitssuche dem Einzelnen und den Völkern verwehrt wird. Innerlich frei, im Sinne auch von gesund, ist der Mensch dann, wenn ihm die emotionale und die politische Möglichkeit eingeräumt ist, auf der individuellen Suche nach seinem primären Seinscharakter zu sein und in dessen Gestaltung zu stehen ..."
Meine Damen und Herren! Ein Versuch, das riesige Gebiet der vermeintlichen und echten, unbedeutenden und lebenswichtigen Bedrohungen der Freiheit des Menschen zu umschreiben, zwang mich, eine Auswahl von Bemerkungen zu bieten, und ich will kurz die Ergebnisse zusammenfassen, und damit die Bestandteile des Mosaiks einigermassen zu einem Bild zusammenfügen.

DIE FREIHEIT IM TECHNISCHEN ZEITALTER

1) Wenn jemand Prügelknabe sein soll, dann der Mensch und die Technik, nicht die Technik allein. Das klingt banal, ist aber nicht selbstverständlich.
2) Das technische Verhalten gehört zum Wesen des Menschen. Der homo faber ist der geborene Kunsthandwerker. Das ist eine Feststellung, kein Freibrief für den homo humanus.
3) Wo sich die Technik industriell festgesetzt hat, ist sie schwer wegzubringen. Das Bedürfnis nach Hebung des Lebensstandards dominiert, jedenfalls dort, wo der Standard niedrig ist.
4) Der Mensch hat sich in die Natur biologisch einzufügen, sonst gräbt er sich sein eigenes Grab.
5) Die ursprüngliche Macht der Religion ist im wesentlichen gebrochen. Die Menschheit sollte heute soweit mündig sein, dass sie Religion und Kultur als Freunde der Freiheit des Menschen einzusetzen versteht.
6) Der grösste Feind der Freiheit des Menschen ist der Diktaturstaat; eine Hoffnung ist, allen Schwierigkeiten zum Trotz, einen Weltstaat auf möglichst freiheitlicher Grundlage zu errichten.
7) Gefahr der Langeweile im Wohlfahrtsstaat, ein Plädoyer zugunsten der Arbeit als Mittel der Selbstbestätigung.
8) Pflicht zum Dienst am andern ist nicht Freiheitsverlust, sondern Bereicherung an transzendentaler Freiheit, die sich nicht bedrohen lässt, solange ihr Träger, der Mensch noch lebt.

Summa summarum ist das Bild, das ich Ihnen entwarf, gedämpft optimistisch und uneinheitlich. Tröstlich ist, dass manche Bedrohung an Gewicht verliert, wenn man sie klar erkennt.

Was kann man nun aber tun, um nicht nur bei sterilem Gejammer stehen zu bleiben? Es gibt einen Versuch, den jeder mit sich selbst anstellen kann, der ruhig primitiv wirken darf, und der nicht als Anmassung aufzufassen ist: ein Versuch, eine Grundhaltung sich zurechtzulegen, die einem besagt, wie man sich in der ziemlich verfahrenen Situation verhalten soll, um selber etwas zur Verteidigung der Freiheit des Menschen beizutragen und die Bedrohung abzubauen. Wichtig ist allerdings, dass man die Ziele nicht zu hoch

FREIHEIT

steckt, insbesondere nicht vom Idealstaat der Zukunft träumt, sondern nur in kleinen Schritten sich einem provisorischen Ziel zu nähern sucht, um sich dann zu besinnnen, die Richtung neu zu wählen, und dann einen weiteren kleinen Schritt zu tun. Es gibt ja vielleicht Probleme, die man gar nicht lösen kann, und dass man zufrieden sein darf, wenn die Situation erträglich gemacht werden kann.

Ich erlaube mir als Richtunggebung für den ersten Schritt folgende drei leitende Gesichtspunkte zu nennen:

1) Verminderung des Leides. Leopold von Wiese ist es, der dieses Leitmotiv immer wieder hervorgehoben hat. Es stellt kleine Ansprüche, die von jedem erfüllt werden können.

2) Ein bescheidenes Mass von Askese. Muss man Tierarten gefährden, um Pelzmäntel tragen zu können? Könnte man nicht mehr die öffentlichen Verkehrsmittel benutzen, die die Luft nicht verpesten? Braucht Bern ein Grossflugplatz?

3) Das Rationale setzt sich selber durch. Also bringe man mehr Verständnis für das Einmalige, Zufallsgegebene, Subjektive, Intuitive ... auf, und zwar im Verkehr mit Menschen wie mit Sachen.

Man tut gut sich stetsfort vor Augen zu halten: Quellen potentieller Bedrohung menschlicher Freiheit sind einerseits die Versprechungen von Schwärmern und Diktatoren, andererseits unsere eigene Nachlässigkeit. Es braucht viel Disziplin und Zivilcourage seitens des homo humanus, wenn er die Zügel in der Hand behalten will.

Bisher ist erschienen in der Reihe "Kulturhistorische Vorlesungen":

Mystik und Wissenschaftlichkeit, herausgegeben von André Mercier, Universität Bern, Kulturhistorische Vorlesungen 1970/71. 190 Seiten, broschiert, laminiert, sFr. 22.–.

Aus dem Inhalt:
Mystik und Vernunft – Mystik in den Religionen – Der Mensch in der Begegnung – Dichtung und Mystik – Mystik des Lichts in der Kunst des Abendlandes – Das mystische Element in den Naturwissenschaften – Mystik und Medizin – Portrait de quelques mystiques – Mystik und Wissenschaftlichkeit.

Weitere Veröffentlichungen zur Philosophie:

Hermann Gauss, **Philosophischer Handkommentar zu den Dialogen Platos** in 3 Teilen und einem Register, zus. 7 Bände, Leinen, pro Band sFr. 28.–, alle Bände zusammen sFr. 176.–.

Der "Philosophische Handkommentar entstand in den Jahren 1952–1966, während Hermann Gauss als Professor für Philosophie an der Universität Bern tätig war. Es stellt den Versuch dar, den wirklichen Plato seinen Zeitgenossen näherzubringen. Das Werk behandelt alle wichtigen Dialoge von den "Frühdialogen" bis zu den "Spätdialogen".

Opuscula philosophica. Aus der Werkstatt des Philosophen (Schriften aus dem Nachlass), herausgegeben von Alfred Hebeisen, 1972. 496 Seiten, mit einem Frontispiz, Leinen, sFr. 54.–.

Aus dem Inhalt:
Die "Opuscula philosophica" sind als Ergänzung und als biographische Illustration zum "Handkommentar" gedacht. Veröffentlicht werden hier drei Jugendschriften, sowie eine Reihe von Ansprachen und Vorträgen, die alle dazu beitragen sollen, dem Leser das gauss'sche Denken noch verständlicher zu machen.

Europäische Hochschulschriften — Reihe XX: Philosophie

Karl Kränzle **Utopie und Ideologie.** Gesellschaftskritik und politisches Engagement im Denken Ernst Blochs. 220 Seiten. 1970. sFr. 30.—
Rolf Sigg **Das Autostereotyp des Schweizers.** Erhoben bei jungen Arbeitern, Studenten und Bauern. 342 Seiten. 1970. sFr. 42.—
Issiaka Prosper Lalèyê **La conception de la personne dans la pensée traditionnelle Yoruba** "approche phénoménologique", 252 pages. 1970. sFr. 30.—

Die Reihe wird fortgesetzt.

Europäische Hochschulschriften — Reihe III: Geschichte und ihre Hilfswissenschaften

Erwin Bischof **Rheinischer Separatismus 1918–1924.** Hans Adam Dortens Rheinstaatbestrebungen. 1969. 151 Seiten. sFr. 25.—
Rolf Darmstadt **Der Deutsche Bund in der zeitgenössischen Publizistik.** 1971. 241 Seiten. sFr. 46.—
Peter Eggenberger **Bundesrat Emil Welti.** Sein Einfluss auf die Revision der Bundesverfassung von 1874. 208 Seiten. sFr. 40.—
Rudolf Gerber **Johann Rudolf Sulzer 1749–1828.** Biographische Untersuchungen zur Entstehung der Mediationsverfassung. 1972. 165 Seiten. sFr. 32.—
Ursula Krattiger **Mündigkeit.** Ein Fragenkomplex in der schweizerischen Diskussion im 19. Jahrhundert, vor allem zur Zeit der Armennot von 1840 bis 1860. 1972. 220 Seiten. sFr. 38.—
Otto Marchi **Der erste Freischarenzug.** 1971. 218 Seiten. sFr. 35.—
Walter Schümperli **Die Vereinten Nationen und die Dekolonisation.** 1970. 158 Seiten. sFr. 25.—
Jürg Wegmüller **Das Experiment der Volksfront.** Untersuchungen zur Taktik der Kommunistischen Internationale der Jahre 1934 bis 1938. 1972. 164 Seiten. sFr. 32.—
Jost Nikolaus Willi **Der Fall Jacob Wesemann (1935/1936).** Ein Beitrag zur Geschichte der Schweiz in der Zwischenkriegszeit. 1972. 468 Seiten. sFr. 58.—